Verlockungen der Architektur

Bibliotheca

Manfred Sack
Verlockungen der Architektur
Kritische Beobachtungen und Bemerkungen über
Häuser und Städte, Plätze und Gärten

Manfred Sack
Verlockungen der Architektur
Kritische Beobachtungen und Bemerkungen über
Häuser und Städte, Plätze und Gärten
4. Band der Reihe Bibliotheca

Herausgeber: Heinz Wirz, Luzern
Fotos: Manfred Sack
Gestaltungskonzept: Jürg Meyer, Luzern
Druck: Beag Druck, Emmenbrücke

© Copyright 2003
Quart Verlag Luzern, Heinz Wirz
Alle Rechte vorbehalten
ISBN 3-907631-22-6

Quart Verlag GmbH
Verlag für Architektur und Kunst
Rosenberghöhe 4, CH-6004 Luzern
Telefon +41 41 420 20 82, Telefax +41 41 420 20 92
E-Mail books@quart.ch, www.quart.ch

Printed in Switzerland

Bibliotheca 4 – Notat
Heinz Wirz

Glaubhaft und berechtigt über Architektur nachzudenken kann nicht nur den Architekten vorbehalten sein. Der Mensch als Benützer und Bewohner ist – mehr als für andere ästhetische, geistes- und naturwissenschaftliche Disziplinen – nicht nur ein distanzierter Leser, Zuschauer, Zuhörer oder Nutzniesser, sondern ein ernstzunehmender Partner und Mitspieler. Seine Ansprüche und Wahrnehmungen, seine Stellungnahmen und Kritiken bringen die architektonischen Träume perpetuierlich auf den soliden Boden der Endlichkeit und damit auf einen Nullpunkt zurück, der dem Architekten wiederholt ein neues Höchstmass an Freiheit und Verfügbarkeit ermöglicht. Am Menschen als Mitspieler reiben sich die Wünsche und der Wille des Architekten.
In den vorliegenden ausgewählten Vorträgen und Essays ist Manfred Sack der glaubwürdige Anwalt der Nicht-Architekten. Überzeugend vertritt er ihre Sichtweise und wird so zum Gesprächspartner der Architekten. Ausgestattet mit einem anderen Bildungsfundus als Architekten sind seine Beiträge auf den ersten Blick das Plädoyer der anonymen Masse der «Betroffenen». Auf den zweiten Blick aber wird klar, dass er ebenso der «Advocatus Diaboli» der Architekten ist, der, «um der Sache willen, mit seinen Argumenten die Gegenseite vertritt, ohne selbst zur Gegenseite zu gehören». Diese Ambiguität schwingt in Manfred Sacks Texten mit. Er spricht nicht in komplexen, wissenschaftlichen Konstruktionen über Architektur. Er ist der Literat, der in begabter Sprache, ohne theoretischen Filter, Wahrnehmungen, Beobachtungen und Erfahrungen zu formulieren und zu vermitteln weiss.
Genährt von einer frühen Zuneigung zur Architektur, angetrieben von einer bemerkenswerten Neugierde, ausgestattet mit einem Fachwissen in Disziplinen wie Musikwissenschaft und Kunstgeschichte und einem seltenen schriftstellerischen Talent tritt Manfred Sack 1954, 26-jährig, in die Welt des Journalismus ein. 1959 wird er Feuilleton-Redaktor der wichtigsten deutschen Wochenzeitung *Die Zeit*. Hier verfügt er über das adäquate Gefäss für seine langjährige kompetente Wirkung als Beob-

achter, Kritiker und Vermittler zeitgenössischer und historischer Bauwerke und der aktuellen Architekturdiskussionen im In- und Ausland. Daneben hat er aber auch eine intensive Vortragstätigkeit entfaltet, die weniger bekannt ist, und wovon hier 14 Vorträge, mehrheitlich erstmals, abgedruckt sind.
Mitte der sechziger Jahre war es ihm endlich geglückt, die Architektur in allen Erscheinungsformen bis zum Städtebau als selbstverständliches Thema in seiner Zeitung zu etablieren. Vom exakten Berichterstatter und Beobachter wird er bald zu einem der wichtigsten Architekturvermittler im deutschsprachigen Raum. Seine Beschreibungen und Reportagen gewinnen von Jahr zu Jahr an Hintergrundinformationen und Exkursen in die Architekturgeschichte und die zeitgenössische Architekturdebatte. Seither ist er der kongeniale Vermittler zwischen dem Elfenbeinturm der Architektur als l'art pour l'art und dem Menschen als «uneingeweihtem» Benützer und Betrachter, bewusst und unbewusst Beteiligtem und Betroffenem, für den schliesslich die Architektur geschaffen ist.
Manfred Sack versteht und akzeptiert die oft hermetische Welt der Architekten und deren Ambitionen und vertritt zugleich in einer dezidierten, kritischen und unabhängigen Art die Überlegungen und Betrachtungsweisen der breiten Leserschaft. Das, so scheint mir, macht die spezifische Qualität und die Kompetenz seiner unzähligen Beiträge und seines Nachdenkens über Architektur aus.

Luzern, im April 2003

Inhalt

Über Monumentalität	9
Der Architekt und die menschliche Phantasie	15
Plätze in der Stadt	33
Das rätselhafte Talent	61
Schöner alter Traum	71
Zukunft bauen	81
Architektur und bildende Kunst	103
Neu entdeckt: Die Baukultur	121
Das Alte neu – das Neue alt?	135
Graubündens strenge Schönheiten	157
Der Park, der Platz, die Kunst und die Architektur	175
Gerahmte Bilder	195
Schreiben über Architektur	215
Es gibt keine Idee, ausser in den Dingen	225
Innen – aussen, aussen – innen	237
Intellekt und Intuition	257
Das Grosse im Kleinen, das Kleine im Grossen	279
Das Theater, das Architektur aufführt	301
Adaptierte Industriebauwerke	317
Der Architekt Peter Zumthor	325
Quellenverzeichnis	340
Personenregister	342
Biografie, Bibliografie, Auszeichnungen, Dank	346

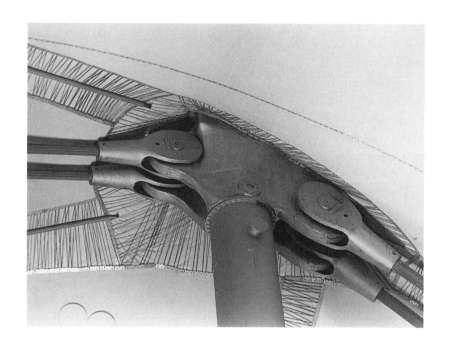

Behnisch & Partner, Olympia-Bauten, München (1972)

Über Monumentalität
Oder: Es ist an den Menschen, sich zu behaupten (1981)

Natürlich ist es gut, dass man über Monumentalität redet, und verständlich, dass es für notwendig gehalten wird. Da die Demokratie bei uns noch jung ist und von Natur aus wacklig auf den Beinen, möchte man die Anfechtung beschwören, wenn man sie schon nicht aus der Welt schaffen kann. Dazu gehört die Angst vor der Monumentalität, denn sie wird von manchen gefürchtet wie die Pest, Demokratie, sagen sie, sei in ihrem Wesen nach transparent und so wenig geheim wie möglich, also drohe ihr in monumentalen Häusern Gefahr, mehr noch: durch monumentale Häuser, durch deren blosse Existenz.

Die Rechnung ist so einleuchtend wie trivial, und falsch ist sie auch: Politik hat sich noch niemals von den Gehäusen beeinflussen lassen, in denen sie ausgeübt wird; es gibt weder eine unmittelbare noch eine stetige Identität von Architektur und Gesinnung, von Monument und Macht. Es ist auch nicht bloss der Kerker, der jemanden zugrunde richtet, sondern es sind die Mächtigen, die ihn vernichten. Wäre es anders, müssten wir von Ära zu Ära Architektur wie Bilder stürmen. Aber nicht nur ist ein Justizpalast schwieriger zu zerstören als ein Gemälde, dessen Botschaft eine Zeit nicht mehr tolerieren zu können glaubt, es wäre auch absurd: Nicht das Haus ist bestimmend, sondern der Geist, der in seinen Mauern wirkt. So macht sich doch jede Epoche die architektonischen Hinterlassenschaften – auch die monumentalen – gefügig, betrachtet sie als gefeiertes, überwundenes, jedenfalls neutralisiertes Zeugnis der Geschichte (geschehen – aus und vorbei), und unterwirft sich ihrem neuen Geist. Und so ändern sich dann nur die Prioritäten, dann wird die Frage «Monumentalität – ja oder nein?» weniger wichtig als die Frage nach der baukünstlerischen Qualität eines monumentalen Bauwerks. Und diese Qualität schliesst ja die Frage des Gebrauchs ein, den ein solcher Bau erlaubt, erduldet oder herausfordert, anregt. Ein gläsernes Rathaus, zum Beispiel, kann durch die Verschlossenheit, den Hochmut der Gewählten monumentaler und unzugänglicher wirken als ein monumentaler Verwaltungspalast der Gründerzeit mit meterdicken

Behnisch & Partner, Olympia-Bauten, Spannkonstruktion,
München (1972)

Mauern und kuppelbekröntem Mittelrisalit, in dem ein offener Geist wohnt und das Monument öffnet. Also wäre es einigermassen naiv, von monumentalen Gebäuden Gefahren etwa für den demokratischen Geist zu befürchten. Könnte es denn im Gegenteil nicht sein, dass sich gerade ein neues Selbstvertrauen der Demokratie in «monumentalen» Gebäuden ausdrücken möchte: zur Ermunterung des Souveräns, zum Zeichen seines Selbstbewusstseins?

Im übrigen empfindet jeder Monumentalität anders. Die einen fühlen sich eingeschüchtert, zum Dienern aufgerufen und zum Schweigen, fühlen sich bedrückt. Die andern blicken auf, fühlen so etwas wie Stolz, atmen tief durch oder befreit auf, geniessen nach der Enge und Flachheit ihrer sozialen Wohnung (früher: ihrer Lehmhütten) die Höhe und die Weite, auch die Weitläufigkeit grosser öffentlicher, also prinzipiell allen gehörender Bauten.

Neulich nannte ein berühmter Architekt eine wuchtige romaneske, auf manche anscheinend «wehrhaft» wirkende Kirche von Dominikus Böhm aus dem Jahre 1932 «faschistisch»: Er setzte Wuchtigkeit – oder eben: religiös empfindene Monumentalität – mit der anbrechenden Zeit schlankweg gleich, also mit Undemokratie. Ich finde es absurd, ein Gebäude, das nur gross ist und, sagen wir, mit den Muskeln spielt, gleich bedrohlich zu finden oder, Gipfel der Banalität, totalitär zu nennen. Wäre hier dann nicht auch zu fragen, ob bei Günter Behnischs Olympia-Dach in München die Transparenz und die Beschwingtheit der grossen Erscheinung nicht von der brachialen Monumentalität ihrer «Details» unterdrückt, denunziert, wenn nicht umgebracht wird? Man braucht sich diese Details nur vor Augen zu führen, diese drei Mann hohen «Zwingen», die den «Draht» des «Zeltes» straffen und halten, und der hintergründigen (Schein-)Verwandtschaft von Gewaltigkeit und Gewalttätigkeit nachzusinnen. Und der Bedeutung von Monumentalität überhaupt.

Zunächst ist ein *monumentum* im Lateinischen «alles wodurch man an etwas erinnert wird», ein Denk-, Mahn-, Grab-, Ehrenmal. Ein Mal ist ein Zeichen. Es will gesehen werden, möglichst unübersehbar sein, demnach alle konkurrierenden visuellen Eindrücke rundherum an Kraft übertreffen, alle Blicke auf sich ziehen – nicht gleich, um sie «zu beherrschen», sondern um eine (religiöse, philosophische, politische) Botschaft loszuwerden, eine, die sich nicht in Worten mitteilt, sondern in Architektur und Skulptur ausdrückt, durch seine erhabenen, selten

fröhlichen (das wäre eine *contradictio in adjecto*) ästhetischen Gebärden, durch besondere Gestaltung, durch Kunst, Baukunst. Es werden damit Gefühle geweckt. Und da Gefühle rasch abzustumpfen pflegen, müssen die Stimuli immer derber, immer grösser, immer gewaltiger, also: monumentaler werden. Selbstverständlich gibt es da feine Unterschiede, die weit über die blosse Diffamierung hinweg reichen.
Da sind, zum Beispiel, also die Olympia-Details von Behnisch, die mächtigen meterhohen Zwingen, die gewaltigen Drahtkabel, die hochhausgrossen Fundamente, die – den bedrohlichen Adjektiven und ihren Anklängen an Macht und Gewalt zum Trotz – zwar sehr gross, aber nicht eigentlich monumental sind. Sie wurden nicht erfunden, um kraftstrotzend Grösse zu demonstrieren, sondern um Menschen, die hier sportlichen Kämpfen zusehen, einen freundlichen Platz unter einem lichten Dach zu schaffen. Waren die olympischen Sportwettkämpfe nicht ausdrücklich als heitere Spiele annonciert?
Hingegen sind, andere Beispiele, die Handläufe, die der Architekt Heinz Graffunder im (Ost-)Berliner Palast der Republik à la Speer auf seine Treppengeländer, nein -mauern gepackt hat, nicht den Benutzern zuliebe geschaffen, die sie als Stütze benutzen (müssen), sondern dem übermächtigen Staat zu liebe, der sich darin spiegeln möchte. Hier also sind selbst die Details blanke Demonstration staatlicher, kaum zu erschütternder, ja totalitärer Macht.
Jedoch: Irgendwann, so liesse sich denken, wenn der Geist, der dieses Haus gebaut hat, einem freieren Geist wird Platz gemacht haben müssen, bleiben zwar die Handläufe monumental, aber der neue Aneignungsvorgang würde ihre Monumentalität überspielen, neutralisieren, umdeuten oder, wie es meistens geschieht, in blanke ästhetische Betrachtung auflösen. So verliert die Monumentalität ihre Wirkung als ein Macht-Rauschmittel, das die Menschen zeitweilig um den Verstand bringen soll, und wird ästhetisch wirkendes Beruhigungsmittel in der historischen Distanz, wenn nicht sogar ein Gegenstand der Belustigung. Tatsächlich ist doch die Geschichte der Architektur eine Geschichte der (Um-)Deutung, der immer neuen Aneignungen, Besitzergreifungen. Sind früher Menschen durch Monumente «unterworfen» worden (wenn das jemals so funktioniert hat), so unterwerfen die Menschen sich alsbald die Bauten, entweihen sie durch profanen Gebrauch, karikieren, «vermenschlichen» sie. So kann es geschehen, dass die Leute plötzlich

eine Lust daran haben, sich Paläste für den Alltag zurechtzumachen, ihren Macht-Dekor wie die dicken Portici hübsch zu finden, ausladende Treppenanlagen als entzückende Gelegenheit zum Dösen in der Sonne zu benutzen. Es sind ja eigentlich nicht die Gebäude monumental, sondern es ist das Denken von Menschen, die Gebäuden ihre Monumentalität oktroyieren. So könnte man sagen: Nicht die Reichskanzlei ist monumental, sondern die Nazis haben darin ihr monumentales Regime ausgeübt und monumental ritualisiert. Wäre es sonst erträglich, dass, sagen wir, ein imperialer Regierungspalast nacheinander Sitz des Revolutionsrates, der Hauptverwaltung eines Kaufhauskonzerns, eines westeuropäischen Finanzamtes oder sozialistisches Kurhaus sein könnte? Nein, es gibt keine diktatorische, und es gibt keine demokratische Architektur, höchstens eine, die Diktatoren oder Demokraten gebaut haben. Nicht die donnernde Mächtigkeit von Gebäuden ist interessant, sondern die Macht oder die Kraft einer Politik oder des Geistes. Ist das Pantheon, dieses kühne, zugleich stolze und demütige Geschenk an alle denkbaren Götter, denn kein Monument? Und da es ohne jeden Zweifel monumental ist: ist es deswegen verwerflich?

Hans Dieter Schaal, «Mondarchitektur», Zeichnung (1979)

Der Architekt und die menschliche Phantasie
Oder: Was wir von unseren Baumeistern erwarten (1981)

Die meisten Themen, über die zu reflektieren sich lohnt, spielt einem der Zufall in den Kopf. Noch im August wäre es mir nicht eingefallen, mich mit der «menschlichen Phantasie» des Architekten zu beschäftigen, obwohl der eine oder andere Aspekt mir schon Kopfzerbrechen gemacht hat. Dass ich dann über dieses Thema fiel, das hatte eine Beobachtung, eine Erinnerung und eine Erfahrung zum Anlass.
Die Beobachtung war dem Buch eines Architekten zu verdanken, dem dritten Buch dieses Architekten, das weder Auskunft gab über eine Theorie oder die Geschichte der Architektur, über Gebäudetypen oder über einen besonders berühmten Mann, also nicht über gebaute Häuser, sondern gedachte Häuser. Und man braucht nicht erst in das eben herausgekommene zweite Jahrbuch für Architektur zu gucken, in dem es ein längeres Kapitel darüber gibt, um zu wissen, dass das Zeichnen der Architekten seinen vormals ungeheuer schlechten Ruf bei den Architekten zu verlieren scheint und dass es mit sehr plötzlichem, in seiner Beflissenheit und Eitelkeit auch stutzig machendem Eifer betrieben wird. Und, das muss man auch sagen, mit einem nie gekannten Bewusstsein für den Wert, den der Kunstmarkt beschreibt. Papierkörbe, aus denen geniale Skizzen auf achtlos weggeworfenen Schnipseln zu fischen wären? Das ist vorbei: Die Schnipsel sind bereits geheftet und katalogisiert.
Das Buch, von dem ich sprechen wollte, heisst «Mond». Es enthält: Annäherungen, Beschreibungen, Sehweisen, Projektionen, aber eigentlich ist das alles zusammengefasst im fünften Begriff: Zeichnungen. Es sind Zeichnungen und Collagen von Hans Dieter Schaal, der sich erlaubt, was ihm die Wirklichkeit des Bauens selbstverständlich verweigert: Er sieht den Mond medizinisch, naturwissenschaftlich, gefangen oder erweitert, mit Anbauten versehen und bedroht, sowie «zunehmend emotional». «Man kann den Mond», notiert er, «realistisch betrachten. astronomisch und astrologisch, man kann ihn romantisch sehen, traumhaft, religiös, utopisch, man kann ihn symbolhaft sehen, verklärend oder banalisierend. Der Betrachter kann Dichter sein, Mondfahrer, See-

fahrer, Autofahrer oder Polizist, Hausfrau oder Pfarrer.» Oder, füge ich hinzu, Architekt. Er bildet mit dem Mond Mondfrüchte, einen triefenden Honigmond, Mondblumen und Halbmond-Lider, er bäckt Mondkuchen, pflückt ganze Mondtrauben und Mondäpfel, brät kosmische Spiegeleier aus Monden, baut Mondvogelnester, unterwirft den Mond der Mondzellteilung, entwirft Mondbusen und -bäuche und gebiert Monde, und natürlich baut er mit dem Mond und für den Mond: ägyptische Mondtempel und revolutionsarchitektonische Vollmondheiligtümer auf gotischem Gemäuer oder Menhiren, er setzt Monde in Häusern gefangen und hängt den Nachthimmel voller Vollmondscheiben.

Es ist genug: Ich will damit nicht sagen, dass ich hier ein Ideal der geheimen Architektur verwirklicht sähe, aber ich entdecke eine Chance, eine Lust, eigentlich die Notwendigkeit solchen Tagträumens: es ist Phantasie-Training.

Dieses wie die beiden anderen Bücher Hans Dieter Schaals – das eine über Wege und Weg-Räume, das andere, allgemeiner, über «Architektonische Situationen» (und übrigens auf eigenes Risiko gedruckt und geheftet, verlegt und vertrieben) – sie erinnern mich an eine Berliner Begebenheit, die damals beinahe explodiert wäre, so heftig waren die Proteste: Das IDZ Berlin, das Internationale Design-Zentrum, hatte fünf Architekten eingeladen aus Köln, Mailand, den Vereinigten Staaten und aus England. Namen, die damals kaum jemand kannte, heute indessen jeder kennt, Oswald Mathias Ungers und Gottfried Böhm, Vittorio Gregotti, Peter und Alison Smithson und Charles Moore. Sie hatten lange vorher sorgfältig sortiertes Material erhalten, das sie, wie sich zeigte, natürlich nicht gelesen hatten, und waren nun aufgerufen, über ein Viertel in Kreuzberg nachzudenken. Die gleich doppelt provozierende Aufgabe hiess, Fassaden für das zu modernisierende Viertel zu zeichnen. «Ich bin kein Dekorateur», rief einer der Beteiligten ziemlich empört, «ich bin kein Fassadenzeichner.» Am Ende haben diese fünf fünf Tage lang gezeichnet, das Ergebnis war erstaunlich. Denn fünf gescheite Leute waren eingeladen nachzudenken, sie sollten die bittere Realität Kreuzbergs nicht aus den Augen verlieren, aber sich davon nicht einengen lassen, sie sollten tun dürfen, was unter Architekten bis dahin (und heute immer noch) für verboten gilt: spinnen. Kein Mensch hätte erwartet, dass das, was dabei herauskäme, gebaut werden könnte, darauf kam es überhaupt nicht an – sondern: Gedanken, Vorstellungen sollten ausprobiert werden.

Natürlich war das kein «weltbewegendes» Ergebnis, aber es wäre ohne den Mut, für fünf Tage in einen Elfenbeinturm zu steigen – einen allerdings, durch dessen Fenster es sich in die Realität blicken liess wie durch Vergrösserungsgläser –, ohne diesen Mut wäre die wichtigste Erfahrung unterblieben: dass man es nötig hat, dann und wann und möglichst oft, frei von den unmittelbaren Zwängen der Finanzen, der Baugesetze und der gehäuften Vorschriften, frei von Bauherrn, Politikern, diesmal auch frei von den «Betroffenen» zu entwerfen, zeichnend zu denken, nachzudenken, zu phantasieren –, jedenfalls etwas zu wagen, was – verräterische Wendung – «sonst niemandem im Traum eingefallen» wäre. Wieso fällt einem nicht einmal mehr etwas im Traum ein? So zeigte es sich, dass diese Entwurfswoche auch wieder ein Phantasie-Training war.

Und drittens die Erfahrung schliesslich, die mich diesem Thema der menschlichen Phantasie von Architekten näherbrachte. Ich habe sie erst vor kurzer Zeit gemacht, das Objekt in Mainz hat unter der Bezeichnung «Grüne Brücke» eine gewisse Popularität bekommen. Sie ist ein wichtiges Bauwerk für die Bewohner der Gegend, sie ist indessen auch ein Paradebeispiel für eine menschenfreundliche, phantasievolle Architektur. Sie ist jedoch keinem Architekten eingefallen, sondern jemandem, der in etwas hilflosen Umschreibungen Umweltkünstler und Objektemacher heisst, jedenfalls ein mit Kunst und Leben befasster, pädagogischer Leidenschaften fähiger Mann. Er hat sich mit seiner Idee jedenfalls durchgesetzt. Und es war wohl eine typische Erfahrung, dass die einzige negative Reaktion auf einen kleinen Artikel hin, den ich darüber geschrieben hatte, von einem Architekten kam, dem es unbegreiflich war, wie jemand ein solches künstlerisches Machwerk gut finden könne: diese Farben, diese Betonreliefs an den Brückengeländern, diese modischen Züge. Er wandte sich nicht gegen den wunderbaren Einfall, sondern nörgelte an der Gestaltung herum. Nun denn, darüber liesse sich selbstverständlich streiten – aber doch nicht unbedingt beim allerersten Versuch in der Bundesrepublik: der einfallslosen, Zwängen widerspruchslos gehorchenden, die Phantasie erstickenden, völlig in Versimpelungen stecken gebliebenen Gewohnheit zu trotzen. Und die Gewohnheit hatte für einen solchen Fall, ein Wohngebiet mit dem Ufer des Rheins und seinen grünen Anlagen zu verbinden, nur wieder den gleichen Unfug im Sinne: einen Steg für Fussgänger, aus Beton oder aus Stahl, nehmen wir, was billiger ist, also ein sogenanntes funktionalisti-

Dieter Magnus, Grüne Brücke, Mainz (1981)

sches Brückenwerk der anspruchslosesten Art. Wie gut, dass nun auch dieses Wort gefallen ist: nicht zuerst geplante Fussgängerstege, sondern die breite, zur Plattform erweiterte, mit Pergolen, Bänken, Beeten, Lampen, Brunnen besetzte, den Verkehr unter ihr mutig überspielende «Grüne Brücke» repräsentiert einen richtig verstandenen Funktionalismus, so, wie er nämlich gemeint war: Menschenwerk für leibhaftige Menschen, die nicht nur etwas «nutzen», sondern die dabei fühlen, sehen, hören, riechen. Darauf trifft zu, womit Janos Frecot von der Berlinischen Galerie einen schönen Aufsatz über Bruno Taut beendete, nämlich: dass zu menschenwürdigen Arbeits- und Wohnverhältnisse – wir können getrost verallgemeinern: dass zu menschenwürdigen Lebensverhältnissen, die durch die Architektur und den Städtebau bereitet werden, «menschliche Lust- und Liebesverhältnisse gehören, nicht mehr und nicht weniger». Das zu empfinden, reicht keine Fach- und Sachkunde aus, auch nicht die Fertigkeit, sie in Häusern, Strassen und Städten anzuwenden, sondern ein Übermass an Vorstellungskraft, an Ideen, neuen Ideen, gewagten Ideen, kurzum: an Menschenkenntnis, an Menschen-Neugier, an Wissen über Menschen, das, was Vitruv zufolge, von Architekten am besten so erworben wird: «fleissig Philosophen hören, etwas von Musik verstehen, nicht unbewandert in der Heilkunde sein, Kenntnisse vom gesetzmässigen Ablauf der Himmelserscheinungen besitzen ...» und selbstverständlich über die Zeit, in der sie leben. Niemand wird hoffentlich meinen, das sei ja doch ein veraltetes Berufsbild. Man braucht nur ein paar andere Beschreibungen zu wählen, Musik, zum Beispiel, in ihren Wesensbestandteilen zu nennen: Rhythmus, Proportion, Harmonie, den Fluss der Melodie, vor allem aber Rhythmus – dann haben wir doch schon Umschreibungen von immer den gleichen Qualitäten, die das Entwerfen begleiten sollen. Die «Grüne Brücke» ist – ganz abgesehen davon, wie sie sich im einzelnen auch darstellt – eine ungewöhnliche menschliche Geste, eine neue Idee. Dass sie keinem Architekten, sondern einem Aussenseiter eingefallen ist, der sich als Dilettant das notwendige Mass an Naivität bewahrt hat, sollte ein bisschen zu denken geben und die Einladung bekräftigen: zum Phantasie-Training.
In einem faszinierenden Vortrag hat Hans Poelzig 1931 einmal Betrachtungen über den Beruf des Architekten angestellt. Darin kommt auch die folgende Passage vor: «Wer ist nun aber geborener Architekt? Wer

zeichnen kann? Nein – wenn nichts anderes dazu kommt, ist er vielleicht ein Artist. Wer Phantasie hat? Nein, wenn er sie nicht disziplinieren kann.» Vollkommen richtig – nur ist diese Erkenntnis oft verkehrt herum verstanden worden, so, dass ein Architekt weder zeichnen können noch Phantasie haben müsse. Also wurde beides nach Kräften vernachlässigt. Diese beiden Fähigkeiten wurden sogar so sträflich vernachlässigt, dass sie genau das verhinderten, was Hans Poelzig noch durch allzu begabtes Zeichnen und eine ungezügelte Phantasie befürchtet hatte, nämlich: das Denken, das Nachdenken, auch das Phantasieren, das Vergnügen, sich etwas vorzustellen, räumlich und in seinen Wirkungen. Ich halte das Zeichnen und das Phantasieren für ganz ausserordentlich wichtige Übungen. Dass sie in den vergangenen zwei, drei Jahrzehnten nach Kräften vernachlässigt worden sind – das, glaube ich, sieht man auch.

Die Psychologie unterscheidet die produktive, die schöpferische Phantasie, die etwas Neues hervorbringt, und die reproduktive Phantasie, die sich von Tatbeständen, Beobachtungen anregen lässt und die beste Nahrung aus der Bildung, hier also der Bildung eines Architekten gewinnt. Die eine Art der Phantasie ist so wichtig wie die andere. Was nun die Phantasie angeht, brauche ich mich nicht erst Goethens zu versichern, der damals noch viel weiter ging als Immanuel Kant und verlangt hatte, neben den drei vermuteten Grundvermögen des Menschen – Denken, Fühlen, Wollen – als viertes die Phantasie zu akzeptieren. Phantasie, von der Wahrnehmung stimuliert, von Lustgefühlen beflügelt, ist die Fähigkeit, sich etwas – in Gedanken – vorzustellen, sich etwas einzubilden, in der Einbildung zu bilden, sich über die Grenzen der Wirklichkeit hinwegzusetzen und Situationen anschaulich zu empfinden, die es nicht oder noch gibt und, weiss der Himmel, womöglich niemals geben wird oder geben kann. Es gibt keinen Menschen ohne Phantasie, aber ihre Intensität ist nicht bei allen gleich.

Manche kennen das ganze Reservoir ihrer Phantasie gar nicht, weil es niemals verlangt, niemals herausgefordert worden und der gewaltige Assoziationsapparat des Gehirns niemals in Gang gesetzt worden ist: nicht gekannte Kreativität. In einer fast anderthalb Jahrhunderte alten Ausgabe des Konversationslexikons von Brockhaus wird noch angemerkt: «Eine Phantasie, deren Bilder besonders stark von Gefühlen und Affekten durchdrungen sind, pflegt man eine glühende Phantasie zu nennen, im Unterschiede von einer blühenden und reichen, in welcher das bunte Spiel und die Mannigfaltigkeit der Gestalten ihre Gefühlstiefe überwiegt.»

Aber die Phantasien zu zügeln, ist immer noch Zeit. Erst muss man sie haben, sie entdecken, sie ködern; die Gefahr, sie zu früh abzukühlen, auf Eis zu legen und dann, weil sie vergessen wird, erfrieren zu lassen, ist weit grösser. Dafür sorgen heutzutage schon die grossen bürokratischen Apparate, die vor allem damit beschäftigt sind, die Sperranlagen unserer Gesetzeswerke mitsamt den Vorschriften und Richtlinien zu überwachen und jeden Ausbruchsversuch der Phantasie kaltblütig zu verhindern, und sei es auch gegen die Vernunft.

Phantasie ist besonders in Zeiten, in denen sie so radikal gezügelt wird, notwendig. Und mir scheint es wichtig zu begreifen, dass es um etwas mehr geht als nur die Fähigkeit, damit im täglichen Leben zu bestehen. An die Phantasie hängen sich Hoffnungen, und Phantasie ist das einzige probate Hilfsmittel, die Routine zu stören, die Gewohnheit aufzureissen, der gedankenlos fortgesetzten und immer weiter verarmenden Konvention zuwider zu handeln, nämlich: das scheinbar Undenkbare zu denken. Die Phantasie ist, je couragierter, je «verrückter» sie sich bildet, immer der Revolution nahe. Phantasie ist – weit bevor überhaupt an Verwirklichung gedacht wird – ein Denkspiel, ein Spiel inmitten der Wirklichkeit, warum nicht auch: ein Spiel mit der Wirklichkeit, eins, das, wie jedes neue Spiel, zuerst nach eigenen, nach neuen Regeln verlangt. Uns braucht hier nicht der alte unentschiedene Streit zu beschäftigen, wer eigentlich recht habe, ob es Johan Huizinga ist, der in seinem ebenso oft gerühmten wie wenig gelesenen Buch über den *Homo ludens*, den spielenden Menschen, behauptet, alle Kultur leite sich aus dem Spiel ab – Spiel ist für ihn Freiheit und Erfindung, Phantasie und Disziplin. Oder ob man sich eher auf die Seite der zahlreichen anderen Philosophen schlägt, denen zufolge alles menschliche Tun zum Spiel hin abfalle: Alles, sagen sie, unterliege einer eigenartigen Metamorphose zum Spiel, so wie aus einer Kanone für das Kriegsspiel das Pusterohr für das Kinderspiel geworden sei – während wir unterdessen Raketen züchten mit Nuklearsprengköpfen.

Wir können uns, gleich wem wir mehr zu glauben meinen, jedenfalls bei Friedrich Schiller erholen, der in den Briefen «Über die ästhetische Erziehung des Menschen» niedergeschrieben hat: «Der Mensch spielt nur da, wo er Mensch in vollem Sinne des Wortes ist, und er ist nur da wirklich Mensch, wo er spielt.» Die Versuchung ist enorm, die Wörter auszuwechseln und an die Stelle des allgemeinen Menschen den Architekten zu schreiben: Der Architekt ist nur da wirklich Architekt, wo er spielt – um unser Thema nicht aus dem Kopf zu verlieren, sage ich es so: wo der Architekt seine Phantasie spielen lässt, und wo er mit seiner Phantasie spielt.

An Antrieben, zu spielen und zu phantasieren, dürfte es nun wahrhaftig nicht fehlen. Ich fand bei dem französischen Philosophen Roger Caillot die folgenden, und es sollte nicht schwer sein, dabei getrost an die Architektur, vor allem die nicht gebaute Architektur zu denken, und an die Phantasie-Etüden, zu denen sich Architekten eingeladen fühlen sollten. Caillot nennt als Beweggründe für jegliches Spielen:

Erstens: Das Bedürfnis, sich zu behaupten (also: Bester zu werden, das Beste zu tun – nicht nur Wettbewerbe laden dazu ein).

Zweitens: Das Vergnügen, Furcht zu empfinden oder Furcht einzuflössen.

Drittens: Das Streben nach Wiederholung, nach Symmetrie – oder, im Gegenteil, die Freude am Improvisieren, Erfinden und daran, Lösungen, die man gefunden hat, bis ins Unendliche zu variieren.

Viertens: Das Streben, ein Mysterium oder ein Rätsel aufzuhellen.

Fünftens: Die Befriedigung, die jede kombinatorische Kunst gewährt.

Sechstens: Der Drang, sich in einer Prüfung zu messen, seine Kraft, seine Geschicklichkeit, ferner: Schnelligkeit, Ausdauer, Balance – oder seinen Einfallsreichtum.

Siebtens: Das Austeilen von Regeln und Vorschriften, und weiter: die Aufgabe, sie zu respektieren – aber auch die Versuchung, sie so intelligent wie möglich zu umgehen.

Schliesslich nennt Caillot auch die Rauschlust und die Trunkenheit – aber eben: nicht diejenigen Gefühle, die mit Drogen und Alkohol erzeugt werden, sondern vielmehr, wie er sagt: die Sehnsucht nach Ekstase, die Gier nach wollüstiger Panik.

Selbstverständlich liegt es verführerisch nahe, das Leben schlechthin ein Spiel zu nennen. Hier scheint es mir aber tunlich zu sein, es beim Fach zu belassen, bei allem, was hier etwas grossflächig mit dem Begriff Architektur umschrieben ist und natürlich viele Tätigkeiten unter diesem Namensdach meint. Vom Spiel weiss man, dass sich alle Teilnehmer – je nach Temperament – auf Berechnung oder Inspiration verlassen, welche aber, wie wir wissen, wiederum unmöglich zu entfalten wären, hätten sie nicht ein solides Fundament aus Wissen, Erfahrung und Wissen, auch an Erleiden von Restriktionen, kurzum: an fachlicher wie an menschlicher Bildung. Von einem interessanten Architekten wird man alles erwarten – und hoffen, dass die Lust zum Spiel, das Vergnügen am Gebrauch der Phantasie gross sei.

Die letzten dreissig Jahre lang haben die jüngeren Architekten kaum die Notwendigkeit dafür erkannt, die älteren dazu keine Zeit gehabt. Als ich Anfang der sechziger Jahre in Berlin Max Taut besuchte und ihn zu verführen versuchte, seine Schublade zu öffnen, seine geheime Schublade, diejenige, in der er seine Tagträume, seine Phantasien abzulegen pflege, da hat er mich ganz gross angeguckt, ein bisschen verwirrt. Dann zog er erst eine, dann eine andere Schublade auf und zeigt dies und das: Hier, sehen Sie, sagte er, das ist ein Kindergarten, der ist gerade im Bau, und das hier ist eine Schule, eine sehr schöne Schule, mit der geht es wohl nächstes Jahr los. Aber Moment mal, sagte ich, das meine ich gar nicht, sondern ganz wörtlich: Ihre Phantasien, Ihre Utopien; ich möchte wissen, wie Ihre Bilder von morgen aussehen, meinetwegen von einer neuen Menschheit mit einer neuen Architektur.

Ich weiss noch ziemlich genau, wie er sich ans Kinn fasste, langsam zu seinem Stuhl ging, sich setzte, sich zurücklehnte, mit den Händen eine vergebliche Geste machte und sagte: «Nichts, nichts. Nichts drin in der Schublade. Junger Mann. Dafür haben wir nämlich heutzutage keine Zeit. Es gibt keinen Architekten, der nicht bis dahin (er machte mit der Handkante einen Strich über den Kopf), der bis dahin mit Aufträgen voll wäre. Keine Zeit für Utopien und auch gar kein Anlass. Nicht wahr», sagte er, «alles, was sich heute ein Architekt ausdenkt, findet einen Ingenieur, der die unmöglichsten Konstruktionen austüftelt, und sei's mit Hekatomben von Beton oder von Stahl. Nichts ist mehr unmöglich.»

Ich hätte, wenn ich das damals schon gewusst hätte, fortfahren können: aha, auch die glitzernden Städte, die sein Bruder Bruno auf die Alpengipfel und in die Hochtäler gezeichnet hatte.

Wer damals, vor und ganz besonders nach dem Ersten Weltkrieg, hätte denn nicht phantasiert und seine Expressionen zu Papier gebracht, wie Bruno Taut, der wie die meisten seiner Kollegen damals ein Hungerleider war in einer sehr armen Zeit und der seine äussere Not mit dem

Völlige Entfaltung – – Sterne durchschimmern die Kristalltafeln – – – Architektur – – Nacht – Weltall – – eine Einheit – – – – – –
Keine Bewegung mehr – das Bild steht still – – – DIE MUSIK SCHWEBT AUF EINEM UN-
ENDLICH LANGEN TON – – – – –
bis – –

Bruno Taut, Der Weltbaumeister, Architektur-Schauspiel für symphonische Musik (1920)

Erfinden von Phantasiestädten und -architekturen überspielte – der aber auch von den «leidenschaftlichen Nachtstunden» schwärmte, in denen, wie er notierte, «ich die neue Welt aufbaue». Er genoss die Vision des «Weltbaumeisters», die er in einer Folge von 28 Kohlezeichnungen «fast rauschhaft» zu Papier gebracht hat. Sie wissen vielleicht, dass er dieses Spiel einem anderen genialen Spieler gewidmet hat, seinem Freund, dem Dichter Paul Scheerbart, der die neue Zeit am liebsten als Luftschiffer und als Glasarchitekt zu formulieren versuchte. Architekten kennen – ich hoffe, dass sie das inzwischen wohlfeil wieder aufgelegte Büchlein tatsächlich kennen – Scheerbarts «Glasarchitektur», diesen wunderlichen, dabei überraschend faktenreichen Traktat in 111 Paragraphen. Glas, funkelndes Glas war das Traum-Material der phantasierenden Architekten, die sich damit nach dem Ersten Weltkrieg frisch hielten, hungernd, arbeitslos, desto gieriger in mögliche Zukünfte tastend. «Von dieser neuen ‹Glaskultur›», schreibt Wolfgang Pehnt in seinem hervorragenden Buch über «Die Architektur des Expressionismus», «von dieser neuen ‹Glaskultur› erhofften Scheerbart, Taut und Adolf Behne nichts weniger als eine neue Moral»: «Glas, geschmolzene flüssige Erde und dann erst fest, aber durchsichtig, schimmernd, funkelnd, blitzend und voll unendlicher Reflexe im Licht des Weltalls» – eben das ist die Gegend, in die Paul Scheerbart so gern flog, in der er baute und wunderbar komisch plauderte.
Aber: Ich wünsche heute einem Architekten weder Existenznot an den Hals, damit ihm absonderliche Einfälle kommen, noch preise ich die übertriebene Verwendung von Glas, besonders von buntem Glas. Was mich fasziniert, ist die explodierende Phantasie, die Courage und der Spass, Undenkbares zu denken, mit Möglichkeiten zu spielen. Es ist doch interessant, dass, zum Beispiel, Bruno Taut nach dieser phantastischen Periode ein ganz hervorragender, realistischer Architekt und Stadtbaumeister geworden war, und ein ganz ungewöhnlich phantasievoller selbst da, wo er nichts anderes machte als das, was wir sozialen Wohnungsbau nennen. Ich bin sicher, dass sein Phantasten-Training ihn dazu erst wirklich fähig gemacht hat – dazu, das Gewöhnliche ungewöhnlich zu denken und zu handhaben. Und mich fasziniert auch, wie die neue, offenbar langsam ein wenig grösser werdende Gruppe zeichnender, bisweilen sogar nur noch zeichnender Architekten zeigt, dass man kein Hungerleider zu sein braucht, um die Normalität des Alltags zu necken.

Hans Dieter Schaal habe ich vorhin schon erwähnt. Vielleicht sollte ich hier ein paar Partien zitieren, die er seinen phantastischen, an der Realität sich entzündenden Variationen über das Thema des Weges beigefügt hat.

«Warum Wege?» fragt er, und antwortet: «Ich gehe durch Städte und Landschaften, durch Gespräche und Bücher. Alles, was sich im Raum abspielt, fasse ich als Weg auf ... Der Weg wird so zum zentralen Medium der Welterfahrung und damit zum Synonym für Leben.» Weiter: «Die sichtbare Landschaft und die geistige Landschaft des Denkbaren sind überzogen mit Wegen und Strassen ...»

Die Zeichnung also als ein Versuch, die Wirklichkeit und ihre Erscheinungen zu deuten, anders zu deuten. Für die meisten Architekten, die zeichnen, ist das Zeichnen eine Form des Nachdenkens. Für einige, die sich eine besondere Virtuosität im Zeichnen erworben haben, ist Zeichnen bisweilen identisch mit Bauen: Aber wenn sie dann einen Entwurf bauen, zeichnen sie natürlich Werkzeichnungen. Die dritte Gruppe zeichnender Architekten ist die kleinste und die penibelste, die empfindlichste, wenn nicht esoterischste: Sie wollen überhaupt nicht mehr bauen, weil sich ihre Art zu bauen im Zeichnen erschöpft. Dazu gehören Architekten wie der Italiener Massimo Scolari und der Luxemburger Leon Krier, und für beide gilt, was Krier sagte: «Ich kann nur Architektur hervorbringen, weil ich nicht baue. Ich baue nicht, weil ich ein Architekt bin.» Das klingt einigermassen kokett, gleichwohl ist es ernst gemeint und beruht, offenbar, auf der bitteren Beobachtung eines Übersensiblen, missverstanden oder nicht ernst genommen zu werden. Da spielt die Angst eine Rolle, dass beim wirklichen Bauen Idee und Spontaneität vernichtet würden. Womit Scolari wie Krier – beide nicht besonders handfest gebaut – für sich Recht haben, und für manche andere auch.

Jedoch: was hier wichtig ist, ist viel weniger das literarische oder zeichnerische Ergebnis als der Vorgang selber, das Tagträumen, das Phantasieren, das Erfinden, das Konterkarieren der Wirklichkeit auch, der Protest gegen das Gewohnte und das Gewöhnliche, der Aufstand gegen die Routine. Hinter all den Phantasien verbirgt sich, glaube ich, die Sehnsucht nach mehr Menschlichkeit, auch wenn es auf den ersten Blick nur nach mehr Originalität aussieht. Der Ruf nach mehr Phantasie-Training ist auch der Ruf nach mehr geistiger Regsamkeit und nach mehr Experimenten.

Was das erste angeht, mag eine Notiz von einer Veranstaltung des Bundes Deutscher Architekten zeigen, was gemeint ist. Dort wurden unlängst stilistische Fragen erörtert, wie sie momentan viele Gemüter bewegen, reduziert auf die Frage nach der Moderne oder der Post-Moderne. Einer der Referenten machte dabei die ernüchternde Erfahrung, dass der junge Normalarchitekt von all dem so gut wie nichts weiss, was in die Tiefe des Problems führte; und statt einer interessanten Auseinandersetzung in einem der Seminare gab es die einigermassen platte Not, nämlich zu hören: gesagt zu kriegen, wie und in welchem Stile denn man heutzutage nun entwerfen solle.

Eine Platitüde, der Wirklichkeit entnommen. Sie enthüllt die völlige Abwesenheit von Wissen, von Beobachtung, Erfahrung, Denken, von Neugier. Von einer solchen Basis die Phantasie auffliegen zu lassen, müsste, denkt man, geradezu selbstmörderisch sein.

Was nun das andere angeht, die Experimente: Es werden viel zu wenige, eigentlich gar keine gemacht. In der Architektur wird höchstens technisch etwas ausprobiert, und meistens dann, wenn einem Prestigebedürfnis Genüge getan werden kann oder wenn die Persönlichkeit der Entwerfenden so stark war, dass sie das Experiment – mit – erzwang. Ich denke an das Olympia-Dach von München oder an die Multihalle von Mannheim, zwei Bauwerke, die noch heute, da sie längst erprobt sind, die Kühnheit des Denkens (oder der Phantasie) vor Augen führen und, nicht zu vergessen, das ungeheure Vergnügen an diesen Wagnissen. Aber wo gibt es dergleichen couragierte Taten im sozialen Wohnungsbau? Und vor allem in Deutschland? Ist es nicht wert zu fragen, warum in Henglo, aber nicht bei uns eine Kasbah versucht wurde, eine Siedlung auf Stelzen, aber, richtiger als in Holland, mitten in der Innenstadt? Warum konnte Piet Blom seine Baumhäuser in Helmond und später in Rotterdam bauen, den womöglich pittoreskesten Einfall eines Häuserbauers, aber nirgendwo bei uns? Warum kommen Architekten bei uns nicht einmal auf solche Einfälle? Wird vielleicht doch zuviel gearbeitet und zuwenig gedacht, zu langweilig, zu ordentlich, zu brav, zu gehorsam gedacht? Erklärt die Frage nicht auch, dass Architekten, die das Gewohnte beiseite lassen, alsbald in Verruf kommen? Um Himmels willen, nehmt bloss nicht den, der ist schwierig! Der prozessiert auf Teufel komm raus! Nein, nehmt bloss nicht den, das ist ein Spinner, das kann man doch nicht bauen! Liegt es vielleicht auch daran, dass unsere Bauherrn erstens weniger Kultur haben, zweitens

Piet Blom, Baumhaus-Viertel, Rotterdam (1984)

statt an die Idee lieber an ihr Geld denken? Ist es nicht merkwürdig, dass als Ziele des Architektur-Tourismus immer wieder England, Holland, Österreich, die Schweiz und besonders das Tessin genannt werden, und die Vereinigten Staaten? Und dass amerikanische Architekten, nach deutschen Kollegen gefragt, verlegen werden, weil sie nur zwei, drei Namen im Kopf haben?
Jedoch, ich hatte weder vor, jetzt irgend jemanden zu schelten noch stumpfsinnig zu behaupten, es genüge schon, Phantasie zu haben. Selbstverständlich reicht das nicht. Und so fällt es mir leicht, den Architekten Wolfgang Hirsch zu zitieren. «Nun ist», hatte er in einem Vortrag vom September 1975 gesagt, «nun ist mit formender Phantasie allein zweifellos wenig getan.» Ihre Überbetonung sei doch gerade der Anlass für Adolf Loos gewesen, seinen berühmten Aufsatz über «Ornament und Verbrechen» zu schreiben. (Genauer noch: Es war nicht nur die Überbetonung, sondern die falsche Verwendung von Ornamenten bei Möbel- und Häuserbauern, übrigens nicht die Verwendung dekorativer Elemente überhaupt.) Und Wolfgang Hirsch erzählte dann, was Loos erzählt habe, um seine Ansicht zu untermauern, nämlich die folgende Geschichte eines Sattlermeisters, «der auf Wunsch eines Professors der Wiener Kunstgewerbeschule phantasievolles Sattelzeug machen sollte. Nach langer Prüfung der Entwürfe des Professors verzichtete der Sattler auf den Auftrag und erklärte abschliessend: ‹Wenn ich so wenig von Pferden, vom Reiten, vom Leder und seiner Verarbeitung verstände wie Sie, Herr Professor, dann hätte ich auch Phantasie›.» Was mich indessen keineswegs daran hindert, weiter nach mehr Phantasie zu rufen, und danach, sie auch zu gebrauchen und mehr als bisher, besonders die menschliche Phantasie, und das ist nun einmal diejenige Variante, welche ein erhebliches Mass an Erkundigung verlangt: ja, die eigentlich im wesentlichen Recherche ist.
Ich erinnere mich immer wieder einer Begebenheit, die, als sie geschah, bloss Kopfschütteln und Gelächter hervorrief. Ein Stadtviertel sollte erneuert werden, mehr noch: es sollte sozial, architektonisch und städtebaulich gesunden. Es bestand im wesentlichen aus Miethäusern, die gegen Ende des 19. Jahrhunderts für die Unterbringung der in Massen gebrauchten Gastarbeiter der Industrialisierung eilig hochgezogen worden waren, für Leute aus Niedersachsen, Schlesien, Schleswig-Holstein. Die Häuser waren nicht sehr tief gegründet, die Fassaden oberflächlich verziert mit quasiklassizistischen Ornamenten, die sanitä-

Piet Blom, die ersten beiden Baumhäuser, Helmond NL (1977)

ren Einrichtungen waren jämmerlich. Deshalb würden sie, wie den versammelten Bürgern mit deutlichem Stolz mitgeteilt wurde, endlich verschwinden, bald würde jede Wohnung ihr Bad und ihr Klo haben, statt dem im Treppenhaus, Zwischengeschoss. Da stand eine alte Frau auf, gänzlich irritiert, und sagte: «Aber – wo soll ich'n dann noch Leute treffen?» Inzwischen weiss ich, dass das keine Hamburger Schnurre war, sondern eine öfters zu hörende Bemerkung ist, die unserer Vorstellung längst entfallen war: Von Menschen, die eine Gewohnheit haben, die sie längst zum Wohnen, zum Leben brauchen. Sie haben einen Missstand in einen Vorzug umgedeutet. Sie kehren Werte des alltäglichen Lebens um, sie setzen andere Werte obenan – wie hier den der nachbarlichen Begegnung (der «Kommunikation») über den des Sanitär-Komforts. Das Beispiel zeigt zugleich die Schwierigkeit, einen Begriff wie den der «Wohn-» oder der «Lebensqualität» allgemeingültig zu formulieren, geschweige zu kodifizieren und dann für alle verbindlich zu machen. Solche Ereignisse, solche Beobachtungen dringen freilich nur dann in die Phantasie ein, wenn sie erfahren werden, wenn man von ihnen erfährt, wenn man sie weiss, durch Erlebnis oder durch Erkundigung. Man braucht nicht gleich so schwere Wörter zu bemühen wie «erforschen» – es genügte zu tun, was etwa seriöse Reporter tun, um ihr Wissen und ihre Phantasie in Bewegung zu bringen und bei Frische zu halten: die Ohren aufmachen und die Augen, sich umhören, umsehen, sich umriechen und umfühlen, immerzu fragen – um die menschliche Phantasie auf Trab zu bringen. Erst die beiden Phantasien zusammen, die künstlerische und die menschliche, die ästhetische und soziale, bringen in der Architektur und im Städtebau etwas zuwege.

Dass nun am Ende der Architekt und der Reporter zu Verbündeten gemacht worden zu sein scheinen, das hatte ich, als ich über das Thema nachzudenken begann, wahrhaftig nicht im Sinn gehabt. Was die einen wie die anderen, hier also die Architekten, nötig haben, ist: eine möglichst glühende und eine blühende Phantasie – um die Wirklichkeit erträglich zu machen. «Allein die Phantasie gibt mir Rechenschaft über das, was sein könnte», sagt André Breton in den «Manifestes du Surréalisme». Und Josef Ponten, der (wie soeben Frank Werner) ein Buch über nicht gebaute Architektur veröffentlicht hat, glaubt zu wissen: «Das Beste, was gebaut wurde, ... ist nur auf Papier gebaut worden!» Und fügte hinzu: «Es gibt auf der ganzen Welt kein wahrhaft grosses Bauwerk, das nicht Ruine wäre, im einen oder anderen Sinne.»

Piazza del Campo, Siena

Plätze in der Stadt
Oder: Das Glück, zu verweilen (1985)

Es gibt Dinge im Leben, über die redet man nicht. Man nimmt sie für Binsenwahrheiten. Eine Binsenwahrheit ist, wie Sie wissen, etwas Selbstverständliches, ein Gemeinplatz.
Einer der ganz besonders betagten Gemeinplätze scheint der Platz zu sein. Seine letzte grosse Zeit hatte er im Barock und im Klassizismus. Das 15. Jahrhundert lenkte noch einmal die Aufmerksamkeit darauf, weil es sich damit zu brüsten liebte, mehr als jede andere Zeit Denkmäler und Denkmalsbrunnen darauf postierte und damit Plätzen eine ganz bestimmte, politisch gemeinte, Gefühle benutzende Bedeutung gab. Doch seit darauf nicht mehr paradiert und exerziert und kaum noch in Andacht spaziert wird, da die Symbole ermattet und die alten Funktionen verfallen sind – seitdem war der Platz wie weggewischt aus den Köpfen: kein Thema mehr für den Städtebau. Oder doch? Nun wieder? Dass der Platz uns ein paar Gedanken wert ist, offenbart, dass etwas mit ihm nicht stimmt. Es ist wie mit der Zeitung, der immer vorgeworfen wird, sie ergötze sich mit Leidenschaft an den Schlechtigkeiten der Welt und habe eine gierige Lust am Bösen, weil ihr das Gute zu langweilig sei. Oh, natürlich, wo bleibt das Positive! Man könnte es doch aber auch als positiv verstehen, dass über das Böse wenigstens geschrieben, also geredet wird. Denn verbirgt sich darin nicht das Bedürfnis, es aus der Welt zu schaffen, damit endlich Platz werde für das Gute – über das wir uns dann gottlob nicht mehr zu erregen brauchten?
Wenn mit unseren Plätzen alles zum Guten stände, würden wir sie auch gerne betreten, darauf lustwandeln, die von ein paar Bäumen gereinigte Luft atmen, Menschen treffen, sie neugierig betrachten und mit ihnen einen Schwatz anfangen, würden wir Kindern zugucken, Tauben füttern, auf Bänken oder Stühlen sitzend denken oder dösen, je nachdem. Solche Plätze gibt es natürlich, ich könnte gleich zwei Dutzend nennen, und mit etwas Zeit zur Erinnerung deren noch viel mehr. Aber gibt es nicht unendlich viele andere, die «kaputt» sind, sofern sie über-

haupt noch als Platz wahrgenommen, erfahren werden, also existieren? Die von Strassen zersäbelt, ja vollständig durcheinander gebracht, aufgelöst worden sind? Wo man seines Lebens nicht mehr sicher ist, wo es lärmt und schlecht riecht, wo also die Lockung, die von wahren Plätzen ausgeht – nämlich: darauf zu verweilen, Atem zu holen –, wo diese Einladung nicht mehr empfangen wird oder zur Lüge geworden ist. Man ist nicht eingeladen, höchstens geduldet. Kranke Stellen in der Stadt und das schamhaft gescherte Grün ist nichts weiter als eine müde Verlegenheitsgeste, eine Art von Ersatzhandlung.

Hätte es aber nicht sein können, dass der Städter von heute den Platz gar nicht mehr brauchte, der Mensch der Massengesellschaft, der so durchgreifend verwaltet ist wie noch niemals vorher, technisiert, motorisiert, audiovisuell so komfortabel ausgestattet, dass der Platz als eine Stätte der Begegnung und als Quelle der Information überflüssig geworden ist? Ist der Platz nicht ganz logisch neuen Funktionen dienstbar gemacht worden, vor allem dem Verkehr? Es gibt solche irrwitzigen, zu Verkehrsverteilern heruntergekommenen Plätze. Denken Sie an den Ernst-Reuter-Platz in Berlin: ein riesiger Kreis, von fünf- oder sechsspurigen Strassen umrundet, die aus fünf Richtungen auf ihn treffen, in der Mitte eine Fläche aus Platten und aus Gras, ein verlegenes, verloren wirkendes Wasserspiel mit 41 Springbrunnen und ein paar Bänken; wer ihn unbedingt zu erreichen wünscht, muss in einen Tunnel tauchen und dann wieder auftauchen.

Im Ernst-Reuter-Platz und seiner, den Raum aufbrechenden Hochhauskulisse haben die Planer fast wörtlich Mies van der Rohes missratenen Entwurf für den neuen Alexanderplatz von 1928 nachgeahmt. Und denken Sie an den Karlsplatz in München, den Stachus: vollständig dem Verkehr zum Opfer gebracht, zur Strasse gemacht und als Erinnerung in den Keller darunter verlegt: künstlich beleuchtet, von nicht besonders angenehmen Gerüchen durchwallt, existiert er, entpersönlicht, als halbkomfortable Budenstadt unter der Erde. Jeder, der vom Bahnhof kommt und das Rathaus zu Fuss erreichen möchte, muss dort hinab und wieder hinauf.

Und wer je eines der vielen Neubauviertel durchstreift und nach Plätzen Ausschau gehalten haben sollte, wird bitter enttäuscht erfahren haben: es gibt sie nicht. Es gibt dort fast nirgendwo einen Platz, der der Vorstellung davon entspräche. Es sind nur irgendwie gegliederte Flächen, vollgestellt mit kunstgewerblichen Architektur-Versatzstücken, vor al-

lem bedeckt mit den berühmten pflegeleichten Bodendeckern, man will sie ja los sein, die Plätze. Es sind, jedoch, nicht Räume.
Was ist das denn nun, ein Platz?
Ein Platz ist ein städtebauliches Ordnungsmittel: Plätze gliedern die Stadt, jeder Platz ist Mittelpunkt und Kennzeichen eines Quartiers, eines Viertels. Es gibt ganze Ketten von Plätzen, wie in Berlin, dreihundert im Westen, hundertfünfzig im Osten, die einen Namen tragen: ein jeder von unverwechselbar eigener Gestalt. Zusammen bilden sie ein weitmaschiges Netz, das die Stadt beisammen hält.
Ein Platz wirkt auf den Städter, den Stadtbenutzer wie eine Fermate auf einen Musikhörer: als ein Ruhezeichen, es gebietet Halt, wenigstens für Momente. Der Platz ist eine visuelle Verschnaufpause, leicht abgerückt, von Hecken beschirmt. Er erlaubt es jedem, für sich zu bleiben, er ist freilich auch als eine gesellige Einrichtung zu verstehen.
Der Platz ist aber auch ein Höhepunkt, eine Sammelstätte, namentlich dann, wenn er sein Gepräge durch bedeutende Gebäude erhält, durch Rathäuser, Schlösser, Kirchen, Museen, Gerichte, Markthallen. Zusammen mit Einrichtungen in den Häusern, die ihn umringen bietet er eine Fläche für Handel und Wandel, das heisst: für geschäftliche, kulturelle und politische Ereignisse und Tätigkeiten.
Plätze sind indessen nicht eigentlich Flächen, sondern Räume. Eine Fläche wird erst zu einem Platz, wenn sie eine Fassung hat, wenn sie von Gebäuden umstanden ist oder, das ist auch denkbar, von Bäumen oder Hecken.
Diese eigentümliche räumliche Qualität, die sein Wesen ausmacht, macht ihn für die Augen interessant: Ein Platz ist nicht selten so faszinierend wie die Gebäude, genauer: wie die Fassaden, die ihn vielgliedrig umgeben und ihm sein besonderes Gepräge geben. Wer dächte da nicht am liebsten an die Grande Place in Brüssel, die, präsidiert vom Rathaus, von den Zunfthäusern mit ihren hohen Giebeln eingefasst ist; jede der ziselierten Fassaden ein Individuum, aber jede einem allgemeinverbindlichen Rhythmus, demselben Massstab gehorchend – obendrein eine immer noch spürbare politische Demonstration, die städtische Demokratie triumphiert mit den Zünften über das aristokratische Stadtregiment.
Plätze wirken jedoch auch auf das Gefühl: sind sie dicht, aber auch wohlproportioniert gefasst und in höchstem Grade «versammelt», rufen sie das Gefühl der Geborgenheit hervor, das Gefühl, geschützt zu sein.

Gute Plätze haben meistens eine Pointe, und es gehört zu den kompositorischen Unwägbarkeiten, dass ihr Zentrum nicht zugleich ihre Mitte bilden muss. Namentlich auf den im Mittelalter entstandenen, oft abenteuerlich unregelmässigen Plätzen wirkt das rätselvolle, aber ästhetisch entschlüsselbare Gesetz der Proportionen, die von den Verhältnissen vieler Einzelheiten bestimmt sind: von den Massen der Häuserfronten, ihrer Länge, ihrer Höhe, vom Rhythmus der Details; von der Art und der Zahl der Strassen, die in ihn münden, der Art ihrer Ecken; auch vom Pflaster und von seiner Ausstattung mit immobilen Gegenständen: Denkmälern, Brunnen, Bänke-Gruppen, Bäumen, Kunstwerken. Oft lässt sich der wahre Mittelpunkt eines Platzes erst finden, wenn man seine Benutzer beobachtet. Es gibt ein pikantes Beispiel dafür.

Während die Stuttgarter Bürger die Nase über die Stadtstreicher und die Strassenmusikanten rümpften, die den nicht besonders geliebten Kleinen Schlossplatz für sich entdeckt hatten, jubelten heimlich die Architekten: weil ihnen seine beste Stelle bezeichnet worden war.

Die Qualität mancher Plätze offenbart sich, während sie benutzt werden. Der Washington Square in New York ist so ausladend, dass er an den weit voneinander entfernten Fassaden kaum noch abgelesen werden kann. Dennoch ist er der vermutlich wichtigste Platz der riesigen Stadt, weil er, der gesellschaftlichen Pluralität entsprechend, eine unnachahmliche Pluralität von Tätigkeiten zulässt. Wahrscheinlich liegt sein Reiz darin, dass er ein Platz ist, der aus lauter durch Bäume, Hekken, Bänke leicht begrenzten Plätzen besteht – dem Platz der Schachspieler, dem Platz der Musiker, dem der Pantomimen und Darsteller, dem der Ausruhenden, der Ballspieler – und so weiter. Sein Ausrufungszeichen ist in Wahrheit keine der Fassaden ringsum, sondern der Washington-Bogen, ein Triumphbogen, der die Fifth Avenue in den Platz einführt, nein, sie hier beginnen lässt – und, umgekehrt, sie auffängt: Hier herrscht der Platz.

Der Washington Square beweist zugleich, dass es kein absolutes Mass für Plätze gibt. Plätze können zu gross sein, weil ihre architektonische Einfassung nicht mehr empfunden, jedenfalls nicht mehr als Rahmen wahrgenommen wird; sie funktionieren dennoch – wie der Platz der Republik vor dem Reichstag in Berlin – auch nur dann, wenn sie bei grossen Veranstaltungen benutzt werden; leer gelassen oder nur von Spaziergängern bevölkert, wirken sie wie Parks – oder leer.

Plätze können hingegen so klein sein, wie sie wollen. Halt, das stimmt auch nicht: ein kleiner Platz, der eng und von vielen Stockwerken hoch umschlossen wird, ist kein Platz mehr, sondern schon ein Hof. Denn zu den Eigenschaften von Plätzen gehört die relative Offenheit zur Umgebung: die räumliche Transparenz.

«Das Bedürfnis nach Plätzen», schreibt Hans Schmidt in einem der wenigen Bücher, die sich mit dem Thema befassen und es in Beispielen aus aller Welt vor Augen führen – es heisst «Strassen und Plätze» und ist 1968 in Ost-Berlin erschienen – «ist so alt wie die menschliche Siedlung überhaupt. Plätze als Orte, wo sich die Menschen zusammenfinden, gab es schon, als man noch nicht an die Anlage von Strassen und Städten dachte. Als bewusst geordnetes architektonisches Element tritt der Platz erst mit Beginn des Städtebaus auf.»

Bei den Griechen war es die Agora, ein erst allmählich mit Verwaltungsgebäuden, Tempeln, Markthallen umgebener Versammlungsplatz, gewonnen dadurch, dass man einen oder ein paar Blöcke im Strassennetz aussparte.

Bei den alten Römern war es das Forum, umgeben vom Rathaus (der Curia), dem Versammlungshaus (der Basilika), wo im Erdgeschoss der Markt und oft Geschäfte eingerichtet waren und sind (wie beispielsweise in Padua oder Vicenza) und umgeben auch von Tempeln. Plätze sind öffentlicher Besitz von jeher.

Nachfahren dieser alten Vorbilder sind die Grande Place in Brüssel ebenso wie der Campo in Siena oder, verwandelt in eine unterhaltsame Form, nämlich bekränzt nicht nur von Kirchen und anderen bedeutenden Gebäuden, sondern von Restaurants und Cafés, in Rom die vielgeliebte Piazza Navona.

Das Mittelalter wiederum hat Plätze der eigenwilligsten Gestalt hervorgebracht. Sie waren, wenn man es romantisch ausdrücken möchte, mit der Stadt gewachsen, also vom Zufall geprägt – freilich kann man auch vermuten, sie seien einem unbewussten, aus dem handwerklichen Training erwachsenen Proportionsgefühl zu danken, demzufolge man es «in den Fingerspitzen» oder – auch das – «im Hinterkopf» hatte, wo sie hingehörten, wie sie geformt sein müssten.

Aber natürlich waren Lage, Anlage und das Behaupten von Plätzen auch politische Demonstrationen kirchlichen oder bürgerlichen Selbstbewusstseins und Machtanspruchs. In Lübeck lässt sich das vortrefflich ablesen: Dort gibt es im südlichen Drittel den Platz der Kirche mit dem Dom; heute ist es ein beschaulicher, vom städtischen Lärm übergangener Platz mit schönen mächtigen Bäumen. Im nördlichen Drittel findet man die Geste der Wohlfahrt, hervorgebracht durch die alte lübische Praxis der Stiftungen, das Heilig-Geist-Hospital und nebenan die Jakobikirche, deren platzprägende Kräfte man heute allerdings nur mehr ahnen kann. In der Mitte schliesslich der Platz der weltlichen Macht, das Rathaus (mit der Stadt-, der Bürgerkirche), daran kein irgendwie begrüntes, in diesem Fall verniedlichendes Idyll, sondern ein gebauter, ein Architekturplatz: es sind Steine, die ihm seinen Charakter geben. Wahrscheinlich hat sich nirgendwo mehr als in der Toskana die Ästhetik der Stadt als ein Thema der Kommunalpolitik artikuliert, schon frühzeitig. Die angeblich gewachsene Stadt ist in Wirklichkeit eine geplante Stadt; zumindest begann man jetzt, gegen Ende des 14. Jahrhunderts, damit die Stadt, das Bild der Stadt zu beeinflussen und zu korrigieren. Es gibt da eine bemerkenswerte Geschichte: Nicht weniger als zwölf Maurermeister waren ausgesandt, sich den Schaden anzusehen. Ihr Urteil war hart. Der Bösewicht bekam umgehend die ganze spätmittelalterliche Macht der Stadt Siena zu spüren und den offensichtlich nicht zu bremsenden Ehrgeiz, ihr Bild durch nichts und niemanden mehr beschädigen zu lassen, sondern es im Gegenteil von ästhetischen Schmutzflecken zu reinigen. Was hatte der verurteilte Signor Toni im Jahre 1370 angerichtet? Sein Laden ragte um dreiviertel Ellen, also um 40 Zentimeter, um ganze zwei Handspannen aus der Häuserfront heraus. Der für die Schönheit zuständige und mit Bedacht in jährlich wechselnden Besetzungen agierende Ratsausschuss ordnete den Abriss an, bitter entschlossen, die *major turpitudine campi*, die grösste Hässlichkeit an der Piazza del Campo, am Rathausplatz aus der Welt zu schaffen. Der Campo ist das unvergleichliche Paradebeispiel für die bewusst gestaltete Stadt, dieser in einem Tal zwischen drei Hügeln angelegte, das Tal nachzeichnende, muschelförmig gekrümmte, fächerförmig gegliederte, rot gepflasterte Platz vor dem Palazzo Pubblico. So hatte auch schon eine Bauausschuss-Sitzung vom Mai 1297 diesem Platz gegolten. Den Massstab dabei bestimmte unwidersprochen das Rathaus mit dem mächtigen Turm und mit seiner grossartigen Umarmungsgeste, die der zweimal geknickte Bau ausübt. Man verlangte nun bei allen anderen Gebäuden die gleichen Fenster und legte besonderen Wert auf die beiden kleinen Säulen, die sie unter den Spitzbögen teilen.

Wo es Not tat, half die Stadt hier wie an anderen Stellen finanziell nach, sorgte für preiswerte Grundstücke, winkte mit verlorenen Baukostenzuschüssen. Dem Bauherrn des imposanten Palazzo Sansedoni zum Beispiel, dem Rathaus schräg gegenüber, wollte man ein hohes Amt nur deswegen verschaffen, damit er seine Fassade mit den Säulenfenstern vollenden konnte. Denn nicht ein Haus für sich allein ist wichtig für einen Platz von ausgeprägtem Charakter, sondern der Zusammenhang, in dem es steht. Wer um schöne Plätze bemüht ist, muss den Fassaden grossen Wert beimessen. Und so fällt bei näherem Hinsehen auf, dass der Turm des Sansedoni-Palastes keinen rechtwinkligen, sondern einen trapezförmig verschobenen Grundriss hat, dass der aber von der allerwichtigsten Stelle des Platzes, vom Rathausportal her, so aussieht, als sei er rechtwinklig. So erhöht die Gesamtheit eines solchen Platzrand-Ensembles die Charakteristika der Einzelbauten. «Seht, wie schön die Stadt ist», schrieb Fra Giordano da Pisa, «wenn sie wohl geordnet ist!»
Im Rom der Päpste wurde die Erneuerung und Verschönerung, namentlich von Plätzen, noch radikaler versucht. Sie wollten sich nicht mit kleinen Korrekturen begnügen, sondern sie träumten von neuen Anlagen, liessen Plätze regulieren, Fronten begradigen, aber auch bequemer machen. Ihr Instrument war das *tribunale delle strade*, die Strassen- und Platzaufsichtsbehörde. Sie liess die verlangten Änderungen von den Grundeigentümern nicht nur bezahlen, sie erlegten ihnen obendrein eine Art von Luststeuer auf, denn genössen nicht sie die Vorteile der Verschönerung? die Verbesserung des Images? die grössere Attraktivität? also, die Belebung ihrer Geschäfte?
Als das geschah, ereignete sich die Kunst- und die Baugeschichte längst unter dem Rubrum Barock, einer Zeit, die nun ausserordentlich bewusst gestaltet hat, die Obeliske auf die Plätze gestellt hat, grosse platzgreifende Brunnen, Figuren – nicht, um Plätze zu verkleinern, das war ein Nebeneffekt: sondern um ihnen eine Gliederung zu geben, sie zu bereichern. Es entwickelte sich die Idee, Plätze zu unterteilen durch Kunstwerke, Bäume, offene Hallen, Balustraden und dergleichen mehr. Das folgte einem ausserordentlich grossen ästhetischen Anspruch, und es wäre eine Beleidigung, würde man mit diesen Künsten die heutige Verlegenheit vergleichen, ungefügen Flächen durch ein paar Blumenrabatten oder Pflanzenkübeln Zeichen von Anmut zu geben.
Zu den barocken Leistungen gehört Salzburg, dessen Dom von nicht weniger als vier Plätzen umgeben wird. Der Domplatz erstreckt sich,

Charles Moore, Piazza d'Italia, New Orleans (1984)

von Gebäuden hoch und dicht umgeben, vor den Portalen. Der Residenzplatz neben dem Dom ist gross und bezieht sich auf den Dom und zugleich die Residenz; er erfährt eine Brechung und eine Verlängerung, die den Namen Mozartplatz hat. Und auf der anderen Längsseite des Domes gibt es den Kapitelsplatz. Alle Plätze zusammen bilden eine temperamentvolle viersätzige Komposition.

Hinwiederum ist eine der interessantesten Städte auf dem Reissbrett eines Klassizisten entstanden, Karlsruhe. Wer auf den Stadtplan sieht oder vom Schloss aus in die Stadt spaziert, spürt fast überdeutlich und heute so wie damals die Kraft einer ganzen Folge von Plätzen, die einer aus dem anderen entwickelt sind und selbstverständlich immer andere Formen annehmen, ein jeder Platz ein raumplastisches Kunstwerk. Hier erfährt man auch, dass eine Stadt nicht einfach die Summe ihrer Bauten ist, sondern das Arrangement der Gebäude und der Zwischenräume.

Manche Architekten wie der Amerikaner Charles Moore haben den Verlust dieser Praxis empfunden, den uns das Neue Bauen mit seinen ganz anderen Vorsätzen eingebracht hat: Die Moderne war es, die die in den Gründerjahren gegen Ende des vorigen Jahrhunderts zugebaute Stadt zu lichten begann und der es darum gegangen war, Licht und Luft und Reinlichkeit zu schaffen. Ihre Siedlungen aus Zeilenbauten, allesamt perfekt zur Sonne orientiert und mit viel Zwischenraum ausgestattet, bildeten keine räumliche Stadt, also keine Plätze. Doch um eben dies war es Charles Moore zu tun gewesen, als er das Kresge College der Universität von Kalifornien Anfang der siebziger Jahre baute: ein College wie eine winzige Stadt, mit Strassen, Plätzen, die sich daraus bilden und genaue Betonungen erfahren, Durchblicke, wohlbedachte Perspektiven. Wer durch das College wandert, erlebt gleichsam den Platz kinetisch, er entwickelt sich fortwährend mit jedem Schritt neu durch die immer neuen Blicke, die er variiert oder neu bildet. Es werden – lange nicht passiert – alle Sinne berührt: ein Werk der räumlichen Phantasie.

Dieser öffentliche Raum ist, was wohlgeratene Plätze, auch die stillsten, immer sind: Erlebnisraum. Moore hat, das denkt man sich, von Siena gelernt, und vom Markus-Platz sowieso, diesem Inbegriff des Architekturplatzes, der auf dem Plattenbelag keine aufregenden oder putzigen Versatzstücke braucht, nur: Menschen, und ihr Tun dort, auch wenn es aus Nichtstun besteht. Alle Fortbewegungs- und Reaktionsarten kann man da erleben, um nur ein paar zu nennen: gehen, wandeln, rennen oder bummeln, flanieren, hüpfen, schreiten oder stehen – man bemerkt daran, wie solch ein Platz den Sprachschatz und seinen Wörter-, seinen Synonymen-Reichtum öffnet. Man wird auf diesem Platz sehen, starren, Ausschau halten, suchen, beobachten, gucken und, sofern man nur ein bisschen darauf achtet, mehr sehen, mehr entdecken, als man es sich je hätte vorstellen können. Man sonnt sich, trinkt Kaffee, füttert die Tauben und hat seinen Spass daran, wenn sie mit gewaltigem Flügelrauschen auffliegen. Man kann sein Butterbrot essen, Musikanten zuhören oder Tänzern zuschauen und Zeitung lesen. Man sieht, hört, riecht, tastet: der Platz, ein Unterhaltungs-Schauspiel – und die Kulisse bilden imposante Bauten, der Dogenpalast darunter, die Kirche San Marco. Und man wusste, warum man den eingestürzten Campanile sofort wieder errichtet hat: der Platz braucht die Dominante.

Und trotzdem: Es gibt, natürlich, nicht den idealen, den unübertrefflichen Platz. Der Markusplatz liegt in Venedig und nicht in Bonn, der Petersplatz wäre in Hamburg ganz unvorstellbar, nicht nur der Fläche wegen, die er braucht, er wäre in Hamburg sicherlich auch ganz, ganz schlecht. Plätze werden stets in ganz bestimmten Umgebungen hervorgebracht. Oder, wenn sie besonders ausgeprägt gestaltet sind, richtet sich unmerklich die Umgebung nach ihnen. Ich habe viele Plätze, die ich liebe, und ich könnte auch sagen, warum: keiner ist austauschbar. Ich will nun nicht probieren, die ganze Typologie auszubreiten, aber andeuten möchte ich die Fülle der Platz-Arten schon.

Da ist der Marktplatz – kein Wort weiter darüber; wir brauchen nur zu hoffen, dass wirklich Markt auf dem Marktplatz stattfindet: es ist sein Lebenselixier.

Da ist der vom Verkehr umflossene oder durchflossene Platz. Manch einer hat dabei seine Existenz als Platz eingebüsst. Andere – wie der Klosterstern in Hamburg, ein freilich wohlproportionierter, nicht zu grosser Platz, der wunderbar mit den Eckhäusern korrespondiert – behaupten sich: eine runde von Bäumen umstandene, freundliche Wiese, auf der ich noch niemals einen Menschen beobachtet habe, offenbar ein Platz zum Sehen, nicht zum Betreten, um ihn herum fahren Autos von oder in sechs Strassen, und es geht, welches Wunder, alles ohne Verkehrsampeln ab, auf einem der letzten Plätze, an denen sich die fahrenden Bürger noch miteinander arrangieren dürfen.

Da ist der englische Square, umzäunt, von Hecken und Bäumen bestanden und anmutig gegliedert, naher Verwandter des Parks. Ein Exemplar dieser Gattung habe ich seltsamerweise in New York kennengelernt, den Gramercy Park, an dem die Lexington Avenue im Süden beginnt: 1831 hatte ein Bauunternehmer den morastischen Flecken Erde trockengelegt und die 66 Parzellen an den vier Seiten zusammen mit einem Anteil am Park verkauft. Der Gramercy Park ist heute noch eine beliebte, eine begehrte, nicht billige Wohngegend, und jeder hat einen Schlüssel für den Park, der ein Platz, oder den Platz, der ein Park ist. Was auch: er ist eine grüne, zu Zeiten blühende, duftende Oase in der steinernen Stadt.

Es gibt ferner den Architekturplatz, den ehrgeizigsten von allen, geprägt von Gebäuden, die seine Fassung sind, von ihren Fassaden, denen deswegen grosse Qualität abverlangt wird. Solch ein Architekturplatz ist das Berliner Forum zwischen Universität, Staatsoper, Bibliothek und Hedwigskathedrale, eine spätbarocke Erfindung. Solch ein Beispiel ist auch der alte Berliner Gendarmenmarkt. Berühmtere sind der Campo in Siena und der Petersplatz.

Ein anderes, nicht weniger berühmtes Beispiel dafür ist der Vogesenplatz in Paris, die Place des Vosges, kurz nach 1600 von König Heinrich IV. im mittelalterlichen Stadtteil Marais angelegt, erst Spielplatz für Strassenkünstler, dann Turnierplatz. 1639 liess Richelieu das Reiterstandbild Ludwigs XIII. darauf errichten – es steht bis heute dort. Zur selben Zeit waren rund um das hundert mal hundert Meter grosse Geviert die prachtvollen Bürgerhäuser mit den hohen Mansarddächern entstanden, sein prächtiger Rahmen. Ein Jahrhundert später pflanzte man auf einmal Linden auf den Platz, eine offenbar geduldete Sünde wider den reinen Architekturplatz; sie wurden im Empire von viel mächtigeren, mehr Schatten spendenden Ulmen ersetzt – bis die Ulmenkrankheit sie Ende der sechziger Jahre dahinraffte. Sie wurden gefällt, und da jubelten auf einmal die Denkmalpfleger, die Kunsthistoriker, die Architekten – aber zugleich gossen die Bürger ihren Zorn über die steinerne Preziose aus: sie wollten ihre Bäume wieder haben. Sie bekamen sie, freilich keine Ulmen, sondern die lichteren Linden, gepflanzt nach architektonischem Mass – ein kluger Kompromiss.

Auch in Stuttgart hatten sich bei der Erneuerung des Schlossplatzes diese Fronten gebildet: Grün gegen Stein. Der Architekt, bestrebt, die

Place des Vosges, Paris (1612)

Überwindung des Feudalismus bis in den Schlosshof hinein mit grünem Rasen zu demonstrieren, unterlag am Ende dem nicht unvernünftigen Urteil der Denkmalpfleger: Der Platz vor dem Schloss wird grün, der Platz genauer: der Schlosshof wird gepflastert.

Natürlich ist dieser Gegensatz von Stein und Grün überall beliebt, und seit uns der saure Regen zusetzt und der Wald krank ist, wächst die Neigung, für das Grüne auf den Plätzen zu streiten. Trotzdem: sowenig es den besten Platz gibt, so wenig kann es nur noch grüne Plätze geben. Der Wiener Architekt Otto Wagner, Verfasser eines streitbaren Buches zur Förderung der modernen Architektur im Jahre 1895, wetterte gegen die sentimentalen Stadtromantiker. «Es ist hier», schrieb er im Kapitel über die Plätze, «an der Zeit, gewissen verschrobenen Ansichten entgegenzutreten, zu welchen ein grosser Teil der Menge huldigt und die dahin zielen, jeden freien Platz, selbst das kleinste Plätzchen, mit einer Gartenanlage zu schmücken.» Und weiter: «Die Verfechter dieser Anschauung führen jederzeit eine Unzahl von Schlagworten wie Augenweide, Luftzentrum, Aufsauger von Stickstoff etc. in bombastischer Weise im Munde.

Diese Schlagworte werden dann in volksfreundliche Phrasen gekleidet und in die Massen geworfen: alle möglichen hygienischen Wirkungen werden behauptet; ob aber derlei Anlagen auch schön sind, wird nicht erwogen.»

Es war ein Architekt. Und er hatte noch keine Ahnung von Auspuffgasen und verpesteter Stadtluft. Er war in dieser Beziehung auf der gleichen Fährte wie der Stadtplaner Camillo Sitte, der mit seinem gefeierten und bekriegten Buch über den «Städtebau nach seinen künstlerischen Grundsätzen» die Kunst des Platzes zu erneuern suchte. Aber Otto Wagner hatte ja Recht: Es wäre absurd, jedem Platz einen verquälten Anschein von Park zu geben. Es gibt nur diesen und diesen und jenen ganz bestimmten Platz; der eine verträgt dies, der andere verlangt nach anderem.

Es gibt – um die kleine Platztypologie noch ein wenig weiter zu verfolgen – auch einen reinen Kunst-, einen Skulpturenplatz, wie ihn der Stuttgarter Künstler Otto Herbert Hajek in der australischen Stadt Adelaide hat anlegen dürfen, einen durch und durch gestalteten Platz, einen Platz als eine begehbare Skulptur, in der die Menschen als Statisten geduldet sind.

Gian Lorenzo Bernini, Petersplatz, Rom (1667)

Namentlich Architekten, die sich auch als Künstler verstehen und betätigen, haben eine ganze Anzahl so gut wie nie ausgeführter Kunst-Plätze entworfen – so wie die ehemalige, längst auseinandergegangene Architektengemeinschaft Haus-Rucker-Co, die auf dem Platz zwischen Justiz- und Innenministerium in Bonn eine Wellenwiese vorgeschlagen hat, von der ein Streifen, nach oben geklappt, auf einer Art Sprungschanze zu liegen gekommen wäre; in einem anderen Entwurf versetzte sie Berge auf einen Platz in Braunschweig, eine provozierende Paradoxie, derzufolge die Berge beweglich schienen, die Häuser am Platzrand hingegen so unverrückbar wie Berge. Und für Duisburg erdachte die ursprünglich Wiener Architektengruppe einen sehr lebendigen Platz aus geometrischen und topographischen Elementen, aus Stein, Rasenterrassen und einer Baumreihe als Rückgrat.

Der baden-württembergische Künstler-Architekt Hans Dieter Schaal wiederum eröffnete in einem kühnen Variantenspiel für die Verwandlung einer aufgeweiteten, gestaltlos gewordenen Strasse in Ulm ein ganzes Dutzend Gestaltungsmöglichkeiten; man findet darunter einen Barockgarten, einen Gebirgsgarten, einen Stadtpark und eine wie er sagte «ganz normale Landschaft» aus der Umgebung.

Und weiter: In Mainz gibt es eine Brücke, die man zu Recht die «Grüne Brücke» nennt und die tatsächlich einen Platz über dem tobenden Verkehr der Ausfallstrasse bildet: Sie ist von dem Umwelt-Künstler Dieter Magnus entworfen und gottlob auch so gebaut worden: weil er wollte, dass den Leuten das Überbrücken Spass mache. Auf dem ehrgeizig gestalteten Brückenplatz wachsen Blumen, Sträucher, kleine Bäume; an einer Seite gibt es einen Wasserfall, und hinab führt nicht eine, sondern führen mehrere Treppen. Apropos: Läge es nicht nahe, auch so wunderbare Treppen wie die Spanische in Rom als Plätze zu verstehen? «Gewöhnlich», sagt ihr Monograph, der Kunsthistoriker Roland Günter, «braucht man fünf Minuten, bis man von unten nach oben kommt. Manche brauchen Stunden. Der Erfolg der Spanischen Treppe am Spanischen Platz zu Rom ist ihre Multifunktionalität, etwas, das für jeden Platz wichtig ist.»

Natürlich interessiert es die Städtebauer und die Kommunalpolitiker auch, warum Menschen Plätze bevorzugen oder Plätze meiden. Da den Architekten offenbar das Fingerspitzengefühl verloren gegangen ist,

folgende Doppelseite: Bernardo Rossellini, Piazza Pio II, Pienza (15. Jh.)

selber herauszufinden, zu erahnen, zu fühlen, womit sie vielen Menschen ein Behagen bereiten könnten, behilft man sich damit, Leute zu fragen oder sie mit dem Photoapparat zu beobachten: Was tun sie auf Plätzen? Welche Ecken bevorzugen sie? Was lieben, was verabscheuen sie? Was macht Plätze attraktiv?

Ist es zum Beispiel viel Sonne? Keineswegs, nur wenn es kühl ist oder wenn im Frühling die ersten Strahlen gierig genossen werden wollen. Sind es die Eleganz, die architektonische Klarheit, das Raffinement einer edlen Gestaltung? Alles das, beobachtete man, hat keine unmittelbare Wirkung. Plätze werden selten nur deswegen aufgesucht, weil sie bildschön sind; ihre Schönheit wird von den meisten nur im Unterbewusstsein wahrgenommen.

Suchen die Menschen möglichst viel Ruhe? Wollen sie ungestört sein? Manche gewiss; sie setzen sich gern abseits auf Plätzen, wenn sie nachdenken oder mit sich ins Reine kommen möchten. Viele suchen die Ruhe nicht, obwohl sie es schlankweg behaupten; denn sie platzieren sich am liebsten da, wo sie etwas sehen oder erleben können. Eine Untersuchung amerikanischer Psychologen nennt zum Beispiel die Piazza vor dem Seagram Building in New York. Dieser Vor-Platz war einmal, 1958, eine richtungweisende kühne Tat, denn der Architekt Ludwig Mies van der Rohe hatte ausdrücklich nicht das ganze Grundstück für den Wolkenkratzer ausgenutzt, wie es die Bauordnung zugelassen hätte, sondern einen Platz davor frei gelassen, ein Geschenk an die New Yorker (in Wahrheit aber eine Einrichtung, um die Wirkung der Architektur zu steigern). Und Mies van der Rohe hätte auch die Nase gerümpft, sähe er, wer diesen Platz bevölkert und wie.

Tatsächlich ist er nicht beliebt, weil er so schön und rein gestaltet, aus edlem Material gemacht, symmetrisch gegliedert ist, im Wasser sich der Himmel und die Umgebung spiegeln, nein, nicht das Platz-Kunstwerk reizt die Menschen, sondern die beiläufige Geselligkeit, die er erlaubt, wenn man auf den niedrigen Mauern sitzt, einen Plausch haben, Menschen sehen kann und ein Gefühl des Übereinkommens, der Harmonie hat, und weil es interessant ist zuzugucken, was auf der Strasse geschieht, obwohl dort scheinbar gar nichts geschieht, nun ja, Menschen gehen hierhin, dorthin, gehen nebeneinander, distanziert, umarmt, sie reden, lachen über einen Witz, sie sind alle verschieden gekleidet, haben jeder einen anderen Gang, machen unterschiedliche Gesichter; dahinter fahren die Autos, hupen die Autos, wippen über den unebenen

Asphalt, fahren durch die Dampfwolken aus den Gullys – überhaupt nichts Besonderes, dennoch unendlich viel. Man vergisst es, und abends fällt es einem wieder ein: du, stell dir vor, da kam einer, und plötzlich ... und so weiter.

Sie suchen die Ruhe der Plätze? Nein, die Städter setzen sich meist dorthin, wo andere sitzen, weil sie sich gesehen, also geschützt fühlen möchten. Sie brauchen das Geräusch der Stadt, das aber durch Büsche und Bäume in ein gleichmässiges, fast einlullendes Rauschen verwandelt ist. Alles dies hat nicht wenig zum Erfolg des eigenartigsten Platzes geführt, den ich kenne. Ich fand ihn zufällig, im Vorbeigehen; den Paley Park in der 53. Strasse, unweit der Fifth Avenue, die Stiftung eines reichen Mannes für die New Yorker. Er entstand in einer Baulücke zwischen zwei hohen Gebäuden; vierzehn Meter breit, etwa dreissig Meter tief, hinten begrenzt von einer knapp sieben Meter hohen Mauer, von der unablässig Wasser herabrauscht. Schon das Geräusch ist eine Erfrischung. Eine Pumpe pumpt das Wasser unentwegt hinauf; im Winter wird es geheizt, damit es nicht gefriert. An den Wänden links und rechts ranken sich wilder Wein und Efeu in die Höhe.

Der Platz ist von der Strasse deutlich abgesetzt, durch drei, vier Stufen aber auch durch zwei Torhäuschen links und rechts: in dem einen werden die Gartengeräte aufbewahrt, in dem anderen gibt es etwas zu essen und zu trinken. Der Platz ist mit Granit gepflastert. Darauf stehen, genau verteilt im Abstand von drei Metern hinter- und nebeneinander, siebzehn Bäume, Johannisbrotbäume, von denen man wusste, dass sie hier, unterirdisch bewässert, gedeihen.

Es stehen hier keine Bänke, sondern – Erinnerung an die Parks von Paris – Stühle, die sich jeder nehmen und zurechtrücken kann: Die Psychologen wissen, dass die Möglichkeit, seinen Stuhl und seine Stelle zu wählen, wichtig für das Wohlbefinden auf einem Platz sind. Bänke werden weniger gemocht, weil sie oft dort stehen, wo man nicht sitzen will. Beliebt ist der Paley Park aber nicht zuletzt deswegen, weil er eine Oase in der Stadt, aber unübersehbar ein Teil von ihr ist: Man sieht sie, man hört sie, man will sie auch hören. Wäre dieser Platz schalldicht abgeschlossen, würden sich Beklemmungen ausbreiten. Im heissen schwülen New Yorker Sommer glaubt man, es sei hier angenehm kühl; im Winter meint man, in dieser räumlichen Umarmung Wärme zu spüren.

Platz an der Museggstrasse, Luzern

Dies ist wahrscheinlich, nüchtern analysiert, Einbildung. Die Kunst der Platzgestalter aber war eben dies: nicht nur ein Kunstwerk von einem Park geschaffen zu haben, sondern einen Platz, der Stimmungen hervorruft. Eine Gaukelei. Das ist beileibe nichts Böses. Es gibt ausladende Plätze, die viel kleiner wirken. Vom Piaristenplatz im VIII. Bezirk von Wien wiederum, 47mal 10 Meter gross, sagt man, er wirke geräumiger als die Ringstrasse. Vom fünfeckigen Platz vor der Kirche Santa Maria Novella in Florenz glaubt man, er sei viereckig, und die Piazza del Popolo ist, obwohl sie länglich auf die beiden Kirchen hinzuzuführen scheint, ein Platz, der quer liegt.

Täuschungen gehören zur Stadtbaukunst. Es ist nicht nur wichtig, dass die Strassen und die Plätze funktionieren, sondern dass sie die Phantasie bewegen. Aber es wäre wiederum ein Irrtum zu glauben, die Benutzer des Paley Parks kämen nur, weil sie einem Zauber zu erliegen wünschten; sie kommen, weil sie die Geborgenheit des Platzraumes lieben, weil sie das Geräusch des Wassers und das Entrückte der Strasse mögen, den feinen Nebel, die Bäume im Pflaster und die Möglichkeit, mit dem Stuhl dorthin zu rücken, wohin sie wollen, und zu essen gibt es auch etwas: eine Oase in der Wüste aus Stein. Nur eine Toilette gibt es nicht, ein grosser Mangel. Denn wen die Psychologen auch fragten, er sagte, eben daran fehle es meistens. Ein Platz mit einer solchen Einrichtung hätte schon durch eine solche Installation viel gewonnen.

Der Paley Park, der Markusplatz, der Hamburger Rathausmarkt, der Gramercy Park oder die Plätze in San Giminiano, die so traulich wirken, als seien sie Höfe: sie alle sind Orte, sie schaffen Orte: man erkennt sie, man behält sie im Gedächtnis, sie sind einprägsame Architekturen aus Stein und Erde, aus Brunnen und Hecke und Baum. Langsam, ganz langsam fangen unsere Stadt-Gestalter an, die sozialästhetische Kunst des Platzes wieder zu erlernen. Eine ganze Menge von Plätzen, die der Verkehr gefressen hatte, sind dem Fussgänger zurückerobert worden. Ich nenne hier nur den Münsterplatz von Bonn – weil er nicht nur ein neues Pflaster bekommen hat, nicht nur, weil die Autos nun unter der Erde parken, sondern weil neue Gebäude auf ihm bezogen wurden und ein Kaufhaus seinetwegen eine neue Fassade bekommen hat: die Bauten, als direkte Bestandteile des Platzes. In Bonn wie in nahezu allen Städten setzen sich die «rückgebauten» Plätze in die zurückgewonnenen Strassen fort, Fussgängerstrassen, Wohnstrassen, Strassen, auf denen sich die Leute zu Fuss mit den Leuten hinter dem

Paley Park, New York

Steuer arrangieren müssen. Tatsächlich hat sich hier ein ganz neues Terrain aufgetan, mehr von den Bürgern ertrotzt, als von den Behörden gewollt. Es ist der Versuch, der Strasse und dem Platz «als Lebensraum» wieder nahe zu kommen. Und es ist zugleich eine erneuerte alte Anstrengung, sich dabei die Vielfalt der Gestaltungsmöglichkeiten zunutze zu machen: Pflasterstein und Pflanze. Nicht nur fängt man an, sich der dekorativen Kunst des Pflasterns zu erinnern, die Strassen, vor allem Plätzen eine unverwechselbare, einprägsame Eigenart gibt, aber auch – sofern sie nicht der Romantik von Katzenköpfen verfällt, sondern die Schuhmoden auch moderner Frauen ernst nimmt – der unmittelbaren Benutzung dienlich ist. Am eindrucksvollsten zeigt sich das in Wohnstrassen, in denen der Verkehr nicht durch Schilder reglementiert wird, sondern durch die Gestaltung des Pflasters, der Fahrbahn, der freundlichen Hindernisse.

Immer wieder begegnet man in der Stadt den uralten Rivalen Stein und Pflanze – und ihren Hintermännern. Der Stein hat die ganze Phalanx der Architekten zu Fürsprechern, auch viele Künstler; für die Pflanzen werfen sich die Gärtner und die Gartenkünstler in die Schanze, die Landschaftsarchitekten und Scharen von Freiwilligen, deren romantische Sehnsucht kräftig unterstützt wird durch die Mahnungen der Ökologen. Es scheint, als stünden sich da Intellekt und Gefühl gegenüber. Es ist wie immer ein nützlicher, herausfordernder, anregender Streit, der mich weniger an aggressive Auseinandersetzungen denken lässt als an ihre Sublimierung in der Musik, im Konzert – oder in der Politik, an «konzertierende Aktionen», die ja nicht gleichmachen und Gegensätze einebnen sollen, sondern im Widerspruch die spannungsvolle Synthese zu finden hoffen. Ausschliesslichkeitsansprüche jedenfalls sind absurd – es kommt an auf den ganz besonderen Fall: Wir schwärmen von rauschenden Alleen – aber es wäre albern, aus jeder Strasse eine Allee machen zu wollen; ich liebe die parkähnlichen englischen und irischen Squares – aber es wäre dumm, jeden städtischen Platz in einen Park umwandeln zu wollen.

Die Stadt ist gemacht, nicht gewachsen, sie ist das Gegenteil von Natur. Trotzdem ist der Verzicht auf Natur in der Stadt nie vollständig gelungen, auch gar nicht gewollt: in den Vasen prangen Blumen, auf den Fensterbrettern, innen und draussen, grünt es sehnsüchtig; in den Höfen gedeihen Gärten, auch Miniaturen von Parks, wenigstens ein Flecken Gras, Bäume in den Strassen sind ein gestaltendes und immer

Piazzale Caffarelli, Rom
Carlo Rainaldi, S. Maria Maggiore, Freitreppe hinter der Apsis, Rom
(um 1670)

zugleich ein erholsames, reinigendes, Sauerstoff spendendes Mittel. In der Gründerzeit wurden Stadtparks ohne Zahl angelegt: als Ausgleich für die dicht bebaute Stadt, als ein Stück Natur gleich nebenan und nicht erst weit draussen auf dem Lande.

Mit den Plätzen aber ist das komplizierter weil ihnen viele Aufgaben zugleich zugedacht sind. Noch einmal: Plätze sind Versammlungsstätten, Märkte und Verkehrsverteiler, Oasen mit Hecken, Bäumen, Blumen und Wasserspielen: sie sind Stätten zum Denken und zum Nachdenken, was bald für Denkmäler ausgenutzt wurde und für Bildwerke aller Art. Plätze sind Pausen in der aggressiven Stadtmusik und helfen als Merkzeichen bei der Orientierung. Sie sind Bauten von Bedeutung zugeordnet und mitunter selber Schauplätze der Geschichte. Bis in die Grundrisse können sie Auskunft über Gründung und Vergangenheit eines Ortes geben. Es gibt offene und von Fassaden umschlossene, grüne und gepflasterte Plätze. Manche sind Idyllen, andere Labyrinthe. Jeder Platz ist ein Individuum, jeder hat seinen Charakter, jeder ist geprägt durch seine Umgebung, mancher prägt das Viertel, in dem er steht. Es wäre lachhaft zu fordern: «Bäume auf den Campo von Siena!» Oder: «Lasst Blumen blühen vor San Marco!» Es wäre nicht weniger seltsam, um der Fassaden willen die Versteinerung des Gramercy Parks zu verlangen. Es gibt Beispiele wie den klassizistischen Königsplatz in München, bei denen die Entscheidung zwischen Granitplatten und Rasen unendlich schwer fällt.

In Rom habe ich nun einen Platz gefunden, der für mich das Ideal eines Bündnisses von Architektur und Natur darstellt und den ich zum Schluss zu schildern versuche.

Es kennen ihn wenige und bei Namen schon gar niemand. Römer, die es eilig haben, sehen keinen Anlass, ihn unbedingt zu streifen, denn er liegt an keinem wichtigen oder schnellen Wege. Eigentlich finden ihn nur Leute, die spazieren gehen – und von da an suchen: einen bezaubernden Nebenschauplatz in der Nachbarschaft von Michelangelos Kapitols-Platz. Der Piazzale Caffarelli hat seinen Namen von dem Palast, den sich die römische Adelsfamilie im 16. Jahrhundert hier hatte bauen lassen. Zuletzt gehörte er dem Deutschen Reich, das darin seine Botschaft eingerichtet hatte. Nach dem Ersten Weltkrieg wurde sie enteignet und mit einem Erweiterungsbau für das Museum im Konservatorenpalast versehen.

Der Piazzale Caffarelli: ist das nun ein Platz? Keiner, wie die dichte laute Stadt ihn will. Ein Park also? Nein, nicht wirklich ein Park, dazu ist er viel zu klein. Eine Grünanlage? Du lieber Himmel, nein! Er ist viel mehr, nämlich eine zwar einfache, aber kunstvoll entworfene, plastische Komposition, ein Bauwerk aus Steinen und Pflanzen. Wäre die treffendste Umschreibung nicht längst an einen Bastard verschwendet, müsste man diesen Piazzale einen Park-Platz nennen.

Er liegt auf dem Kapitolshügel, an die dreissig Meter über der Marcellotheater-Strasse: eine grossartige Aussichtsterrasse. Tief unten lärmt der Verkehr, am Horizont wetteifern zwischen Eschen und Feigen die barocken Kirchenkuppeln mitsamt der von St. Peter. Ich bin sicher, dass der Entwerfer an diesen Blick gedacht hat. Doch seine Aufmerksamkeit galt dem Platz selber. Um ihn ein wenig zu strecken, hat er ihn an der Nordostseite aufschütten und von einer bastionsartigen Mauer stützen lassen. Zwar richtet sich die Aussichtsseite auf die Silhouette Roms, aber der Platz hat, symmetrisch angelegt, deutlich eine Mitte, einen Innenraum, der die gesammelte Ruhe eines Kirchenschiffs suggeriert. Ein Idyll aus Architektur und Natur. Der Geometrie gehorchen auch die Pflanzen, besonders die Bäume: aber sie geben, wie die Rankgewächse, die sich aus den Travertin-Vasen auf Mauer und Balustrade ergiessen, der Ordnung einen wohltuend anarchischen Zug, der mit keiner Gärtnerschere beschnitten werden könnte.

Seine Statur bekommt der Platz von einer alten, schon in der Antike gebräuchlichen, aus Kreis und Quadrat gebildeten Figur. Die Grundform ist ein langgestrecktes Rechteck, dessen Längsseiten von drei Wegen quer durchschnitten und dessen schmale Enden wie Apsiden ausgebuchtet sind. Eine Art doppelchöriger Anlage, ähnlicher der, die die Karolinger und die Ottonen in ihren Kirchen geliebt haben.

Doch dieser Platz hat ganz und gar nichts Feierliches. Er wirkt, bei allem ästhetischen Aplomb, sogar heiter. Denn erstens war der Architekt ein formbewusster, vor allem ein räumlich empfindender Mann. Er ebnete nicht einfach eine Fläche ein, umrandete sie, pflanzte ein paar Bäume hier und da, sondern er entwarf einen gegliederten, dabei anmutigen Raum, der von Hochbeeten gebildet wird. Diese Hochbeete sind sechzig, achtzig Zentimeter hoch, eingefasst von Backsteinmauern, in denen Fachleute den Gotischen Verband erkennen und die gedeckt sind mit hellgrauen Travertinplatten: Sitzmauern von äusserst angenehmer Höhe.

Denn, zweitens, war dieser Architekt auch ein Funktionalist. Er dachte an die Leute, die Verliebten, die Mütter und die Kinder, die im Innenraum des Platzes spielen, und so hat er zwischen den zweimal drei Hochbeeten an den Seiten Wege gelassen, damit man ins Innere gelangen kann, und so hat er den Mauern, die die Hochbeete einfassen, eine Sitzstufe angefügt: er wusste, dass Menschen gern auf Treppenstufen sitzen und dass Treppen bisweilen wie Plätze wirken oder Plätze pointieren.

Auf den Hochbeeten wachsen, von störrischem Gras umgeben und stets zu zweit, Steineichen, schöne, kräftige Bäume mit dichten runden Kronen. Ihre lanzettartigen Blätter sind im Sommer von sattem Dunkelgrün, im Frühling werden sie ringsum hellgrün aufgeheitert. Es sind verlässliche Schattenspender und ihrer Kompaktheit wegen von jeher als architektonische Garten-Elemente beliebt. Wie die Laternen, möchte ich hinzufügen: In jeder Apsis steht eine und gibt im Dunkeln gerade so viel Licht, dass man sich zurechtfindet, ohne sich gleich entdeckt zu fühlen. Denn der eigentümliche Reiz dieses Piazzale hoch über der Strasse ist seine Gelassenheit, seine ausdrückliche städtische Ruhe: Er ist still, aber nicht geräuschlos; er ist abgeschieden, aber von der Stadt nicht ausgeschlossen. Die Geräusche der Stadt werden einem nicht weggenommen. Sie werden nur manchmal übertönt, wenn unter den Füssen der Kies knirscht.

Insofern ist der Piazzale Caffarelli vermutlich eine Schöpfung des 19. Jahrhunderts, doch ein typischer städtischer Platz – so wie der erst 1967 eröffnete Paley Park in New York: eine Inkarnation des Platzes. Tröstlich zu sehen, dass wir dabei sind, die Kunst des Platzes wieder wichtig zu nehmen – und wieder zu lernen. Auch wenn der Platz beileibe nicht nur ein ästhetisches Problem ist, lockt es mich, mit dem mächtig pathetischen Satz zu enden, mit dem Camillo Sitte sein 1889 erschienenes, nicht zufällig aufgelegtes Buch über den «Städtebau nach seinen künstlerischen Grundsätzen» einleitet: «Zu verweilen! – Könnten wir das öfter wieder an diesem oder jenem Platz, an dessen Schönheit man sich nicht satt sehen kann: gewiss, wir würden manche schwere Stunde leichteren Herzens tragen und neu gestärkt den ewigen Kampf des Lebens weiterführen.»

Hannes Meyer (1929)

Das rätselhafte Talent
Oder: Glaube an strikte Funktionalität, Furcht vor Gefühlen (1989)

Hannes Meyer war, wie unermüdlich behauptet wird, ein Architekt von äusserst gutem Ruf – und ist dennoch so unbekannt geblieben, dass sein Ruhm ratlos macht. Das «Lexikon der Weltarchitektur» bescheinigt ihm im ersten Satz «internationalen Rang» – obwohl keines der Bauwerke, als deren Urheber er firmiert, von revolutionärer oder gar epochaler Bedeutung ist. Er gilt allgemein als ein prononcierter Funktionalist, dem der künstlerische Ehrgeiz seiner Branche zuwider war und der das Heil stattdessen durch wissenschaftliche Erkundungen zu finden glaubte, manchmal auch herbeiquälte – doch ausgerechnet seine kühnsten Entwürfe, die ihm zu seiner Aura verhalfen, sind eher formalistisch als funktional.
Selbst Claude Schnaidt, der ihm als Landsmann und als Berufskollege (und als Kommunist) von allen wohl am nächsten war, ist es 1965 in seiner Monographie nicht wirklich geglückt, seinen Helden begreiflich, geschweige populär zu machen. Der Zweifel blieb. Und so ist das Lob, das sich der Münchner Bauhistoriker Winfried Nerdinger verdient hat, doppelt berechtigt. Sein kritischer Essay, mit dem der reichhaltige, sehr informative Ausstellungskatalog eröffnet wird, ist die bisher präziseste, unerschrockenste Darstellung, die der «Architekt, Urbanist, Lehrer Hannes Meyer» erfahren hat.
So heisst auch die Ausstellung, mit der ihm das Bauhaus-Archiv in Berlin Gerechtigkeit widerfahren lassen möchte – zum hundertsten Geburtstag am 18. November 1989. Es ist, schon weil es nicht gar so vieles auszustellen gibt, eine kompakte, gut unterrichtende, dem interessierten Jedermann auf Anhieb zugängliche Darstellung. Die «Legende Meyer» ist, wie in Modellen, Rissen, Zeichnungen und alten Photographien zu sehen und in knappen Texten zu lesen, ein mehrteiliges Drama. Es ist das Drama eines Architekten, dessen Glanzleistungen – obwohl ausdrücklich unter seinem Namen veröffentlicht – nur der Mitarbeit seines sehr begabten Landsmannes Hans Wittwer zu danken

Hannes Meyer, Hans Wittwer und Bauabteilung Bauhaus Dessau,
Bundesschule des ADGB, Bernau bei Berlin (1928–1930)

sind. Es ist auch das Drama eines Städtebauers, der, wie viele seinesgleichen, den Verlockungen der Sowjetunion erlegen ist, der dort fünf Jahre lang Pläne angefertigt hat, deren keiner je verwirklicht worden ist, der im Gegenteil unter der Missgunst sowjetischer Kollegen und der Teilnahmslosigkeit der Bürokraten gelitten hat und deprimiert in die Schweiz heimgekehrt ist, ein «heimatloser Stalinist».
Schliesslich ist es das Drama eines engagierten, praxisversessenen, mehr den Hütten als den Palästen zugeneigten Lehrers und Hochschulleiters, der das Fach Architektur am Bauhaus aufgebaut und dem Lehrplan seine Konturen gegeben hat. Am Ende jedoch genügte (wie bei dem Theaterintendanten Claus Peymann weiland in Stuttgart) ein lächerlicher Vorwand – die private Spende an einen kommunistischen Fonds für streikende Bergarbeiter im Mansfelder Revier – für seinen fristlosen Hinauswurf 1930. Dabei waren seine politischen, «philosophisch-marxistisch» umschriebenen Vorstellungen leicht verschwommen und eher gesellschafts- als parteipolitisch gefärbt.
Hannes Meyer ist mit beinahe allem, was er angepackt hat, gescheitert. Sogar die Wandlungen seiner Ansichten führten ihn jedesmal in neue Sackgassen. Trotz alledem war die Wirkung, die er auf seine Zeitgenossen hatte, erstaunlich.
Er war der Spross einer Altbasler Familie, «in welcher der Architektenberuf traditionell» war, 1889 geboren. Vom zehnten Lebensjahr an der wohl bedrückende Aufenthalt in einem Waisenhaus. Nach der Gewerbeschule – lauter Einsen – Mitarbeit bei den Berliner Architekten Emil Schaudt und Albert Froelich, der ihn «treu & hochbegabt» nennt. Nach «unbefriedigter eigener Architektenpraxis» in der Schweiz Ressortleiter bei der Kruppschen Bauverwaltung, wo er bei Georg Metzendorf, dem Schöpfer der berühmten Werkssiedlung Margarethenhöhe in Essen, an derlei Projekten arbeitet. Dann bekommt er seinen ersten grossen, von Anfang an als programmatisch begriffenen Auftrag: Entwurf und Bau der Genossenschaftssiedlung Freidorf bei Basel.
1927 holt ihn Walter Gropius als Leiter der neuen Architektur-Abteilung ans Bauhaus nach Dessau und empfiehlt ihn im Jahr darauf als seinen Nachfolger auf dem Direktorenstuhl. Hannes Meyer übt das Amt so aus, wie er es beschrieben hatte: als «eine absolut aktive natur», welche sich «nur in positiver realer arbeit ausleben» könne. Er entwickelt einen ausschliesslich auf die Praxis bezogenen, Fiktionen verweigernden Lehrplan; die Baugeschichte kam darin nicht vor. Statt-

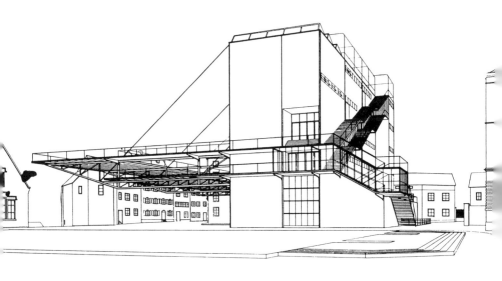

Hannes Meyer und Hans Wittwer, Petersschule, Perspektive von Nord-West (mit angrenzender Bebauung), Basel (1927)

dessen hob er hervor, «dass wir unsere neuen formen, die bei funktionellem bauen entstehen, nach möglichkeit bauwissenschaftlich begründen müssen, um dem sonst berechtigten vorwurf der unsachlichkeit zu begegnen».

Wissenschaft statt Intuition. Im bewussten Gegensatz zu Walter Gropius und den anderen Protagonisten des Neuen Bauens ging es ihm ja nicht um die formale, sondern um die «bauwissenschaftliche Erneuerung der Architektur». Nach zweieinhalb Jahren wird ihm wegen kommunistischer Umtriebe fristlos gekündigt, er siedelt hoffnungsfroh in die Sowjetunion über, entwirft für eine neue Gesellschaft Städte, kehrt 1937 deprimiert in die Schweiz zurück, wird 1939 nach Mexiko berufen, wo er sich zehn Jahre lang abmüht; keines seiner Projekte wird verwirklicht. Bis zu seinem Tode 1954 in der Schweiz blieben ihm dann daheim noch fünf Jahre.

Lauter leidenschaftliche Versuche, lauter abgebrochene Perioden – viele Irrtümer, wenige Erfolge. Zu den gebauten gehören eine Genossenschaftssiedlung, eine Gewerkschaftsschule, fünf Laubenganghäuser in der Bauhaus-Siedlung von Dessau-Törten, ein Kinderheim; die ungebauten sind zwei spektakuläre Projekte, die Petersschule in Basel und das Völkerbundsgebäude in Genf, sie vor allem haben seinen Namen publik gemacht. Allesamt waren sie von der Ideologie durchdrungen, die er als «Grundtendenz» seines Bauhaus-Unterrichts mit drei Wörtern markiert hat: funktionell – kollektivistisch – konstruktiv.

Er war hervorragend auf seinen Beruf vorbereitet gewesen. Als Gewerbeschüler hatte er Viollet-le-Ducs Werk über das gotische Schloss Pierrefonds kopiert, hatte Werksteindetails von Notre-Dame in Paris gezeichnet, später in seinen dienstfreien Stunden bei Krupp sämtliche Grundrisse Palladios «in einheitlichem Massstabe» dargestellt und dabei die bestimmende Kraft von Modulen entdeckt. Mauern konnte er sowieso. Er kannte den Bodenreformer Adolf Damaschke – dessen Namen dann die zur Bauhaus-Siedlung in Dessau-Törten führende Strasse bekam – und pflichtete seinen Bestrebungen bei; aber zugleich liess er sich von der Anlage der spätbarocken Stadt Carouge bei Genf faszinieren.

Er verabscheute den Akademismus und seinen ästhetischen Hochmut und stützte sich auf die Formel «Funktion mal Ökonomie». Der Architekt «war künstler und wird ein spezialist der organisation», brauche «die grösste einsicht in die volksseele» und habe als Gestalter der Volks-

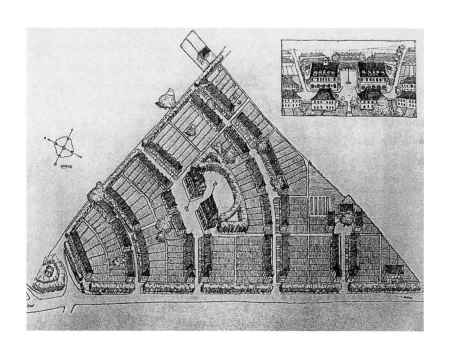

Hannes Meyer, Siedlung Freidorf, Planfassung, Vogelschau (StaBL), Muttenz CH (1919)

gemeinschaft zu dienen. Bauen? «ist nur organisation: soziale, ökonomische, psychische organisation». Kunst? «alle kunst ist ordnung», «kein schönheitsmittel», «architektur ist bauwissenschaft». In seinen «Thesen über marxistische Architektur» schreibt er später: «das sozialistische bauwerk ist weder schön noch hässlich, es ist vollkommen oder unvollkommen, richtig oder unrichtig.» Er predigte «volksbedarf statt luxusbedarf». Für ihn war Siedlungsbau Lebensbau.

Es mag sein, dass Hannes Meyers Denken von den Torturen des Waisenhauses geprägt war und eine, wie Nerdinger aus den autobiografischen Skizzen schliesst, verklemmte, verquere Entwicklung erfahren hatte: «Die Suche nach Geborgenheit und Wärme in einer Familie bildete die entscheidende Konstante nicht nur in seinem sozialen Denken, sondern auch in seinem architektonischen Werk», darin der einzelne nur als Teil einer Gemeinschaft existierte. Die Siedlung Freidorf ist deshalb viel wichtiger, viel charakteristischer als das viel berühmtere Völkerbundsprojekt.

Deshalb ist sie ihm auch vollständiger als alles andere geglückt: eine Versammlung von 150 Reihenhäusern, die unter behäbigen Walmdächern zu vieren, achten und vierzehn zusammengefasst und so in Zeilen geordnet sind, dass sie erstaunlich abwechslungsreiche Räume bilden. In der Mitte überragt sie alle das Genossenschaftshaus mit Schule, Versammlungs-, Leseräumen, mit Bibliothek und Läden. Die Siedlung ist eine neoklassizistische Komposition mit Alleen, engen und weiten Zwischenräumen, schönen Blickbeziehungen, in den Farben «eine Symphonie in Rot»: «blassrot die Mauerflächen, rotgrau die Umrahmungen und die Gesimse, silbergrau die Fenster und tiefrot das Ziegelrot mit dem prickelnden Schwarzweiss der Kamine über dem First». Keine Kontraste. Dem Traditionalisten Meyer war es um Einheit durch Einheitlichkeit für Gleiche zu tun – die Siedlung ein Abbild der Demokratie. In der Zeitschrift der Gruppe ABC schrieb er unter dem Pseudonym Co-op und sah die Zukunft geprägt vom Ideal einer kollektivistischen Gesellschaft.

Die nächsten Arbeiten, mit denen er Aufsehen machte, waren die gemeinsam mit Hans Wittwer angefertigten Entwürfe für die Petersschule in Basel und das Völkerbundsgebäude, beides, wie zu betonen Meyer niemals müde wurde, alles andere als «stilistische Komposition», sondern «konstruktive Erfindung», entworfen auch nicht in einem

Atelier, sondern erfunden in einem von ihm auch so genannten (und für die Ausstellung nachgebauten) «Laboratorium», das seine Fortschrittlichkeit und seine Bescheidenheit in der Verwendung des neuen Baustoffes Sperrholz zeigte. Beide Bauwerke sollten auch keine Symbol-, sondern reine Zweckbauten sein: Architektur durch Konstruktion, Ordnung durch strikte Funktionalität. Nur hat das nicht gestimmt: Etliches ist funktional widersinnig, beide Gebäude wären sehr teuer geworden, vor allem die Petersschule mit ihrer an Stahlseilen aufgehängten, über dem Boden schwebenden Pausenterrasse aus Stahl – und obendrein rigoros in die enge Altstadt gepfercht.

Hans Wittwer waren darüber bald Bedenken gekommen. Nach einem Besuch im Schloss Mosigkau bei Dessau notierte er: «Hier das lachende, gläubige Herz, und bei uns so oft unzufriedenes Streben nach Sachlichkeit, die es für einen normalen Menschen ohnehin immer gibt ...». Ihm fiel dort die Freude am Schaffen ohne «kompliziertes Wissen» auf.

Und gerade das war es, dem Meyer nachjagte, das Messbare, Sichtbare, Wägbare – und die Seele. Denn er verstand die Lehre vom Bauen ja auch als eine «erkenntnislehre vom dasein», eine «harmonielehre zur daseinsgestaltung». Streift man alle zeitbedingten ideologischen Garnierungen ab, kommt die eigentliche Botschaft zum Vorschein, die diese Ausstellung vermittelt. Es ist das Bekenntnis zur phantasievollen Einfachheit, die das Streben nach architektonischem Ausdruck, nach Schönheit, nach Seelenglück, nach einem menschenwürdigen Dasein in Häusern und Siedlungen als eine vorwiegend soziale Aufgabe begreift. Und sie vermag, wie bei Hannes Meyer, gleichsam unter der Hand Züge von Baukunst anzunehmen. Das Soziale aber rangierte bei ihm immer weit vor dem Formalen. Und so entstand denn auch, wie er notierte, seine «tragikomische Situation: Als Bauhausleiter bekämpfte ich den Bauhausstil».

Abgesehen von dem Kinderheim in Mümliswil, das, 1938/39 errichtet, ein in seiner Einfachheit und Bodenständigkeit, auch in seiner überlegten Anordnung sympathischer, harmloser Bau ist, wurde die Gewerkschaftsschule in Bernau zum überall hervorgehobenen Musterbeispiel modernen Bauens mit einfachen Mitteln, aber auf «wissenschaftlicher Grundlage» behutsam in die wellige Landschaft gefügt, nach der Theorie des Pädagogen Pestalozzi so eingerichtet, dass dem einzelnen wie der Gemeinschaft der 120 Schüler Gerechtigkeit widerfahre, das Tageslicht berechnet, versehen mit vielen klugen und freundlichen Einfällen. Folgt man aber dem Bauhaus-Absolventen (und Meyer-Schüler) Arieh Sharon, dann war «der Architekt der Bundesschule Bernau ... Hans Wittwer. Er war der Mann.» Freilich fügte Sharon sogleich hinzu: «Aber ohne Hannes Meyer konnte er nichts schaffen. Meyer war ihm nötig.» Meyer hatte darauf bestanden, dass die Schule unter seinem Namen zu firmieren habe. Sie ist erhalten geblieben. Restauriert, darf sie in Bernau am Ostrand von Berlin besichtigt werden. Dort kann man leibhaftig sehen, ob das Lexikon übertreibt: «Schweizer Architekt von internat. Rang.»

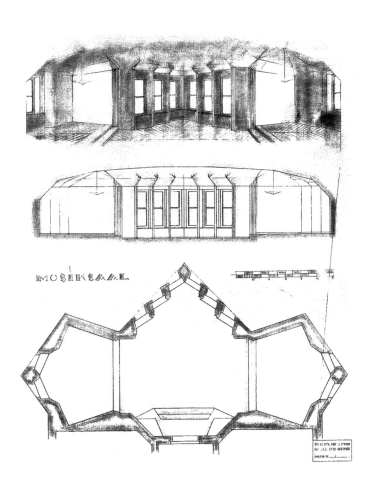

Otto Bartning, Musiksaal des Hauses Wylerberg, Grundriss, Aufriss und perspektivische Zeichnung, Kleve D (1924)

Schöner alter Traum
Oder: Gebaute Musik, klingende Architektur (1994)

Selbst wer niemals in Versuchung gekommen ist, dieser gleichermassen merkwürdigen und faszinierenden Beziehung zwischen Architektur und Musik (und umgekehrt) auf die Spur zu kommen, kennt die unermüdlich flatternden geflügelten Worte, denen zufolge Architektur Musik sei, welche zum Stillstand gekommen ist. Goethe erzählt in seiner «Italienischen Reise» aus Rom, das Spiel der Linien, der «vielfachen horizontalen und tausend vertikalen Linien» hätte ihm Geist und Aug entzückt «wie eine *stumme* Musik». Friedrich Schelling wiederum, der Philosoph, empfand Architektur als eine «*erstarrte* Musik», und Schopenhauer hatte geglaubt, «Architektur ist *gefrorne* Musik», und damit eine Metapher gefunden, die desto komischer wird, je mehr man sich in dieses Bild begibt. Denn stimmte man mit ihm überein, müsste man doch alles daransetzen, jeden Sonnenstrahl von ihm fernzuhalten; denn schmölze die Architektur, verlöre sie umgehend an Kontur, verwässerte ihr Glanz, löste sich ihre Gestalt auf, finge an zu tropfen, so dass am Ende nichts als lauwarmes Wasser übrig bliebe. Welch eine deprimierende Aussicht! Sobald ein Gebäude aus dem Eisschrank der Ästhetik geholt würde: eben noch ein Haus, schon eine Pfütze.
Auf einmal merkt man die Hilflosigkeit, ein Wunder zu begreifen und ihm auf dem Umweg über die Metapher näher zu kommen. Es endet lächerlich. Tatsächlich führen Erwägungen über den physikalischen Aggregatzustand von Künsten, namentlich von Architektur und Musik, in die Irre, schon weil die eine einen Zustand, die andere hingegen einen Vorgang darstellt.
Halten wir uns deshalb lieber an die Künste selber und ihre wahrlich eigentümlichen Verwandtschaftsbeziehungen.
Fritz Schumacher beispielsweise, der ja ein ungewöhnlich gebildeter Mann und doch auch ein vielseitig begabter Künstler gewesen ist, fand bei jeder Kunst etwas von allen anderen Künsten, natürlich: «In jeder ist etwas Poetisches, etwas Musikalisches, etwas Architektonisches.» Deshalb interessierte ihn auch nicht bloss «wirklich Gebautes», son-

dern auch der «architektonische Geist in der Gruppierung, Disposition, Linienführung» eines Gemäldes, der Aufbau eines Satzes in der Musik, der Stil der Sprache und Struktur eines dramatischen oder epischen Gefüges in der Dichtkunst. Goethe war für ihn jemand, der «so bewusst architektonisch gearbeitet» habe wie kaum einer sonst, und so zitierte er von ihm den Satz: «Die Stimmung, die von der Baukunst ausgeht, kommt dem Effekt der Musik nahe.» Goethe hatte vermutet, dass auch in der Architektur der Rhythmus auf den Menschen wirkte und darin das Ordnen und das ihm zugrunde liegende System wichtig sei und das Proportionieren: das Gesetz der Form.

In der Tat möchte man allen guten Architekten ein musikalisches Gefühl unterstellen. Doch vielen hat eben dies nicht gereicht; sie wollten nicht nur fühlen, sondern wissen – und sind dabei, merkwürdigerweise, oft und oft auf die Musik gekommen, auf ihre Elemente und die Regeln ihres Gebrauchs. Nicht immer ging es so einfach ab wie bei Erich Mendelsohn, der sich mit einer simplen Analogie begnügte: Horizontal angeordnete Bauformen verglich er mit der Melodie, vertikale mit dem Akkord, und so war für ihn ein Haus wie ein Musikstück, das man mit Augen nachsingen könnte, beinahe und irgendwie – wenn es nur ginge.

Ernst Pollack, der Biograph Otto Bartnings, schrieb über dessen Haus Wylerberg bei Kleve, die Mauern am Hang stürzten gleichsam «unter Posaunenklängen» hinab, das ganze Haus empfinde er «wie eine kühn gebaute Symphonie», den Schornstein als ihren «Schlussakkord». Jeder Raum darunter habe auf ihn «musikalisiert» gewirkt: das eine Zimmer «ein Scherzo. Das andere ein Rondo, ein drittes ruft Empfindung eines langsamen Walzers hervor.» Der Hauptraum, ein Saal von ungewöhnlichen Massen, sei «wie ein Andante».

Andere Architekten waren mit ihren formalen, die Musik beschwörenden Vorsätzen präziser, ganz besonders Theodor Fischer, von dem Mendelsohn und Bartning natürlich gelernt hatten. Der Cello spielende, Bach liebende Altmeister der Frühmoderne sah in einfachen Zahlenverhältnissen, aus denen sich die konsonierenden, die wohlklingenden Intervalle ergeben, «Urphänomene»: Die Oktave entspricht, wie man seit der Antike weiss, dem Zahlenverhältnis 1:2, die Quinte 2:3, die Quarte 3:4, die grosse Terz 4:5 und die kleine 5:6. Auf diese musikalischen Hauptproportionen, wie er sie nannte, baute er nun, und zwar ganz wörtlich; denn er war sich sicher, dass derlei akustisch-arithmetische Verhältnisse auch in der Architektur Konsonanzen hervorbrächten. So setzte er analog zum Intervall Länge und Breite eines Rechtecks zueinander in Beziehung, wie zum Beispiel in der württembergischen Stadt Pfullingen. Seine Turnhalle dort misst im Grundriss 2:3 (wie eine Quinte), der Querschnitt desgleichen, der Längsschnitt folgt der Dezime (2:5). Und die Festhalle nebenan entspricht im Grundriss der Quarte (mit 3:4), der Querschnitt der Quinte (mit 2:3), der Längsschnitt der Oktave (1:2). Das waren für Theodor Fischer «harmonikale Rechtecke». Natürlich hoffte er, mit den verschieden proportionierten Räumen auf Anhieb verschiedene, als musikalisch empfundene Stimmungen hervorzurufen.

Nun ist das Auge nicht nur viel toleranter als das Ohr, es reagiert, wie der Fischer-Kenner Winfried Nerdinger dazu gottlob nicht anzumerken unterliess, viel nachlässiger als das Ohr auf verstimmte Intervalle und Akkorde. Und natürlich ist es nur eine hübsche Fiktion, die Stimmung eines Raumes stellte sich schon allein durch die Abmessungen von Dekke und Boden, von Stirn- und Längswand ein. Raumstimmungen oder: Die Musikalität von Häusern und Räumen, die wir zu spüren glauben, haben sicher ganz andere Ursachen. Musikalische Proportionen in der Architektur sind unverbindlich in der Wirkung ihrer Affekte und deshalb subjektiver Deutung – oder Empfindung – überlassen. «Und wenn», liest man in einem Aufsatz des Musikers und Architekten Caspar Baum über dieses Thema, wenn der Renaissance-Theoretiker Leon Battista Alberti gegen Mitte des 15. Jahrhunderts «eine Stütze so dimensioniert, dass ihr Durchmesser halb so gross ist wie der Balken, den sie trägt, und jemand dies entdeckt und darin eine musikalische Harmonie wiederzuerkennen glaubt, dann ist das Zufall.» Und erst recht lasse sich musikalischer Klang beim Betrachten des Stütze-Balken-Verhältnisses gar nicht wahrnehmen, oder nur ganz vage vermuten. Nein, es ist ein Irrtum zu glauben, Baukunst klinge leibhaftig, wenngleich lautlos. Höchstens in seiner ausdrücklich simulierten Phantasie mag das einer tönen hören – aber ein anderer hört es eben nicht, oder ganz anders.

Das wunderbare Identitätsgerücht hatte die Antike aufgebracht, und eigentlich hat es mit Pythagoras angefangen, der der Legende zufolge herausgefunden hat, dass Klänge auf dem Proportionengefüge der Töne,

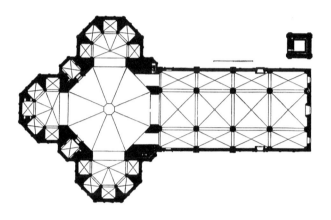

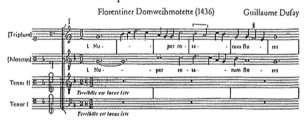

Arnolfo di Cambio (u. a.), Santa Maria del Fiore,
Grundriss des Doms, Florenz (1296–1436)
Guillaume Dufay, Florentiner Domweihmotette (1436)

aus denen sie zusammengesetzt sind, beruhen. Doch Töne und Tonfolgen sind keine statischen, keine fest gebauten, sondern Zeitphänomene. Deshalb glaubten die Pythagoräer doch auch, dass die Harmonie der Gestirne, des Kosmos ihre Entsprechung in der Harmonie der Töne, der Intervalle, der Schwingungsverhältnisse zueinander entspreche. Also sei das Gesetz der Musik identisch mit dem Gesetz der Schöpfung. Deshalb hat Vitruv ja auch von den Baumeistern verlangt, sich in der Musik auszukennen; die Musik enthülle ihnen die Harmonie der Proportionen, lehre sie Symmetrie und Eurythmie, also anmutiges Aussehen und sinnvolles Gefüge eines Gebäudes. Der Musikologe Elmar Budde merkte dazu an: «Da Vitruv das Bauwerk des Tempels als ein Gleichnis des ‹Kosmos› und den Menschen als Ebenbild Gottes versteht, erkennt er im Ebenmass des Menschen zugleich jenes Harmoniegesetz, jene harmonischen Proportionen, die Mikrokosmos und Makrokosmos in ihrem Innersten bestimmen und aufeinander beziehen.»
Vierhundert Jahre später hielt auch Augustinus die Architektur und die Musik für Geschwister, weil sich in beider Massverhältnissen die Harmonie spiegele. Und für Alberti waren die Zahlen, vermittels welcher die Harmonie von Tönen unser Ohr entzücke, «ganz dieselben, welche unser Auge und unseren Verstand ergötzen». Dass es auch umgekehrt beherzigt wurde, zeigte sein Zeitgenosse Guillaume Dufay aus dem Hennegau mit seiner Motette «Nuper rosarum flores», die er zur Einweihung des Florentiner Domes 1436 komponiert hatte. Er legte ihr die nämlichen Proportionen und Notenwerte zugrunde, wie sie der Dom aufweist: Auf dem gregorianischen Cantus firmus, dem *fundamentum aedificia*, also dem Grundriss des Gebäudes, erhebt sich das eigentliche aedificium, der ornamentale Bau der anderen Stimmen. Buddes Analyse brachte zutage, dass das Ganze der Komposition, ihre Stimmengefüge, ihre Einschnitte und Gliederungseinheiten, selbst die Mensurwerte, die Dauer der Töne also, «eingebunden ist in die Konstruktion von Proportionen, genauer gesagt, von Zeitproportionen». Musik dieser Art sollte ein Abbild kosmischer Ordnung sein, nicht Ausdruck irgendeines subjektiven Empfindens. Für Dufay waren die Zuhörer ganz gleichgültig, weil sich die Schönheit dieser Musik – wie die Schönheit des Domes – «aus der Stimmigkeit des Gefüges» (Budde) ergeben, nicht aus den Reaktionen des Publikums.
Man könnte diesen ewigen Gegensatz von Freiheit und Bindung, von Gefühl (Gemüt) und Verstand, von gedachter oder konstruierter und

Piazza del Mercato, Lucca
Otto Bartning, Haus Wylerberg, Nordfassade, Kleve D (1924)

empfundener Bindung nun beflissen durch die Jahrhunderte verfolgen, über Johann Sebastian Bach, der das in den Tönen vermutete «Abbild des Kosmos» durcheinanderwirbelte, und seinen Zeitgenossen Johann Mattheson, der in seinem Buch über den «Vollkommenen Kapellmeister» den Tonkünstlern dringend riet, sie mögen endlich «aus dem Brunnen der Natur ihr Wasser schöpfen und nicht aus den Pfützen der Arithmetik» – es ist, als habe er Oswald Mathias Ungers geahnt. Nun war auch nicht mehr länger Pythagoras der Erfinder der Musik, sondern die Natur. Gefühl und Empfindung drängten den Intellekt beiseite. Die Klassik bemühte sich, aus dem musikalischen Gefüge und seinen Vokabeln eine allgemein verständliche Sprache, das heisst, ein theoretisches System von Normen zu entwickeln, in dem die musikalischen Elemente – Melodik, Harmonik, Metrik und Rhythmik, Syntax und, nicht zuletzt, die Form – geregelt wurden: in Lehrbüchern.

Wie es im Auf und Ab der Bewegungen zu erwarten war, fühlten sich später musikalische Anarchisten ermuntert, die schönen Fesseln der Tonalität abzuwerten und die Atonalität zu erkunden. Doch dann trat Arnold Schönberg auf und lancierte gleich wieder eine neue Ordnung, die strenger als alles vorher war, ein Regelwerk, das nicht zufällig eine Komponier-Technik genannt wurde und auch so anzuwenden war, die Zwölftontechnik. Wie man weiss, haben es seine Nachfolger nicht dabei belassen, sondern das Regelwerk immer komplexer, komplizierter, unerbittlicher gemacht und der Intuition, erst recht dem Hören keine Chance mehr gelassen: Serielle Musik ist eine im extremsten Sinne gebaute, eine konstruierte Musik, frei von Zufällen und Empfindungen. Man könnte «die Seriellen» auch die Konstruktivisten der Musik nennen (denen, nebenbei, auch dort längst die Dekonstruktivisten gefolgt sind) – womit wir zurück sind in der Architektur.

Empfindungen hin oder her: Wie wir schon an Theodor Fischer erfahren haben – und von allen, besonders den Renaissance-Theoretikern Alberti, Filarete, Serlio, Palladio –, liegt bei all ihren Verbrüderungsbemühungen mit der Musik der Hauptreiz darin, sich Bindungen aufzuerlegen, sich an irgendein Regelwerk halten zu können, an Vorgeschriebenes, an eine Art von Gesetz, dessen Anwendung ihnen auf der Suche nach der guten Architektur das Ziel erreichbar mache, eine Art von Harmonielehre, die die erstrebte Schönheit berechenbar, also greifbar erscheinen liesse – sei es irgendeine fremdartige, welchem Gebiet des Denkens und Schaffens auch zugehörende Vorschrift, sei es

in Ermangelung dessen oder aus Stolz auch ein eigenes «Gesetz», das sie sich bisweilen unter grossen Mühen selbst ersonnen haben. Das hat zum einen einen Zug von Selbstquälerei, zum andern einen der trotzigen Lust, der Selbstherausforderung, des Sportlichen. Es macht ja, wie man weiss, viel mehr Spass, etwas unter Druck und unter strengen Bindungen zu entwerfen und die Phantasie sich in Fesseln abstrampeln zu lassen, als in vollständiger Freiheit. Der Natur zu folgen, wie es der Musiker Mattheson empfohlen hatte, ist allemal schwieriger, als sich der Arithmetik und, vor allem, der Geometrie zu unterwerfen. Das Chilehaus in Hamburg, nicht wahr, wäre auf einem freien Bauplatz niemals entstanden, es hat dieses verrückt geformte (und obendrein ein bisschen verrückter gemachte) Grundstück für den scharfen «Bug» gebraucht. Jemand wie Oswald Mathias Ungers versucht stattdessen, sich mit seinen «Thematisierungen» und der Unterwerfung unter das Quadrat jedes Mal selbst neu herauszufordern. Er hat sich gleichsam ein Netz für seine architektonischen Hochseilakte gespannt. Das verhindert zwar nicht den Absturz, aber den harten Aufschlag. Und was den Alten im Einklang mit ihrer Zeit in schöner Gelassenheit geglückt ist, macht den Zeitgenossen heute, so ganz allein in dieser Agglomeration von Individualitäten ringsum, fast zum Sklaven seiner selbst, zu einem Prinzipienreiter, bis sein Kunstpferd tot umfällt und nur das Skelett der Theorie zurücklässt. Alles «stimmt» in solchen Bauwerken, jede Fuge, jede Sequenz, jedes Mass, jede stereometrische Figurierung – aber Musik? Man kann es in seiner Konsequenz bestaunen, aber bringt es in uns etwas zum Klingen? Ach ...
Für die Wirkung eines Kunstwerkes jedenfalls ist seine innere Ordnung offenbar nicht von entscheidender Wichtigkeit. Man braucht nur an Alban Bergs Oper «Wozzeck» zu denken, ein Beispiel exzessiver Formenartistik: Das erste Bild eine Suite, das vierte eine Passacglia, der zweite Akt eine fünfsätzige Sinfonie, der letzte besteht aus Variationen über einen Orgelpunkt, zu schweigen von den kontrapunktischen Finessen, die den Musikwissenschaftler Ernst Krause von einer «gedankenscharfen Architektur» sprechen liess. Alban Berg erlegte sich diese konstruktionstechnischen Exerzitien auf, um erstens sich selbst, zweitens der Dramatik einen Halt zu geben, ein Fundament, auf dem sie erblühen kann. Dennoch ist diese Oper nichts als ein das Gemüt aufwühlendes, den Geist bewegendes Drama, eine Oper mit einer sozial-

politischen Botschaft, ist packende Musik. Und ebenso wie in einer exzellenten Architektur entdeckt man die theoretischen, die geometrischen und die arithmetischen Beziehungen so wenig mit blossem Auge, wie man Bergs Künsten mit blossem Ohr auf die Schliche käme.

Am Ende bleiben von der geheimnisvollen Verwandtschaft zwischen Baukunst und Musik nur die gemeinsame Berufung auf die Form und ihre Konstruktion übrig, das, was nach messbaren Einheiten gebildet ist: die musikalische wie die architektonische Komposition, der Bau. Das eine Metier ist die Metapher des anderen. Wie schön, wenn sich einem dann hier und da der Ausruf aufdrängt: Da ist Musik drin! Das wird man mit keiner Messlatte beweisen können, mit keiner Theorie – das kann man nur sehen, nur hören, nur fühlen.

Philip Johnson und John Burgee, AT&T, IBM Building, Trump Tower, New York (1978)

Zukunft bauen
Oder: Der Architekt ist mehr als ein Kosmetiker (1994)

In den ersten Überlegungen zu diesem Thema kam noch das Wort «Fassadenkosmetik» vor. Gemeint war damit weniger etwas, worum ein Architekt sich nach Kräften zu bemühen hätte, sondern etwas, dem nicht allzuviel Aufmerksamkeit zugewendet werden sollte. Das hübsche oder sogar das verhübschte Bild eines Hauses – schon gut, nicht unbedingt schlecht. Im Inneren des Hauses hingegen, ach: zu kleine, zu grosse, zu teure, zu billig gemachte, zu niedrige und verwinkelte, zu laute, schlecht zu gebrauchende, zu dunkle, zu helle Wohnungen. Kurzum: dort spielt das Leben, nicht auf der Fassade.

Viele werden sich noch der Zeit erinnern, die durch das Signal des Jahres '68 gekennzeichnet ist, als an unseren hohen Architekturschulen die Könige des Fachs, die Entwurfsprofessoren vom Thron gestossen und von Gegenkönigen ersetzt wurden, von Gesellschaftswissenschaftlern. Eine Wohnung, so hiess einer der Slogans, eine Wohnung sei eine Wohnung und schon deswegen schön, man müsse sie nicht erst in eine schöne Verkleidung stecken. «Schön», selbstverständlich in Anführungsstrichen auf Abstand gehalten, erschien als ein unangemessener Aufwand. Bald wurden die Bleistifte aus der Hand gelegt, das Zeichenpapier blieb auf der Rolle, jetzt wurde mit dem Kugelschreiber notiert, was die empirische Soziologie bei ihren Umfragen zu Tage gebracht hatte – in Erwartung von Prognosen, deren das Fach übrigens prinzipiell gar nicht fähig war. Das Zeichnen war auf einmal so verrufen wie noch nie in diesem auf das Zeichnen, auf das Erforschen von Möglichkeiten beim Zeichnen angewiesenen Metier. Wohin das geführt hat, konnte man wenig später beobachten: eine Architektur von armseliger Gestalt, Massenware, nicht mehr bestimmt vom Gestaltungsanspruch ausdrucksbesessener Architekten, sondern inzwischen von den Finanzabteilungen der Wohnungsbaugesellschaften. Verloren der soziale Anspruch des Ästhetischen – ebenso wie die ästhetische Qualität des Sozialen. Man hätte auch vom Verlust der Fassade sprechen können.

Aber die Fassade war in Verruf geraten, als eine Täuschung über das, was hinter ihr geschieht. Die Fassade war eine starke Metapher für die Oberfläche eines Gegenstandes, dem Anschein nach also etwas Oberflächliches. In der Hierarchie der Ansichten eines Gebäudes meint die Fassade ja auch die Vorderseite – so wie der italienische Ursprung des Wortes «faccia». Hinten braucht das Haus keine Fassade, da ist man gewissermassen unter sich, da wird gespart, da ist man kahl und macht es sich im Garten gemütlich. Eines der sympathischsten Beispiele dafür ist das Bremer Haus: vorn zur Strasse in Schlips und Kragen, oder im Dekolleté, den Balkon hübsch herausgehängt, hinten im Freizeit-Look, Anbauten, der Garten, es liegt etwas herum. Aber so lebt die Stadt nun einmal: halb öffentlich, halb privat.

Begibt man sich nun auf die ethymologische Spur der Fassade, trifft man auf das lateinische «facia», auf deutsch die Mache, die Aufmachung, das Gesicht. Schon sind wir bei der Fasson, und ein wenig weiter bei Konfekt und Konfetti, Konfitüre und Konfektion, kurzum: bei der Mode, die der Fassade immer gefährlich nahe ist. Und gleich um die Ecke der Sprache wohnt auch schon die Kosmetik.

Wir befinden uns zwar nicht im Rotlicht-Viertel der Architektur, aber gleich nebenan in den Gassen der Verschönerungs-Branchen, die in unserem Metier einen schlechten Ruf haben und Berufsbezeichnungen zu Injurien machen. Gibt es eine hämischere Beschimpfung, als einen Architekten einen Friseur zu nennen? Einen Lockendreher einen Fassaden-Schneider? Einen Gebäude-Visagisten einen Modefex? Womöglich einen Designer oder sogar einen Stylisten? Schon balancieren wir zwischen Stil und Mode. Zu jeder Zeit hat es einen Stil gegeben, das heisst einen gemeinsamen, weniger durch prononciertes als stillschweigendes Übereinkommen gefundenen allgemeingültigen Ausdruck einer Gesellschaft. Er versah die Zeit mit einem leicht identifizierbaren zeitlichen Habitus. Selbst die klassische Moderne hatte, dem Vorsatz ihrer Protagonisten zum Trotz, nach den Stilorgien der Gründerzeit keinen wieder zu suchen, im Handumdrehen zu einem Stil gefunden – Folge ihrer Haltung. Und dass dann eines Tages, wie es sich in einer der Moderne gewidmeten Ausstellung im Deutschen Architekturmuseum in Frankfurt am Main beobachten liess, einander scheinbar so widerstrebende Strömungen ineinanderflossen wie der Expressionismus mit der Neuen Sachlichkeit, hatte weniger einen ideologischen Vorsatz als einen praktischen Grund: Als die wunderbaren, sich mit ihren Phantastereien bei Kräften haltenden arbeitslosen Architekten endlich etwas zu bauen hatten, setzten sie augenblicklich die Füsse auf die Erde und wurden zu enorm einfallsreichen Pragmatikern: zu Praktikern, die ihre blühende Phantasie nun auf den Alltag und das gewöhnliche Leben richteten, aus der Ärmlichkeit ästhetischen Gewinn schlugen, die Ästhetik dabei als eine soziale Qualität erkannten. Natürlich formten sie Fassaden, zum Teil mit einer geradezu verblüffenden Hingabe und Virtuosität – aber wie in jeder guten Architektur: Fassaden von innerer Schönheit. Das Bild des Hauses hat den Charakter des Inneren zu reflektieren. Die Fassade ist nicht Drauftat, sondern in gewisser Weise das notwendige, aus Grundriss, Material, Konstruktion ermittelte Ergebnis. Jeder Architekt ist ein Schöpfer, Schöpfer eines Bauwerkes, ein kleiner lieber Gott. Er versieht es mit einer Fassade, so wie der grosse liebe Gott dem Menschen ein Gesicht gegeben hat, mit Lippen und mit Augen, über den Augen die Lider und die Brauen. Dies, könnte man fortfahren zu philosophieren, sei «Natur» – und nun beginnt der Mensch damit, sich und andere schön zu machen. Wer jemals vor der Büste der Königin Nofretete gestanden hat, wird seine Beobachtung wie eine Entdeckung erlebt haben: ein geschminktes Gesicht! Die roten Lippen, die umrandeten Augen, die korrigierten Brauen, Puder auf den Wangen, verfeinerte, also erhöhte oder auch durch Vervollkommnung gefeierte Natur – Kosmetik als ein Ereignis menschlicher Kultur. Und auf einmal müssen wir uns eingestehen, dass alle solche Verfeinerungen, die wir Gegenständen der Natur angedeihen lassen, ihre eigene Würde haben.

Der Mann, der sich den Bart schert oder ihn spriessen lässt und zu Figuren schneidet. Die Frau, die sich schminkt. Der Friseur, der das Haar schneidet, in Locken legt, formt. Der Schneider, den es doch gerade deswegen gibt, weil es uns nicht genügt, unseren Leib vor Wind und Wetter zu schützen, sondern drängt, ihn so einfallsreich, so schön wie möglich zu kleiden. Lauter Fassadenbildner, lauter Gebrauchskunst-Hersteller, so wie der Architekt – nur dass er, vom Landschaftsarchitekten abgesehen, nicht Natur kultiviert, sondern das Gegenteil, einen Gegenstand der Kultur herstellt, und dass von seinen Werken eine dauerhaftere Existenz erwartet wird. Also: eine Wohnung sei schon deswegen schön, weil sie eine Wohnung ist und Menschen eine Herberge bietet? Irrtum! Und das liegt daran, dass der Mensch Augen hat und Augen sein kostbares Sinnesorgan sind. Von kaum einem anderen

Friedrich Schön, Kohlmarkt, Fassade, Wien (1909)

Sinnesorgan ist sein seelisches Befinden so abhängig wie von den Augen. Und deswegen, vor allem deswegen wäre es fatal, die Fassade, ich meine das, was wir von der Architektur gewöhnlich zu sehen bekommen, als eine zu vernachlässigende Beigabe abzutun.

Denn, nicht wahr, Bauen ist von vornherein und ganz unvermeidlich eine öffentliche Angelegenheit, selbst das privateste Haus. Warum sonst hielte es die Allgemeinheit, vertreten durch Politiker, die die Gesetze formulieren und die leider, leider viel zu vielen Vorschriften, die die Qualität sichern sollen, aber sie längst verhindern – warum sonst hielten es die Politiker und die Behörden für notwendig, noch für den bescheidensten Um- oder Anbau nach einer Genehmigung gefragt zu werden? Und so ist das kunterbunte Spektakel, das der Maler Hundertwasser in Wien inszenieren durfte, hauptsächlich eines, für all die Menschen, die es, ungefragt, tagtäglich sehen. Kurzum: jede Fassade, ach, viel mehr: jedes Bauwerk ist eine öffentliche Angelegenheit – und zum Teufel mit dem Architekten, der sich damit leicht täte. Die Fassade gehöre allen; nur was dahinter steckt, ist Sache derer, die damit zurechtkommen müssen. Und deshalb ist auch klar, dass die Fassade nicht eine Angelegenheit der Kosmetik sein darf. Denn eine als schön empfundene Stadt ist, was manch einer nicht vermutet, eine soziale, eine allgemeine, eine politische Aufgabe.

Denken Sie nur an die gestaltungsbesessenen toskanischen Stadtbürger der Renaissance, namentlich in Siena, an ihre emsigen, unnachgiebigen, radikalen Baukommissionen, deren Zusammensetzung jährlich wechselte, damit der zufällige Geschmack ihrer Mitglieder nicht auf Jahre hinaus für die Stadt bestimmend würde. Oder denken Sie an den weiland Frankfurter Oberbürgermeister Wallmann, der zusammen mit einem Kunst- und Baudezernenten die Architektur in der bis dahin nur noch als Mainhattan oder Bankfurt verspotteten Stadt zum kommunalpolitischen Thema erhob und damit viel weniger den Architekten als den Bürgern einen Dienst erwies, ihnen nämlich dabei half, mit ihrer Stadt endlich wieder ins Reine zu kommen, sich mit ihr wieder eins zu fühlen, ja, sie ihrer neuen, interessanten Architektur wegen zu lieben. Und es versteht sich, dass die erstrebte Schönheit – nicht anders als beim Menschen – im Idealfall eine des Geistes ist. Eine äusserliche Schönheit ohne innere Entsprechung ist, wenigstens in der Baukunst, eine Farce. In der Architektur berührt man damit leicht die Abteilung Moral. Und also trifft man nicht selten auf Architekten, denen es daran gebricht.

Der berühmteste ist, seit er sich eine Hure genannt hat, der sich jedem Bauherrn hingebe, sofern er ihn nur bauen lasse, Philip Johnson, und der berühmteste Fall ist nun tatsächlich ein Verpackungs-Design, das AT&T-Hochhaus in New York. Dieser Wolkenkratzer ist nichts weiter als eine verkleidete Kiste mit einem monumental-romanesken Sockel, einem Leib aus rosa Granit, einem gesprengten Giebel obenauf, den die Amerikaner Chippendale-Giebel nennen, was so etwas Ähnliches wie Gelsenkirchener Barock ist. AT&T und Johnson wollten nichts weiter als ein originelles Gebäude, das Aufsehen erregt und sich wenigstens durch Geschwätz einprägt. Es brachte damals die allerneueste Mode auf Trab, die Postmoderne.

Der Architekt als Modeschneider reicher Leute? Wie hätten Sie's denn gern? So? Lieber so? Oder eher so? Ich erinnere mich, wie ein anderer, bei Investoren, Entwicklern, Geldanlegern schrecklich beliebter Architekt dieser Kategorie auf ein Bord in seinem Chicagoer Büro zeigte und sagte: nein, nein, keine verschiedenen, nur lauter verschiedene Varianten desselben Hochhauses. Immer wenn jemand bei ihm eines ordere, zeichne er gleich ein halbes Dutzend und lasse ein halbes Dutzend Modelle bauen, dann könne der Auftraggeber sich eine Version aussuchen oder an den Beispielen erklären, was er lieber wolle. Architektur nicht mehr ein Körper, sondern bloss noch ein Kleid, ein Überwurf. Es drückt nicht mehr aus, was dahinter ist, lässt weder den Grundriss erkennen noch den Zweck, dem er dient. Der Inhalt ist völlig beliebig, er teilt sich aussen nicht mit, er findet keinen Ausdruck. Die Fassade – ein modernisierter Fummel.

Das ist es, worauf ich erst einmal hinaus wollte: dass niemand sich dem Vorurteil ausliefere, Fassaden seien nicht wichtig – dass aber auch niemand glaube, ein Fassadenschneider sei auch schon ein Architekt. Und auch die Kosmetik ist ja, richtig verstanden, eine pflegende Tätigkeit mehr als eine dekorierende, so wie die Landwirtschaft, die Agri-Kultur, die die Angebote der Natur zu nutzen und zu pflegen sich bemüht, so wie die Landschaftsarchitektur Natur veredelt – um sie Menschen zugänglich zu machen. Jede Art von Verschönerung ist prinzipiell eine Kultivierung. In der Architektur ist freilich blosse Verschönerung meist nichts weiter als eine Verlegenheitshandlung. Ganz richtig: Der Architekt hat mehr als ein Kosmetiker, mehr als ein Fassadendekorateur zu sein, mehr als ein Eklektiker, mehr also als unsere sogenannten Postmodernen, die der heruntergewirtschafteten, zuletzt so fürchterlich

entstellten Moderne dadurch zu entkommen glaubten, dass sie auf der Suche nach einer lustigeren Architektur nach alten Versatzstücken langten. Ihre Raubzüge waren so plakativ und zugleich so banal, dass sich die Flucht in die Mode schon nach wenigen Jahren erschöpft hatte. Nein, diese Art von Gebäude-Kosmetik war kein Wink für die Zukunft. Das verlangt nach ganz etwas anderem.
Es zu finden ist ganz schwer. Alle Schuld auf die Architekten zu schieben, wäre nicht nur platt, sondern auch falsch, denn sie tun ohnehin nichts ohne die Gesellschaft, die sie hervorgebracht, gebildet oder verbildet hat, die sie fördert oder duldet, die sie behindert, nicht gut genug ausbildet, ihnen nicht genug abfordert. Der architektonische Ausdruck reflektiert, wie jede künstlerische Äusserung, die Summe der Umstände, die seiner Formulierung dienlich sind. Und wenn wir glauben, es könne nunmehr genügen, die neuen Häuser, die wir heute und morgen zu bauen im Begriffe sind, bloss ein bisschen hübscher, ein wenig ansehnlicher, origineller zu machen und mit Hilfe aufgekratzter junger, neuer Städtebauer etwas anmutiger zu arrangieren, irrt. Aber so, wie es in den zwanziger Jahren geschehen war, geht es nun, leider, auch nicht mehr. Denn der Erfolg und die innere Begründung der Zeit, die wir die klassische oder einfach die Moderne nennen und die, da wir so oft von ihr reden, ein später zwar misshandelter, aber ein Glücksfall gewesen sein muss – der Erfolg dieser Zeit war ihr utopisches Ideal. Ein schöner Irrtum, aber ein grosses Ziel war das: die wunderbare Fiktion eines «neuen Menschen», eines anderen, tatendurstigen, friedliebenden, aufgeklärten, von der Demokratie beflügelten Menschen.
Zum Wesen der Utopie gehört es jedoch, dass wir ihre Ideale niemals erreichen können, dass wir ihrer dennoch bedürfen, ein möglichst fernes Ziel, ein gewagtes Stimulans – oder, anders gesagt: die Herausforderung. Eine Utopie stellt alles in Frage, auch die Realität. Sie will die Renaissance, nicht bloss die Reform.
Vielleicht ist es ja das, was uns die Abkehr von den Irrtümern der letzten drei Jahrzehnte des 20. Jahrhunderts in Architektur und Städtebau so schwer macht. Es fehlt der mitreissende Schwung. Bei Max Planck findet man den Satz, dass die wichtigsten Ergebnisse der Forschung immer nur auf dem Weg nach einem grundsätzlich unerreichbaren Ziel der Erkenntnis zu gewinnen seien.
Wir hingegen haben kein unerreichbares Ziel vor Augen. Nun nicht mehr, da der menschenverachtende, der mörderische, durch die Macht

korrumpierte, der sogenannte «real existierende Sozialismus» die letzte politische Utopie zuschanden gemacht hat. Zumal heute, da materiell nichts unerreichbar zu sein scheint und das Ideal eher darin liegen könnte, nicht alles Erreichbare auch wirklich zu erreichen – und uns zu zerstören. Wir können uns auch nicht einfach einen neuen Leitstern an den Himmel projizieren und behaupten, es sei wirklich ein Stern. Also bleiben wir hienieden und kümmern uns so redlich, so einfallsreich, so leidenschaftlich und so gut wie möglich darum, unser Dasein bauend und planend zu verbessern und zu korrigieren. Die Zukunft? Jeder Architekt, der entwirft und baut, jeder Städtebauer, der plant, ist ihr doch schon auf den Fersen: Er praktiziert sie längst! Also bleibt ganz einfach zu fragen, wozu sich Architekten heutzutage für morgen und für übermorgen aufgerufen fühlen sollten.

Was sie brauchen, als Handwerkszeug in Kopf und Händen, hat am vollständigsten schon der alte Vitruv vorgetragen. Bitte nachlesen! Und sei es zur Erinnerung an elementare Wahrheiten. Was Architekten jetzt brauchen, ist, eine Revision ihrer Denkgewohnheiten. Man wünscht ihnen aber auch Mut, sich gewisse Selbstverständlichkeiten immer wieder ins Gedächtnis zu rufen – um aktuell zu bleiben. Nun erwähne ich die erneuerte Pflicht, uns die Bauwelt so einzurichten, dass wir möglichst wenig Energie verbrauchen und möglichst die gebrauchen, die vom Himmel kommt. Ich nenne auch die andere Pflicht, nach all dem Raubbau, nach so unendlich viel Landschaftsverbrauch pfleglich mit dem Boden umzugehen, sparsam, und die Natur zu schonen.

Aber das alles sind schon Gemeinplätze. Nehmen wir etwas ganz anderes: den Raum. Die Fassade gibt nichts weiter als das Bild eines räumlichen Gebildes wieder, eines Gebäudes. Darin wird gearbeitet, geliebt und gehasst, wird verwaltet, geordnet, kontrolliert, auch beraten, geschlafen und gelacht, wird gebastelt, gefeiert, getanzt und musiziert, wird gezaubert, geforscht, nachgedacht und verzweifelt. Kurzum: Gebäude werden gebaut, damit in ihnen etwas geschieht. Und damit es möglich ist, muss der Raum so präzise und so variabel, in seiner erwünschten Einfachheit so reich wie möglich geordnet, so sympathisch wie möglich gestaltet sein.

Ein Gebäude ist – nicht anders als die Stadt – Bleibe für Menschen, Betätigungsraum, Lebensraum. Raum für ein sich ständig änderndes, sozial artikulierendes Leben.

Schon steckt der Architekt inmitten von Problemen, zu denen natürlich das Geld, der Bauherr, die Verwaltung gehören.

Wenn er sich an die Förderungsbestimmungen zum Beispiel des deutschen sozialen Wohnungsbaus hält, ist alles geregelt, ein funktionales Streckbett: Wohnen, Schlafen, Kinder, Küche und Bad auf den Quadratzentimeter festgelegt. Ein Kinderzimmer um zwei DIN-A4-Bögen zu gross: kein Geld! Menschenfreundliche Zuwiderhandlungen sind nicht geduldet, weil der steuerzahlenden Allgemeinheit offenbar nicht zu erklären ist, warum ein Haus mehr als ein anderes kostet, und schon schreit ein anderer: Ich aber auch!

Wäre der Architekt davon unabhängig, oder: würde sein entwerfendes Nachdenken belohnt, weil ihm aufgefallen ist, dass die Gesellschaft sich unterdessen gewandelt hat, zeichnete er ganz andere Wohnungen, andere Räume – für ganz andere menschliche Formationen: für Ehepaare, gewiss, sogenannte Normalfamilien mit Vater, Mutter, Kind, vielleicht mit Grossmutter oder -vater. Jedoch würde er nun auch an die sogenannten Singles denken, deren es immer früher immer mehr gibt, an die sogenannten Alleinerziehenden, etwa eine Mutter mit drei, einen Vater mit sechs Kindern, auch an alte Leute, die in die betreuende Gemeinschaft dieser Bewohner gehören, an Gestrauchelte, an körperlich Behinderte – und so weiter. Das heisst: Vom Architekten, nicht nur vom sozialen oder freien Bauherrn, wird heute auch eine grosse soziale Phantasie verlangt und die Fähigkeit, Wohnungen für sie zu gestalten: Häuser voller verschiedener, variabler, eines Tages horizontal und vertikal zu verbindender oder zu trennender Wohnungen. Mir scheint es bisweilen sogar notwendig zu sein, dass seine Phantasie in dieser Beziehung reger als die seiner Auftraggeber sein muss, weil es bei denen so oft daran hapert – oder weil sie bürokratischen Regularien zum Opfer gefallen sind.

Das soziale Engagement wird, nehme ich an, immer notwendiger. Mir scheint aber auch, dass diese, momentan noch als zusätzlich empfundene Arbeit bald auch angemessen honoriert werden muss. Es geht dabei um das, was ungenau «Mitbestimmung» genannt wird, was die Mitwirkung der zu Behausenden am Entwurf ihrer Behausung meint. Nicht um irgendwelchen Ritualen zu genügen, sondern um vermehrter Glücksgefühle willen. Wer mit plant, womöglich mit Hand anlegt an dem Haus, das ihn aufnehmen wird, interessiert sich dafür, nimmt

Internat, ehemaliges Kloster, Schulpforta D

Anteil, identifiziert sich mit dem Haus, mit dem Ort, liebt ihn vielleicht, kurzum: fühlt sich geborgen. Wer sich in einem Haus wohl fühlt, fühlt sich auch in seiner Stadt zu Hause und empfindet womöglich eher als sonst die Neigung, ein *zoon politikon* zu sein also jemand, der ein Interesse an seinem Gemeinwesen entwickelt. Aber dazu braucht es engagierte Architekten.

Ich nenne drei Beispiele. Das erste geschah in Berlin, wo der Architekt die Idee hatte, eine Kreuzberger Mietshauslücke zu füllen. Er baute mit Seitenwänden, Treppenhaus, fünf Geschossdecken und Dachplatte ein Beton-Regal. Die zwölf künftigen Wohnparteien liess er eine Genossenschaft gründen, um öffentliche Förderung zu erfahren, er gewann ein paar nicht unbedeutende Kollegen zur Auffüllung des Genossenschaftskapitals. So bauten die zwölf Habenichtse unter seiner und eines Kollegen Regie sowie eines ständig anwesenden Zimmermeisters zwölf Holzhäuser in das Regal. Zusammen ergab es ein aussergewöhnliches, dank dem Architekten ein überaus ansehnliches Haus, das den Anspruch einer guten Architektur erfüllt.

Zweites Beispiel: Angestiftet und ständig kritisch begleitet von einer Wochenzeitung wurde bewiesen, dass sich das Thema Stadtsanierung anders als auf die bis dahin übliche ruppige und einfallslose Brachialmethode abhandeln lasse. Die Zeitung gewann – übrigens für ein minimales Anerkennungshonorar – sechs ganz verschiedene Architekten aus verschiedenen Städten. Auf ihre Anregung hin wurde ein bis in die dritte Stufe offenes Konkurrenzverfahren gewählt, und ausdrücklich unter Beteiligung aller: der Mieter, der Vermieter, der Grundeigentümer, der Gewerbetreibenden; hinzu kamen je ein Abgesandter der im Bezirksparlament vertretenen Parteien sowie die federführende städtische Wohnungsbaugesellschaft. Die Regel war, dass die von allen gebildete Kommission ständig und lückenlos zu informieren war – denn nur bei vollständiger Information entsteht Vertrauen. Die Kommission tagte alle paar Wochen, betrieb ein Mieterbüro, unterstützt von einer in Architektursachen erfahrenen (später einige Jahre lang als als Hamburger Sozialsenatorin wirkenden) Soziologin, die als Vermittlerin zwischen unten und oben fungierte. Zweimal tagte die Kommission mit den Obergutachtern und den Architekten in Wochenendseminaren, in denen die vorliegenden Entwürfe in Plänen und Modellen kritisch erörtert wurden, von allen – bis die Jury den Wettbewerb entschied. Zwar hat es viel zu lange gedauert, zehn Jahre; doch das Experiment ist geglückt:

Sanierung eines typischen Altstadtquartiers, einige Neubauten unter der Devise «neu in alter Umgebung», eine neue Art von Kunst am Bau, es gab eine leichte Korrektur der Sozialstruktur mit dem Ziel, niemanden zu vertreiben, keine «Gentrifizierung». Das Ergebnis: zufriedene Bürger, zufriedene Stadt.
Das dritte Beispiel trug sich in Recklinghausen zu, ein Projekt der sehr bemerkenswerten Internationalen Bauausstellung Emscher-Park, wo die künftigen Bewohner mit den in einem Wettbewerb ermittelten Architekten eng zusammenarbeiteten – lauter sogenannte «schwer zu vermittelnde» Wohnungssuchende, Alleinerziehende beiderlei Geschlechts mit zwei und vielen Kindern, Alleinstehende, alte Leute, Gebrechliche, Körperbehinderte, Ausländer. Zu danken ist dieser Prozess zweien: einer jungen Türkin, der Sprecherin aller Bewohner, und den Architektinnen, die über ihren Entwurf diskutieren liessen, ohne ihn aufzugeben, das heisst: die auf architektonischer Qualität bestanden – und bald merkten, dass es begriffen wurde. Diese Arten der Zusammenarbeit zwischen Architekten und Klienten werden künftig viele andere Variationen erfahren müssen. Ich erwähne nur die Hamburger Hafenstrasse und das offenbare Bedürfnis, eine andere als die übliche Art des Wohnens zu probieren. Das bedeutet, dass die Architekten sich darauf vorbereiten müssen, dass sie bereit sind, mit sich reden zu lassen, dass sie selber eine soziale Neugier empfinden, dass es deshalb nun aber auch notwendig ist, ihnen dabei durch ihre Honorarordnung Gerechtigkeit widerfahren zu lassen. Der Architekt in Berlin-Kreuzberg ist an dem Projekt fast verblutet: er hat sich, weil es ihm am Herzen lag, finanziell daran völlig verausgabt. Aus der HOAI wurde ihm eine lange Nase gemacht.
Der Hamburger Versuch übrigens hatte auch einen politischen Erfolg: seine Praxis wurde offizieller Bestandteil der städtischen Sanierungspolitik, jedenfalls ein paar Jahre lang. Das Kürzel hiess SIKS, Stadterneuerung in kleinen Schritten – Vorläufer der behutsamen Stadtsanierung, die Hardt-Waltherr Hämer dann in Berlin bei der Internationalen Bauausstellung 1987 praktiziert hat. Gemeint ist also: die gemeinsame Arbeit an der Planung, beim Bau von Häusern wie bei der Reparatur der Stadt und ihrer Erweiterung, kurzum: beim Städtebau. Vor allem scheint mir dies dabei wichtig zu sein: Wer Häuser oder Städte und Siedlungen baut, baut Räume. Räume verhindern oder

stiften soziale Beziehungen – etwas, das viele Jahre lang vergessen war, aber nun allmählich wiederentdeckt zu werden scheint.

Wieder zwei Beispiele, in denen ich eine Zukunft erkenne. In Hannover-Davenstedt sollte, um die damals grassierende Stadtflucht aufzuhalten, eine Einfamilienhaussiedlung errichtet werden. Der Wunsch der Politiker war: Lasst sie bauen, wie sie wollen; wenn sie nur bleiben. Die Planer schrien auf: Um Gottes willen, nein, es wird fürchterlich! Sie fanden einen interessanten Kompromiss, sie planten drei Siedlungen nebeneinander.

In der einen, die sie Catch-as-catch-can-Siedlung nannten, durfte jeder bauen wie er wollte – am Ende wurden Fertighäuser aufgestellt und mit all dem Unrat dekoriert, den die Baumärkte dafür feilhalten, mit dem Ergebnis, dass ein Haus wie das andere aussah. Ersäufte Individualität. Im anderen Teil luden die Wohnungsbaugesellschaften ab, was man Vorratsreiheneigenheime nennt: Reihe hinter Reihe, die Vorderseite schaut immer auf die Rückseite des nächsten, keiner sieht den anderen. Für den dritten Teil hatte die Stadt einen Architektenwettbewerb ausgeschrieben. Das Stichwort klang nach einer *contradictio in adjecto*: das «individuelle Typenhaus». Die zwölf Gewinner hatten sich danach einer Architektenmesse auszusetzen, das hiess: jeder präsentierte in einer Koje seinen Entwurf in Plänen und Modellen, hatte für sein Projekt zu werben, dabei ständig Rede und Antwort zu stehen, eine Woche lang. Dann mussten die künftigen Bauherren sich entscheiden. Nach ihrer Häuserwahl wurde dann der Stadtplan entworfen – aber, und das war neu: je zwei Reihen Häuser waren mit ihren Eingängen auf eine Wohnstrasse bezogen, so wie in der Stadt, nicht wie in der Siedlung. Zweierlei war erreicht worden: das typisierte, infolgedessen preiswerte Reihenhaus in der kleinsten Ausgabe wurde individualisiert – durch Anbauten, Vorbauten, Aufstockung. Und: man lebt vis-à-vis, es entstand eine auffallend aktive Nachbarschaft.

Auch dieses Experiment, wie wegweisend es mit der Architektenmesse auch war, wurde bedauerlicherweise niemals wiederholt. Eine neue Rolle für Architekten, eine neue Planungspraxis der Stadt, eine verheissungsvolle Prozedur für die Bewohner – schade, dass es dabei blieb, statt diese animierende, Identität erzeugende, sozial so wirksame Unternehmung als Modell zu propagieren – eines, von dem ich denke, dass es in die Zukunft weise, sogar für den Mietwohnungsbau!

Jakob Wolff d. Ä., Festung Marienberg, Würzburg (1605)

In Groningen wiederum erfuhr ein Landschaftsplaner von den Millionen, die sich die Stadt einen neuen Park kosten lassen wolle. Er sagte: Gebt mir ein Zehntel des Geldes, und ich lege Euch den Park mit gärtnernden Bürgern an. Er zeichnete einen Entwurf, danach begannen sie, jeder von einer anderen Stelle vom Rande aus, den Park zu pflanzen, oder besser: ihn anzulegen.

Was für diese und verwandte Projekte aber wichtig ist: Es braucht einen Plan, genauer: es braucht den Architekten als Dirigenten, der, um im Bilde zu bleiben, seine Komposition im Kopf hat und weiss, wo das Thema variiert werden kann und wo die Melodie verläuft.

Architekten bleiben dabei selbstverständlich immer Architekten. Nur müssen sie die Phantasie aufbringen, ihre Rolle ein wenig zu ändern und zu lernen, die sogenannten Betroffenen mit einzubeziehen und zu respektieren, ihre Bedürfnisse zu ergründen. Das ist immer noch neu, manchen Architekten liegt das auch nicht. Warum nicht derlei Talente schon an den Hochschulen entdecken?

Wäre es nicht überhaupt denkbar, ihnen etliche noch gar nicht erwogene Berufsvarianten zu eröffnen, sie dafür zu animieren? Da wäre zum Beispiel der pädagogisch begabte Architekt, der, in wessen Auftrag auch immer, sagen wir im Auftrag der Kammern, Kunsterzieher in Angelegenheiten der Architektur unterrichtet: Lehrerfortbildung. Wir alle wissen, dass selbst ein Abiturient bei uns so gut wie nichts über Architektur erfahren hat, ausgenommen – hier und da – ein wenig Stilgeschichte. Aber dass er nicht die Spur eines Gefühls vermittelt bekommen hat für die zwischen Bauschutt und Baukunst, zwischen Grundriss und sichtbarem Gebäude sich ereignende Architektur. Das ist doppelt zu beklagen, weil ihm gewöhnlich, wie nahezu allen Gymnasiasten, jegliche Art der Geschmacksbildung vorenthalten worden ist. Er hat nichts gelernt über Regeln der Ästhetik, nichts über Massstab und Proportionen, nichts über die Natur der Materialien, nichts über Planungspolitik.

Weiter wünsche ich mir den Quartiersarchitekten, der besonders dort gebraucht wird, wo Häuser modernisiert, Stadtviertel saniert, Siedlungen geplant und gebaut werden. Der Quartiersarchitekt ist ein informierender, aber auch ein zuhörender Mensch, einer, der zwischen oben und unten und umgekehrt zu vermitteln hat, ein Advokat der Bürger, ein Botschafter zwischen Mensch und Behörde, eine Vertrauensperson. Er weiss über alles Bescheid, er kennt sich im Fach aus, er ist schliesslich Fachmann – aber er gehört auf die Seite der Klienten, weniger auf

die der Bauherren und der Verwaltung. Ich bin derlei Architekten vor langem in Holland begegnet und war über den Erfolg erstaunt – auch darüber, dass wir davon nichts gelernt haben.
Wozu man sonst noch Architekten besonderer Art braucht? Sagen wir für Baustellen-Besuche, für Stadtführungen, auch für das, was bei Automobilklubs Pannenkurs heisst. Warum gibt es keine Kurse für Umbauten, Erweiterungen, Anbauten, Dachausbauten? Denkt man an die Millionen von Arbeitslosen, die wir, wie uns beiläufig angedeutet wird, immer haben werden, wird derlei ganz wichtig. Es wird offene Werkstätten geben müssen, in denen Menschen mit wenig Geld ihre persönliche Umwelt reparieren, anfertigen, wo sie werken können. Wo immer man solche Veranstaltungen arrangiert ist gleich, in der Stadtverwaltung, in der Volkshochschule, bei der Architektenkammer oder – wieso eigentlich nicht? – in Institutionen, die den in vielen Städten mit so erstaunlichem Erfolg betriebenen Literaturhäusern entsprächen? Warum gibt es nicht Baukulturhäuser, in denen die Stadt als fortwährender Bauprozess das Thema abgäbe, wo auch die Stadtmodelle stünden? Wo Architekten aktuelle Projekte vorstellen? Wo der Baudezernent, der Planungsamts- und der Hochbauchef, der Stadtbaurat, die Präsidenten von Architektenbünden, Hochschul-Professoren, der Kammergeschäftsführer auftreten und – an Plänen und Modellen und Zeichnungen oder Skizzen – erläutern, was in der Stadt passiert oder vorgesehen ist? Und wo – das wäre überaus wichtig – die Öffentlichkeit über dies und das auch gefragt würde? Kurzum, es ginge um ein Diskussionsforum, in dem auch herzhaft gestritten würde.
Dass es an Themen mangeln könnte, ist nicht zu befürchten. Man muss so etwas nur in Szene setzen. Der Mensch der Zukunft ist nur dann nicht verloren, wenn er sich auskennt – und wenn er versteht, worüber man redet, wenn man mit ihm redet: sozusagen der mündige Bau-Bürger. Und dem Architekten der Zukunft kann das nur zupass kommen: Der neugierige Baubürger.
Ich erinnere mich gern des freischaffenden Stadtplaners Hans Mausbach, der ein wunderbarer Zeichner ist und sich über Zeichnungen mit Bürgern verständigte, ihnen zum Beispiel Altstadtsanierungen zeichnend plausibel machte – und sie dafür überzeugte und gewann, auch den einen oder anderen Ratschlag von ihnen entgegennahm. Der bürgernahe Architekt: manchmal bemerkt man, wie einfach das sein könnte.

Oder denken wir an Hans Hollein, der von seinem Museum für Mönchengladbach lange vorher ein riesiges Modell im Massstab 1:50 anfertigen liess – das er, nebenbei gesagt, selber bezahlt hat, um die in Architekturdingen unerfahrenen Stadtverordneten davon zu überzeugen, dass sie das viele Geld der Steuerzahler richtig ausgeben.

Oder an Herman Hertzberger, der mit seinen «Diagoon» genannten halbfertigen Häusern die Bewohner dazu einlud, sie nach eigenem Gusto zu vervollständigen, auszubauen, auszustatten.

Überhaupt steckt darin ein Zukunftsthema, das noch nicht einmal andeutungsweise in Betracht gezogen worden ist, nämlich nach der Devise: der Architekt entwirft, der Bewohner vollendet, etwas, das endlich einmal auch im Mietshausbau ausprobiert werden müsste – zum einen um Kosten zu sparen, zum anderen, um bei den Klienten ein Gefühl für ihr Haus, für die Architektur, für ihre Wohnung zu wecken, sie dafür zu trainieren, solch ungewohnte Freiheit der Gestaltung zu nutzen. Der Niederländer Hertzberger hat dafür einen nützlichen Hinweis beigesteuert: «Freiheit, im Sinne von neuen Möglichkeiten», schrieb er, «lässt sich nur gewinnen, wenn der Wählende die Chance hat, Assoziationen in sich wachzurufen und sich ein Urteil zu bilden, indem er das Angebotene Vorstellungen zuordnet, die bereits – bewusst oder unbewusst – in ihm ausgebildet sind . . . Eine architektonische Form muss also nicht neutral sein; sie muss eine grösstmögliche Variationsbreite von Vorschlägen enthalten, wobei diese Vorschläge, ohne die verschiedenen Benutzer (oder Bewohner) in einer ganz spezifischen Richtung festzulegen, immer wieder zu neuen Assoziationen anregen können.»

Nur ist auch hier ganz klar: Der vom Architekten entworfene Rahmen muss so stabil sein, dass er viele Ausfüllungen und Ausdeutungen erträgt, ohne dass die Idee, die architektonische Gestalt, der baukünstlerische Anspruch dabei verloren geht. Das ist wichtig: der Gestaltungsanspruch. Er betrifft nicht zuletzt den Städtebau. Er verlangt zum Beispiel, dass unsere Planer sich nun wirklich nicht mehr mit Schraffuren begnügen, mit der Flächenverteilung in der Stadt, sondern dass sie die Stadt als ein dreidimensionales Gebilde begreifen, ergänzen, fortsetzen. Er verlangt freilich auch feste Gestaltungsbedingungen, die von Bauherren erfüllt werden müssen – und von der Bauverwaltung, und führt augenblicklich zur Frage, wie streng oder wie locker Regeln sein sollten.

Ökonomiegebäude, zwischen Jever und Sand, Ostfriesland

Bei dem weiland Bremer Oberbaudirektor Eberhard Kulenkampff las ich unter der Überschrift «Zukunft muss man machen und nicht planen» einmal dies: «Das preussische Fluchtliniengesetz hat Städte mit urbaner Atmosphäre, wo Stadt Spass macht, geschaffen, in denen die Menschen sich, uns alle inbegriffen, wohl fühlen – Werkbund und Bauhaus nicht.» Und gleich darauf warnt er vor übertriebenem, jedes Wagnis verhinderndem Perfektionismus der Gemeinden: «In vielen Bebauungsplänen drücken sich bis in Einzelheiten gehende Gestaltungsvorschriften aus, werden oft auch direkt ausgesprochen. Da auf der anderen Seite auch die Organisationsform der Bauherrschaft als anonyme Kapitalgesellschaft und die Tendenz zur verbilligenden Vereinfachung bei der Bauwirtschaft sich verflachend auf den Gestaltwillen der Bauenden auswirken, ist tödliche Langeweile vorprogrammiert.» Und dann sagt er auch noch: «Wenn sich im Rapport der Stadtentwicklung keine Fremdkörper störend dazwischenschieben und Defekte bilden, aus denen nach Alexander Mitscherlich nur Individualität entsteht, dann hilft blosse gestalterische Vielfalt allein auch nicht.» Deswegen sei – wenn es bei uns schon keinen Pompidou gibt, der ein Centre in Auftrag geben und durchsetzen kann – die ganze kommunale Lebensgemeinschaft aufgerufen, Bauaufgaben ausser der Reihe zu entwickeln und zu finanzieren.

Dennoch: Es geht nicht ohne ausgeprägte Gestaltungsansprüche, die an die Stadt ebenso wie an neu zu errichtende Stadtteile zu stellen sind. Es ist eine unmögliche, im Grunde menschenverachtende Politik zu sagen, nun macht mal, Hauptsache, ihr macht was, damit etwas in unsere Kassen fliesst. Im Grunde ist es gleich, wie man es anstellt, an welche Vorbilder man sich hält, an das von Salzburg, an das von Basel – wo der Gestaltungsbeirat sogar in der Kantonsverfassung verbrieft, also von Gesetzes wegen ernst genommen werden muss. Und man wird immer überlegen, ob sich eine Kommune mit Gestaltungssatzungen vor Übeln bewahren und zu Besserem anstiften sollte. Das Problem dabei ist, das rechte Mass zwischen Vorschrift und Laisser-faire zu formulieren.

Mich aber dünkt, dass die Zukunft von den Städten verlangt, der zunehmenden architektonischen, besser wohl der bauherrlichen Primitivität heftig entgegenzuarbeiten. Es geht nicht einfach um Schönheit, Mass, Geschlossenheit, sondern es geht doch auch um die Folgen der ästhetischen Stadtverrohung. Was geschieht denn in den hektisch geplanten und gebauten Grosssiedlungen allerwege? Lauter Zerstörungen. Vandalismus aber lässt fast immer auf Entfremdung schliessen. Entfremdung heisst, wie ich in einer Untersuchung von Manfred Throll über «Den Architekten» las, «einmal die zunehmende Beziehungslosigkeit zu Dingen, Formen und Farben, der natürlichen und der gebauten Umwelt. Die Lieblosigkeit, mit der diejenigen, die Gebäude bauen, mit Dingen umgehen, wirkt auf die zurück, die mit dem Gebauten umgehen müssen, und auf deren Beziehungen zu anderen. Die Kälte, Grundprinzip bürgerlicher Egozentrik und individueller Vorteilssuche, spiegelt sich in den Bauten wider. Die andere Dimension ist eben die der Entfremdung der menschlichen Beziehungen untereinander, des Normen-, Wert- und Sinnverlustes – (lauter) Trends, die in Aggression gegen Dinge und Menschen umschlagen und umgekehrt totalitäre Dispositionen provozieren.»

Hässlichkeit und Düsternis provozieren – das kann man schon in der U-Bahn in Hamburg beobachten: In den alten Kunststoffwagen Filzstift-Schmierereien, zerschlagene Fenster, aufgeschlitzte Polster – in den ungleich freundlicheren neuen Wagen: fast keine Befleckungen. Es scheint, als fühlten sich die Demolierer dort gut behandelt – und als würdigten sie es mit artigem Verhalten.

Da wir uns dessen gewiss sind, dass alle freiberuflichen Menschen, ganz besonders die Architekten, eine Pflicht haben und auch längst empfinden, sich für die Gesellschaft, die sie mit Bauten und Planungen beauftragt, zu interessieren, manchmal sich auch für sie zu schlagen – deshalb versteht es sich, dass sie eine gesellschaftspflichtige Arbeit verrichten. Sie kann nicht rein erwerbswirtschaftlichen Zwecken dienen, sondern ist auch ein im öffentlichen Interesse liegender Dienst an der Allgemeinheit. Da ich in einem ähnlichen, als frei empfundenen Beruf arbeite, weiss ich, wovon ich rede.

Aber so neu ist das nicht. Schon Louis Sullivan setzte das kritische Studium der Architektur gleich mit dem Studium der sozialen Bedingungen, die sie hervorbringt. Das Bauhaus setzte soziale und ökonomische Tatbestände als Grundlage des Entwerfens voraus. «Der Ring» der Zwanziger-Jahre-Architekten pochte auf die gesellschaftliche Verantwortung der Architekten und wandte sich gegen die administrative Einseitigkeit der Bauverwaltungen. Man kann es auch einfacher sagen, was mehr als je von Architekten zu wünschen ist, neben einem selbstverständlichen Gemeinsinn: intensiver als je Bedürfnisse zu ergründen, mit ihrer Phantasie in den Alltag derjenigen zu tauchen, für die sie bauen, auch in die eitlen Dunstkreise anonymer Bauherrengesellschaften einzudringen, und dass sie nicht nur an Häuser denken, sondern an Räume. Jeder Blick in alte Städte, in eine Schuhmachersche oder eine Bergarbeitersiedlung macht einen fassungslos über den heutigen Verlust an abwechslungsreicher, anmutiger, überraschender, Geborgenheit weckende städtische Räumlichkeit, mithin an der Möglichkeit, soziale Beziehungen zu animieren.

Nein, nein, mit Kosmetik käme man da nicht weit, damit verkröche man sich nur. Aber Fassaden, nicht wahr, brauchen wir wie schon immer, sagen wir präziser: gute Architektur. Zwar fällt es schwer daran zu glauben, dass gute Architektur gute Menschen hervorbringe oder dazu erziehe, zumal das letzte darauf gegründete Experiment der Moderne in den zwanziger Jahren mit ihrem enormen sozialen Elan damit gescheitert ist. Aber ganz den Glauben daran zu verlieren, sagen wir, die Hoffnung daran aufzugeben, fiele mir schwer. Also bleibe ich dabei: Das Wohl des Menschen morgen genauso wie heute hängt von einer Architektur ab, die wohlgestaltet ist, die Charakter hat – und von Städten, die uns wortwörtlich: beherbergen.

Womit beende ich nun diese Skizze? Vielleicht mit einer saloppen Anfeuerung: Auf denn!

Frank Stella, Plastik (Blechskulptur), Jena (1996)

Architektur und bildende Kunst
Oder Vereinigungen ohne Eifersuchtsaffären (1996)

In den neunziger Jahren hat die thüringische Industrie- und Universitätsstadt Jena Skulpturen von Frank Stella aufgestellt. Eine davon hat der amerikanische Künstler der Universität geschenkt, zum Dank für die Ehrendoktorwürde, die sie ihm verliehen hat. Viele Bürger aber sind verdrossen, sogar empört darüber, dass ihrer Stadt ein visueller Schaden zugefügt werde: durch einen Haufen Schrott.
Nun werden sich manche Kenner über diese Reaktion vermutlich nicht empören, aber sich darüber lustig machen: So sind nun mal die Leute. Vielleicht aber tun sie das zu schnell – denn tatsächlich ist es doch ein Unterschied, ob ein grosser dekorativer Knäuel aus zusammengepresstem und originell arrangiertem Schrott einer alten, das heisst doch: der historischen Kulisse einer Stadt oktroyiert wird, oder ob ein solches Kunstwerk für eine ganz bestimmte Umgebung komponiert worden ist. Auch dafür gibt es Beispiele von Frank Stella. Es ist seine grosse Skulptur aus zerknittertem Metallschrott, der in vielen Farben schillert. Sie steht im U-förmigen Eingangshof der Bayerischen Hypo-Bank in Luxemburg und bildet dort einen wunderbaren Kontrast zur piekfeinen, sehr weissen, sehr perfekten Architektur seines Landsmannes Richard Meier. Die Affäre geht hier also ebenso glücklich aus wie das Märchen von Aschenputtel und dem Prinzen. Es sind in Luxemburg zwei vollständig verschiedene Erscheinungsformen von Kunst: die strenge, hell strahlende Architektur des Gebäudes und die bizarre Plastik. Und dennoch empfindet man beides als *ein* Werk.
In Jena ist das bedauerlicherweise ganz anders. Frank Stella hatte, als er ans Werk ging, auch nicht einen Gedanken an die historische Stadtarchitektur Jenas verschwendet. Nun muss die Stadt mit seiner Plastik zurechtkommen, aber sie hat gottlob die Gewohnheit im Rücken.
Etwas Ähnliches hatte sich vor ein paar Jahren auch in New York zugetragen, und die New Yorker haben nicht anders als die Jenenser Bürger reagiert: Sie waren empört, als man ihnen mit mäzenatischer Gutmütigkeit, aber auch mit der nämlichen Selbstherrlichkeit eine schiefe lange, hohe Wand aus rostendem Stahl bescherte, «The tilted Wall» von

Richard Serra auf dem Foley Park, direkt vor dem amerikanischen Bundesfinanz-Gerichtshof, nicht weit vom alten Rathaus entfernt. Das war, ganz ohne Zweifel, ein Aufmerksamkeit erregendes Kunstwerk, rau, radikal und klar – aber es brach rigoros in den Platz ein, versperrte den Leuten rücksichtslos den Weg, zerstörte Blickbeziehungen. Die freundlich gemeinte Geste wirkte gewalttätig, arrogant gegen die Bürger, rücksichtslos gegen die Stadt. Letztlich hatte der Protest Erfolg: Die sehr lange, sehr hohe, schiefe rostbraune Stahlwand wurde eines Tages entfernt und – nunmehr gegen den Protest des Künstlers, der sein Werk an diesem Ort eloquent verteidigt hat – ganz woanders aufgestellt.

Wichtig an diesen drei Ereignissen, deren es natürlich noch viele mehr gibt, ist das ihnen innewohnende prinzipielle Dilemma: das Selbstbewusstsein der Architektur oder, allgemeiner, der Stadt und ihres Bildes und das Selbstbewusstsein der Kunst müssen sich, wenn sie einander konfrontiert werden, miteinander arrangieren können. Das gelingt am ehesten, wenn das eine, vorwiegend das Kunstobjekt, sich auf das andere, das Bauobjekt, bezieht, seine Eigenart reflektiert und wenigstens den Anschein erweckt, beides sei füreinander gemacht.

Problemlos entgeht diesem Dilemma nur derjenige Architekt, der sein Bauwerk als ein Kunstwerk versteht, das sich selbst genügt, das keinerlei hinzugefügten Kunst-Schmuckes bedarf, mehr: sich sogar dagegen wehrt, weil es in sich so vollkommen ist, dass jede Zutat diese Vollkommenheit stören würde.

Eines der berühmtesten Beispiele dafür ist wohl Ludwig Mies van der Rohe, dessen ausgeprägter Kunstwille es seinen Bauherrn oft schwer gemacht hat: Sie waren genötigt, sich mit seinem Anspruch und seiner Vorstellung zu identifizieren. Das geht manchmal schief, so wie mit dem Farnsworth-Haus in der Nähe Chicagos, in dem die Bauherrin, eine Ärztin, sich immer wie in einem durchsichtigen Festgewand fühlte, in das sie nicht passte, in das sie sich nun aber fügen sollte. Manchmal glückt es, so wie mit dem Haus Tugendhat in Brünn, wo der Kunstwille des Architekten ein wohlklingendes Echo bekam. Die sofort nach der Fertigstellung öffentlich gestellte Frage, ob man im Hause Tugendhat wirklich wohnen könne, haben die Bauherren unabhängig voneinander eindeutig mit «Ja» beantwortet: Sie hatten ein Faible für diese klare, streng geordnete Architektur entwickelt, und so wurden sie schnell eins mit ihr – und versteckten denn auch das alte Klavier im Gouvernantenzimmer, weil es dem Architekten missfiel. Das Tugendhat-Haus ist von der Fassade bis zum Mobiliar, bis zu Fenster- und Türgriffen durchgestaltet, und tatsächlich duldet es keine Zutat, das heisst: keinerlei Konkurrenz anderer Kunstwerke. Beim gleichzeitig entstandenen Deutschen Pavillon für die Weltausstellung in Barcelona 1928 hatte Mies van der Rohe die Einheit von Bau- und bildender Kunst selber hergestellt, mit einer präzise ausgesuchten, präzise platzierten Bronzefigur des Bildhauers Georg Kolbe: Architektur und Skulptur sind eines, so sehr, dass man glaubt, sie seien aufeinander angewiesen. Gemeinsam bilden sie *ein* Werk.

Die Selbstverständlichkeit dieser spannungsgeladenen Harmonie hat es so virtuos eigentlich nur vorher in der griechischen Antike und dann in wüster Vollkommenheit im dekorationslüsternen Barock gegeben, als Malerei und Plastik zu integralen Bestandteilen der Architektur gemacht worden waren – als die Symbolwelt der Bilder letztlich dem Lobpreis der Baukunst galt. Und dem Lobpreis der geistlichen und der weltlichen Macht, die sie ins Werk gesetzt hatten.

Als dann im vorherigen Jahrhundert die Geschichtswissenschaft ausbrach und zur Ernüchterung oder zum Erschrecken aller Künstler zeigte, was all die Jahrhunderte vorher an wunderbaren Schöpfungen schon hervorgebracht haben, dass es, wie man so sagt, «alles schon einmal gegeben hatte», in äusserster Vollendung, und dass damit der Reichtum der Stile gleichsam verfügbar war – da flüchtete man sich erschöpft und entmutigt in die Nachahmung des Vorhandenen, in alle diese Neo-Stile, von der Neo-Renaissance bis zum Neo-Klassizismus. Schliesslich bäumte sich der Jugendstil auf und versuchte eine eigene dekorative Ausdrucksweise – dann brach unsere, inzwischen klassisch genannte Moderne an, mit all ihren Chancen und all ihren seltsamen Verarmungen und Entstellungen. Ihre Devise jedenfalls lautete in der Architektur: auf das aufgesetzte Ornament zu verzichten, es nur in der Farbe, am liebsten allein im Material selber, seiner Struktur, der Zeichnung seiner Oberflächen zu suchen. Vor allem aber waren die Architekten aufgefordert, die Baukunst selber als eine Art von Raumkörperkunst zu gestalten, ihren Ausdruck in elementaren stereometrischen Figuren zu suchen.

Wer die Meisterwerke der frühen Moderne – sagen wir: der zwanziger und dreissiger Jahre – Revue passieren lässt, wird erstaunt sein über den Reichtum an plastischen Ausdrucksformen. Das betrifft die weiss verputzte oder geschlämmte Moderne ebenso wie die aus Backstein

Henry N. Cobb, Kaufhaus Friedrichstrasse, Treppenhaus, Berlin (1996)

oder Sichtbeton. Alles das jedoch wurde nach dem Zweiten Weltkrieg in den Hintergrund verdrängt. Natürlich, die unendlichen Zerstörungen forderten zur Eile auf, man nahm sich selten Zeit für architektonische Finessen, und so grassierte bald, was der Kunsthistoriker Heinrich Klotz den «Bauwirtschafts-Funktionalismus» genannt hatte: ein auf seine rationalen und utilitaristischen Vorteile beschränkter, problemlos, schnell und billig zu produzierender Funktionalismus. In der Sowjetunion hatte diese Periode Nikita Chruschtschow eingeleitet; sie wurde von allen Ländern ihres Machtbereiches übernommen – und im Westen führte der sozial temperierte Kapitalismus zur gleichen ästhetischen Verarmung. Überall hatte man die aller Vereinfachung innewohnende Chance des künstlerischen Ausdrucks verpasst – oder ignoriert.

Ich habe diese historische Pirouette gedreht, um die künstlerischen Ersatzhandlungen zu verstehen, jedenfalls die in Deutschland. Was die hastige, nicht selten gedankenlose Architektur den Menschen an Gemütswerten verweigerte, nämlich einen minimalen ästhetischen Komfort, eine angemessene städtebauliche Raumkultur, sollte nun von der bildenden Kunst, von sogenannter «Kunst am Bau» überspielt werden. Natürlich wurde das von den Bauherren, namentlich den grossen, den meist gemeinnützigen Baugesellschaften, die den sozialen Wohnungsbau besorgten, ganz anders interpretiert, nämlich: Sie propagierten Kunstwerke als ebenso notwendig wie menschenfreundliche Beigaben zur Erheiterung des Daseins. Das ist gewiss richtig – aber richtig ist auch, dass es sich um die künstlerische Kompensation architektonischer und städtebaulicher Leere handelte. Freilich ist dabei zu bedenken, dass dies ja nicht so ganz freiwillig geschah – und geschieht –, sondern dass es doch vorgeschrieben worden ist. Nur so erklären sich in Deutschland die Abertausende von Kunstwerken, von Plastiken, Mosaiken, Fresken, Bildern, Brunnen in und an und in der Nachbarschaft von Gebäuden.

Nein, einen wirklich guten Ruf hatte dieses Thema mit dem Titel «Kunst am Bau» niemals unter den Kennern, jedenfalls nicht seit 1950. In diesem Jahr hatte der (West-)Deutsche Bundestag eine «Richtlinie» beschlossen, der zufolge bei Bauten des Staates ein halbes bis zwei Prozent der Bausumme für «Kunst am Bau» ausgegeben werden sollten (nicht mussten). Daraus entstand dann die allgemeine Vorschrift, das gleiche bei allen öffentlichen und allen mit öffentlichem Geld geförderten Bauten zu tun.

Die Abgeordneten hatte es dabei nicht gestört, dass diese Kunstempfehlung auf ein Gesetz der Nationalsozialisten Mitte der dreissiger Jahre zurückgeht, mit dem zweierlei hatte erreicht werden sollen: erstens Künstlern am Ort und in der Region, «aus der Provinz» zu Lohn und Brot zu verhelfen, zweitens die oft klägliche Architektur öffentlicher oder öffentlich finanzierter Gebäude vor allem im sozialen Wohnungsbau mit Kunstwerken zu ergänzen.

Wie selten das geglückt ist, zeigen spöttische Bezeichnungen wie Fassadenkosmetik, Tarnanstrich, Zwei-Prozent-Kunst, Gnadenbrot für Künstler, Sozialfonds für Heimatkünstler und so fort. Betroffen sind eine Vielzahl von Gebäuden: Krankenhäuser, Kasernen und Universitäten, Rathäuser, Finanzämter, Schulen und U-Bahnhöfe, Postämter und die riesigen Areale der Neubausiedlungen. Viel mittelmässige Kunst darunter. Das hatte seine Ursache nicht allein in mittelmässigen Künstlern, sondern auch in der Zusammensetzung von Kunstkommissionen – die waren ja notwendig geworden, weil es das Zwiegespräch zwischen Architekten und Künstlern gar nicht gab. So hat der zuständige Amtsleiter in Bremen einmal ironisch vom «unheimlich demokratischen Auswahlsystem» gesprochen, das das bürokratische oder politische Kunstdiktat abgelöst hatte. Er wollte sagen: mutige Entschlüsse waren so selten wie die Entdeckung oder gar Förderung junger Talente.

So kommt es mir immer wie ein Wunder vor, dass unser halbstaatliches Institut für Auslandbeziehungen in Stuttgart 1983 eine so eindrucksvolle Ausstellung über «Architekturbezogene Kunst» zusammengebracht hatte. Sie ist damals unter dem Titel «Kunst – Landschaft – Architektur» durch viele Länder vieler Kontinente gewandert. Jedenfalls: es gab selbstverständlich immer wieder exemplarische Beispiele für inspirierte Zwiegespräche zwischen Landschaft, Architektur und bildender Kunst, darüber gibt es überhaupt keinen Zweifel. Jedenfalls sind unter dem Rubrum «Kunst und Bau» alle Arten von Kunstwerken entstanden und angebracht worden. Eines Tages jedoch brachte der Überdruss daran auch ganz neue Ideen hervor. Ich erwähne ein Beispiel aus Bremen, wo ein damals in Berlin residierender amerikanischer Künstler, Gary Rieveschl, die fünfhundert Meter langen Böschungen einer Strasse, die zwischen einem Wohngebiet und dem Hafen hindurchführte, mit 16 000 Narzissen bepflanzt hatte. Sie bildeten eine Welle, die die Augen belustigte, aber eben auch an die maritime Umgebung erinnerte.

Und ein Beispiel in New York. Es ist der Paley Park in der 53. Strasse im mittleren Manhattan unweit dem Museum of Modern Art. Man findet ihn in einer vierzehn Meter breiten, fast ebenso tiefen Baulücke zwischen sehr hohen Häusern. Er ist von der Strasse mit drei, vier Stufen und einer dicht umrankten Pergola begrenzt, hinten sprudelt kein Brunnen, sondern rieselt es von einer sieben Meter hohen Wasserwand herab, so breit wie das Grundstück. Es gibt einen kleinen Robinien-Hain in strenger architektonischer Ordnung, in den Kronen zwitschernde Vögel, auf dem Pflaster Metallstühle; in einer Ecke an der Strasse bekommt man etwas zu essen und zu trinken. Im Sommer fühlt das Gemüt sich vom feinen feuchten Staub der Wasserwand erfrischt, im Winter ein wenig erwärmt; es herrscht balsamische Ruhe mitten im Wirbel der Grossstadt. Der Paley Park ist genau das, was man eine städtische Oase nennt, halb Garten, halb Kunstwerk, eine zauberhafte Erfindung – gleichsam ein Werk der «Kunst zwischen Bauten».

Hier ist nun die Gelegenheit, auf die Sehnsucht nach dem «integrierten Kunstwerk» hinzuweisen. Denn genau das ist doch in dem ganzen lobenswerten Programm der «Kunst am Bau» selten erstrebt worden: die Zusammenarbeit zwischen Architekten und Künstlern – obwohl doch die Bereitschaft, miteinander zu arbeiten, nicht gering ist.

Eines Tages las ich von der «Nationalen Umfrage Nr. 20», die in der Schweiz unter 3000 Architekten angestellt worden war. Fast neunzig Prozent sagten, dass sie mit dem Thema der Kunst am Bau konfrontiert worden seien; immerhin achtzig Prozent von ihnen hielten das Thema auch für wichtig, sechzig Prozent gaben an, dass sie Kunstwerke in ihre Bauwerke sogar hätten integrieren können. Eben dies gilt natürlich für die ideale Art, mit Kunst umzugehen: die frühzeitige Einbeziehung in die architektonische Planung. Aber es wurde auch der Wunsch an die Künstler laut, nicht nur an den dekorativen Wert solcher Beigaben zu denken, sondern auch an einen Gebrauchswert. Nur so, sagten die Schweizer Architekten, würden Kunstwerke in das Alltagsleben der Allgemeinheit aufgenommen.

Das zu erwähnen ist nicht unwichtig. Alle kennen die Abwehr des Publikums gegen ungewohnte, unverstandene, oft sperrige Kunstwerke – so wie sie in Jena begründet war, in der niedersächsischen Landeshauptstadt Hannover aber nicht. Ich erinnere mich dort an zwei grosse dicke, bunte «Nana»-Figuren von Niki de St. Phalle, die im Stadtgebiet

Skulptur, Avenue of the Americas, New York

aufgestellt waren und sofort die heftigsten Proteste heraufbeschworen hatten – ich weiss aber, dass es heute, nach so vielen Jahren des Miteinanders von Menschen und Kunst, ebenso lauten Protest gäbe, wollte man die «Nanas» aus dem Stadtbild entfernen. Und so ist es längst mit dem mechanisch-künstlerischen Tinguely-Theater vor dem Basler Schauspielhaus, und nicht anders mit den neuen schlanken Stahlblech-Skulpturen, die mit ihren exzentrischen geometrischen Brechungen den Fischerei-Platz in Rotterdam zieren. Sie bilden dort erstens visuelle Markierungen, die dem Platz ein fassliches, räumlich zu empfindendes Gefüge geben, sie sind aber zweitens auch Nutzgegenstände, nämlich Zapfstellen für elektrischen Strom für die Kaufleute, die hier zweimal in der Woche Markt halten. Und deswegen sind die Skulpturen auch so kompliziert, dass sie einen Stoss aushalten: Kratzer und Beulen gehören zur Kunstidee.

In Deutschland hatte es mit der «Kunst am Bau» plötzlich einen Bruch gegeben, einen sehr interessanten Bruch. Er war aus dem Unmut über das provinzielle Einerlei der Kunstwerke entstanden, einen biederen Traditionalismus wie einem anbiedernden Modernismus. Begonnen hatte es mit riesigen Wandmalereien in den Städten, vorwiegend an Brandwänden und Giebeln, wo sich bis dahin die verwaschenen Reste alter Reklamenbilder erhalten hatten. Bald sah man derlei meist bunte Bilder auch auf Bunkern, die der Krieg übriggelassen hatte, auf den grossen kahlen Fassaden von Lager-, Kauf- und Turnhallen. Fast hatte es den Anschein, in Grossstädters Seelenspiegel zu schauen. Man fand idyllische Szenerien, aber auch gemalte politische Demonstrationen in Bildern und Parolen. Richard Haas, einer der berühmt gewordenen Fassadenmaler zwischen Boston und München, sah in all dem nur «eine Form der städtischen Chirurgie, die dem Unerwünschten und hässlichen Verwerfungen zu Leibe rückt». Oft sind solche Wandbilder ja verzweifelt amüsierte, spöttische, wütende Retuschen an einer als hässlich empfundenen Umwelt.

Die poetischen Signale für das tief sitzende Unwohlsein der Stadtbewohner stammten damals von einem Schweizer Sprayer, der sich vor allem mit ganz reizenden Strichmännchen und -symbolen auf Betonwänden aller Art strafbar gemacht hatte. Ein Schweizer Gericht verurteilte ihn eines Tages ganz zu Recht wegen «Sachbeschädigung in 179 Fällen» – wenig später wurde er als Professor an die Düsseldorfer

Eduardo Chillida, Stahlplastik, Bundeskanzleramt, Berlin (2000)

Kunstakademie berufen: Harald Naegeli. Damit war nun leider aber auch das geadelt, was Sprayer in aller Welt auf die unverfrorenste, aber auch auf die ärgerlichste Weise taten.

In den siebziger Jahren taten sich dann zwei deutsche Städte mit einem ganz neuen Gedanken hervor, Hannover und Bremen. Sie rüttelten an der alten Prozedur. Sie verwandelten das Programm «Kunst am Bau» in einen mit dem Titel «Kunst in der Stadt». Und so lautete die hannoversche Devise, die Stadt «durch künstlerische Objekte und Aktionen zu verändern». Nun ging es nicht mehr darum, Bauwerke oder Gruppen von Gebäuden oder Stadtrandsiedlungen mit Kunstwerken zu dekorieren (und manchmal auch zu verharmlosen), sondern darum, den «öffentlichen Raum», kurzum: die Stadt selber zum Ort der bildenden Kunst aller Art zu machen.

Hannover hatte seine dafür arrangierten Stadtkunstwochen mit Kinder- und Altstadtfesten garniert, um die erschrockenen Bürger auch mit Werken der allerneuesten zeitgenössischen Kunst zu befreunden. Darin steckte nicht zuletzt der Versuch, mit Hilfe von Kunstwerken zur Re-Urbanisierung der Innenstadt beizutragen, aber auch um das Identitätsempfinden, das Wohlgefühl der Städter in ihrer Stadt zu beleben. Ein wenig Kunsterziehung steckte selbstverständlich auch dahinter. Und tatsächlich war das Interesse an Kunst überhaupt, namentlich an der zeitgenössischen Kunst, selten so lebhaft und so virulent wie in jenen Jahren.

Die Stadt Bremen setzte zur gleichen Zeit ein viel geduldigeres, deshalb auch dauerhafteres Programm in Gang. Schon 1952 hatte es dort den Vorschlag gegeben, «die bei Bauvorhaben veranschlagten Mittel für Kunst am Bau» zusammenzufassen. Aber nicht nur das: Die Kommune wollte den Betrag, der bei öffentlichen und öffentlich geförderten Bauten für «Kunst am Bau» vorgesehen werden musste, um den gleichen Betrag aus dem Stadt-Budget auffüllen, also verdoppeln. Das einzigartige Programm hiess fortan «Kunst im öffentlichen Raum».

Das war neu. Die Strassen hatten ja längst schon den Reiz verloren, den Walter Benjamin in seinem Passagenwerk beschrieben hat, «die Wohnung des Kollektivs» zu sein. Die Städte waren, wie die Bremer Kultursenatorin 1993 notierte, «weder ‹lebendige Landschaften›, noch ‹wohnliche Stube›, sondern funktionalistische Zweckgebilde, in denen noch die letzten Reste von Urbanität einer vorgeblichen Logik geopfert wurden».

Darum also die Anstrengung, den Zustand zu ändern und «die Stadt wieder zu einem Ort von Entdeckungen und Erfahrungen, von selbstbestimmendem Handeln und ‹räsonierender Öffentlichkeit› zu machen». Tatsächlich war diese, fortan «Bremer Modell» genannte Unternehmung der erste strategisch geplante Versuch, «Kunst in den öffentlichen Raum» der Stadt zu komplimentieren. Erstaunlich die Vielfalt, der Ernst, aber auch der Witz dieser Anstrengung. Und es ist ganz klar, dass dies beileibe kein blosser Dienst an der Kunst ist: es macht die Kunst zum sozialen Ereignis.

Es war klar, dass es darüber keinerlei Referenden gab, keine Rückversicherungsversuche beim Volk von Bremen, keinerlei Geschmackskompromisse. Es wurde auch nicht einmal der Versuch gemacht, den Beifall der Allgemeinheit zu erkaufen – es hätte unweigerlich zur Banalisierung der Kunst geführt. Jedoch: alle Entscheidungsprozesse waren grundsätzlich transparent, sie ereigneten sich in öffentlichen – und selbstverständlich kontroversen – Diskussionen. Doch aus eben diesem Miteinander, so schrieb der Museumsmann Hans Joachim Manske, «aber ebenso aus dem kontroversen Diskurs entwickelte die Bremer Kunst im öffentlichen Raum ein Profil, das weit über die Region hinaus Anstösse vermittelt» habe. Und es geschah in allen Stadtteilen. Meist haben sich die Künstler, ehe sie sich an die Arbeit machten, mit der architektonischen Umgebung ebenso wie ihrer sozialen Beschaffenheit vertraut gemacht und insofern zur «Versöhnung von Kritik und Öffentlichkeit» beigetragen. Zwischen 1973 und 1993, also innerhalb von zwanzig Jahren, haben hier nicht weniger als 170 Künstlerinnen und 380 Künstler (und keineswegs nur aus Bremen) mehr als tausend Werke geschaffen.

Gleichgültig, ob nun von Hannover oder von Bremen angestiftet oder nicht, gibt es eine Anzahl anderer bemerkenswerter Unternehmungen dieser Art. Eine der prominentesten hat die Stadt Münster in Szene gesetzt. In den Jahren von 1977 bis 1987 lud sie über sechzig Künstler ein, sich in der Stadt umzusehen und Orte für ihre Kunstwerke zu suchen. Am Ende war es eine ausserordentlich facettenreiche, imponierende, auch verblüffende Schau, die einerseits Schönheiten darstellte, andererseits aber auch ungekannte Schönheiten eröffnete. Und nicht selten ist es dabei geglückt, bestimmte Partien der Stadt, Plätze zum Beispiel, Zwischenräume, Parkflächen, sogenanntes Restgrün, Bauwerke und Baulücken zu pointieren, Bürgersteige, Kreuzungen und Brandwände interessant zu machen. Es geschah mit Skulpturen von vielerlei Art, mit Stahlplattenhügeln, Fahrradständer-Monumenten, steinernen Kugeln im Rasen und Bürgersteig-Portalen, mit Miniaturhäusern am Wegrand, gemauerten oder tempelbekrönten Park-«Schiffen», Sitzbank-Plastiken, Bodenmonumenten, Gasbeton-Treppen mit übermannshohen Schlingen zum Durchwandern und dergleichen mehr.

Es liegt nahe, an Jean-Christoph Ammann vom Museum für Moderne Kunst in Frankfurt am Main zu denken. «Radikal gesehen», sagte er, «müsste ein im öffentlichen Raum arbeitender Künstler den Punkt anstreben, an welchem sein Werk als solches gar nicht mehr in Erscheinung tritt, obwohl es in sich selbst existent ist». Das Kunstwerk als ein gewöhnlich immer noch ungewöhnlicher, aber nun ein integraler Bestandteil der Stadt.

Was Wunder, dass sich dabei auch die alten Figuren der Stadtkunst in immer neuen, manchmal Staunen machenden Erfindungen neuerlich bewähren: Brunnen nämlich und andere Wasserspiele, auch Treppen und Figurengruppen, durch die man hindurchgehen kann, und Mauern, die, indem sie bestimmten Orten einen neuen Reiz geben, selber zu Orten werden, vor allem: die zu tatsächlich von Passanten benutzten, das heisst wortwörtlich in Gebrauch genommenen Orten werden.

Genau das ist doch der eigentliche Sinn von Kunstwerken, die den öffentlichen Raum bevölkern: dass sie ihn auflockern, Verbindungen herstellen, dass sie Assoziationen wecken, zum Berühren «auf du und du» ermuntern, zum Innehalten bewegen, nachdenklich machen oder erheitern, letztlich auch der Orientierung dienen. So, dass sie eben nicht «wie bestellt und nicht abgeholt» wirken und deshalb den grimmigen Sudeltrieb der Sprayer provozieren. Sondern dass sie den Eindruck von stadt- und daseinsnotwendigen künstlerischen Gebrauchsgegenständen hervorrufen.

Ein ganz anderes, sehr eigenwilliges Beispiel findet man in der norddeutschen Gemeinde Neuenkirchen. Unterstützt und angefeuert von einem Kunstverein, hat hier eine Kunstgalerie es im Laufe der Jahre geschafft, im Ort und in seiner Umgebung, an Strassen, Kreuzungen, auf Plätzen, in Lichtungen, also auch in Wald und Flur mehr als drei Dutzend überaus originelle Skulpturen aufzustellen, jede für den Ort entworfen, an dem sie platziert worden sind. Es geschah unter der erstaunlichen, zuerst widerborstigen, wenn nicht ablehnenden, dann jedoch neugierigen, mitunter sogar stolzen Anteilnahme der Bevölke-

Ursula Sax, «Looping», am Funkturm, Berlin (1991)

rung, auch der Bauern ringsum, die ihre Grundstücke dafür zur Verfügung stellten. An den ältesten dieser Kunstwerke aus Holz und Stein, Stahl und Glas lässt sich unterdessen beobachten, wie die Natur damit beschäftigt ist, sie sich allmählich einzuverleiben. Es ist schwer, sich der eigenartigen Poesie dieser einfühlsamen Stadt- und Landschafts-Kunstwerke zu entziehen – ob sie nur dastehen oder, vom Sonnenlicht angeregt, Töne von sich geben, ob sie glitzern, sich bewegen, vom Flaum grüner Gewächse überzogen werden, ob sie dazu animieren, sie zu besteigen: Kunst für Kunstbetrachter, die zu Kunstbenutzern werden. Kunst am Bau – Kunst im öffentlichen Raum der Stadt – Kunst in der Landschaft: das ist ein weites, ungemein abwechslungsreiches, auch abenteuerliches Terrain. Und dabei habe ich noch nicht einmal die Kunst des Landschaftsparks erwähnt. Zu schweigen auch von der Anzahl ganz anderer Bemühungen, heruntergekommene Stadtgebiete mit Hilfe künstlerischer Ideen aus ihrer Unwirklichkeit zu befreien, so wie es die Stadt Kiel versucht hat.

Trotzdem – trotzdem bleibt das Urthema, und das gilt nun einmal für die Integration der Kunst, wo hinein auch immer, Integration in die Architektur, in den Stadtraum, in die Landschaft. Immer wohnt darin die Hoffnung auf Verschwisterung – und dass sie ohne Eifersuchts-Affären vonstatten geht. So geschah es auch beim Bau der Neuen Messe Leipzig. Ungewöhnlich war, dass sich der Hochbau- und der Landschaftsarchitekt miteinander verbündet hatten, von Anfang an. Tatsächlich entstand dabei ein Bau- und Landschaftskunstwerk aus einem Guss, eine dramaturgisch präzis komponierte Folge von landschaftlichen und architektonischen Ereignissen, dargestellt in Gras, Bäumen, Wasser und in Gebäuden – und durch das monumentale Hauptgebäude mit seinem gläsernen Tonnendach zieht sich die Kunst-Natur sogar hindurch. Dahinter gibt es dann auch einen kleinen, dreidimensional gestalteten Park, der für die Leute, die ihn von oben sehen, auch ein Bild ist.

In diesem Doppelkunstwerk sollte sich, natürlich, auch die bildende Kunst einmischen. Der Architekt hatte dafür sogar den Traum einer barocken Symbiose von Bau- und bildender Kunst, bei der sich scheinbar von selbst das eine ins andere hineinfüge. Jedoch hatte der Bauherr auf einmal Angst, der Architekt würde sich die Kunst nur untertan machen – also wurde er nicht konsultiert, nicht einmal informiert. Und so erfuhr das alte ausgelaugte Thema der «Kunst am Bau» eine banale

Wiederholung: Man sammelte international berühmte Namen des Kunstmarktes, überliess ihnen bestimmte Partien in den Gebäuden und liess sie machen. Applizierte Kunstwerke, die auch ganz woanders hätten angebracht werden können. In einem Fall konterkarieren sie sogar die architektonische Idee eines quadratisch konzipierten, infolgedessen richtungslosen Raums, indem sie ihm willkürlich eine Richtung oktroyieren: aus architektonischem Unverständnis.

Dass ein anderer Architekt Glück hatte, lag nur an ihm selbst: Der Israeli Zvi Hecker hat in Berlin eine jüdische Schule wie für sich selber entworfen. Er hat sich dabei in seine Knabenzeit zurückversetzt – und mit einer ästhetischen und symbolischen Metapher gespielt. Er hatte sich das Bild der Sonnenblume zurechtgelegt, aber daraus eine eigenwillige Komposition aus einem halben Dutzend keilförmiger, geschwungener Baukörper gemacht, die mit ihren Spitzen auf eine mystische Mitte, einen Platz zielen.

Man findet in dem Komplex – Zvi Hecker sagt: wie in einer kleinen Stadt – Strassen, Schluchten, Hinterhöfe und Schleichwege, viele Nischen zum Verstecken, und man kann sich auch darin verlaufen. Es ist ein Beispiel für eine «organische», eine jedenfalls sehr expressive Architektur mit einem symbolistischen Zug. Niemand, der diesen Bau sieht oder ihn betritt, darin umherwandelt, wird sich fragen, wo denn «Kunst am Bau» mitspiele. Ganz einfach: weil das Gebäude – nicht anders als bei Ludwig Mies van der Rohe – selbst wie eine abenteuerliche Skulptur wirkt, wie ein bizarres Baukunstwerk – oder eben auch: wie ein grosses Bauspielzeug für Schüler und Lehrer.

Das gilt, natürlich, für jede grosse, für jede ausgeprägte Architektur – für Günter Behnischs Olympiadach in München, für Hans Scharouns Philharmonie in Berlin, für Gottfried Böhms grossartige Wallfahrtskirche in Neviges im Ruhrgebiet, für die griechisch-orthodoxe Kirche von Jacques Herzog und Pierre de Meuron in Zürich oder Katharina und Wilfrid Steibs historisches Museum in Baden oder Walter Förderers katholische Kirche St. Nicolas in Hérémence. Nur muss man eines hinzufügen: Das Olympiadach wird kongenial von einer Landschaftspark-Skulptur ergänzt, und Scharoun hat mit Künstlern eng zusammengearbeitet, von Anfang an, so dass ihre Werke zu integrierten Bestandteilen seines Gebäudes geworden sind – so wie in Böhms Kathedrale, nur dass der Architekt hier selber der Künstler, der Glasmaler war: unglaublich schön das farbige Licht, das durch die Fenster ins Innere fällt, unglaublich intim der riesengrosse, vielfältig gebrochene Raum, obwohl er Platz für 5000 Gläubige hat.

So etwa wie das Idealbild einer Symbiose von Architektur und Kunst hat Böhm dann aber an dem von ihm entworfenen Mittelrisaliten des Saarbrückener Schlosses geschaffen. Es ist der Plenarsaal des Städteverbundes, den er vollständig ausgemalt hat, mit einer klassischen, freilich eigenwilligen Architekturmalerei. Raum, Farben, Licht bestimmen die einzigartige Atmosphäre: ein Bauskulpturen-Kunstwerk.

Das ist es doch, was man sich vom Techtelmechtel der Kunst mit der Architektur – und mit der Landschaft, und mit der Stadt – erhofft: dass man glauben möchte, alles stelle zusammen ein Bau-Kunst-Werk dar.

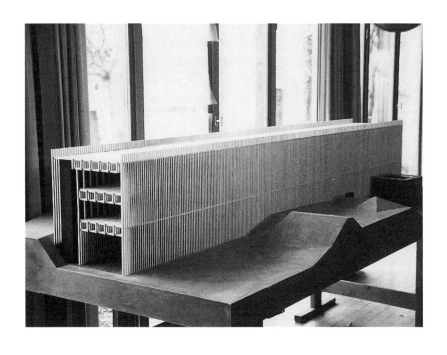

Peter Zumthor, Topographie des Terrors, wie von den Wellen des Grundstücks umspielt (Entwurf), Berlin (1996)

Neu entdeckt: Die Baukultur
Oder: Die Geburt der Fassade aus dem Inneren (1996)

Eine in Leipzig Architekturgeschichte lehrende Professorin war, wie viele ihresgleichen, auf der Architektur-Biennale in Venedig zu Besuch, einem Ort, wo drei Monate lang das Bauen der Welt präsentiert worden ist. Der Arrangeur dieser Veranstaltung, der Österreicher Hans Hollein, hatte das Thema «Der Architekt als Seismograph» genannt, der Architekt als jemand, der mit seinen Werken zeige, wohin momentan der Hase läuft und wohin er vermutlich weiterlaufen wird, wenn er nicht von irgendwem erlegt wird. Dies, dachte sich die Leipziger Professorin, werde gar viele Leute neugierig machen so wie sie selber und die Gelegenheit nutzen, so viel Architektur wie nie wieder in den nächsten zwei Jahren versammelt zu sehen. Aber, ach! In der Zeitschrift des Bundes Deutscher Architekten erzählt sie leicht deprimiert, dass selbst an den schönen Herbsttagen, die doch zum Aushäusigsein verlocken, die Pavillons der Nationen niemals voll gewesen seien. Selten, so schreibt sie, fänden sich mehr als drei oder vier Menschen in einem Raum und liessen sich obendrein schnell als Architekten oder einschlägige Studenten erkennen. Und weiter lesen wir: «Der normale Venedig-Besucher ist an Architektur nicht interessiert, jedenfalls nicht an zeitgenössischer.» So wie er den hässlichen Stadtteil Mestre am Festland-Ufer gegenüber nicht zur Kenntnis nehme, weil er ihn auch gar nicht als Teil der berühmten Lagunenstadt begreife – so sei für ihn eigentlich nur der Dogenpalast, der Kampanile und «das dunkel-goldene Innere des Markusdomes» und die ganze malerische Stadtkulisse das, was man Architektur nennen könne. Also, sagt sie, hätten die Amerikaner offenbar ganz recht getan, dass sie in ihrem Pavillon bloss ihr grosses komisches Disneyland mit allen seinen Dependancen zeigten – und nicht die Probleme ihrer Städte von heute und ihrer mitunter etwas angestrengten Architektur. Was Wunder, fand sie, dass es in Venedig selber auch so gut wie keine neuere Architektur von einigem Anspruch gebe: Man gibt sich mit dem Alten zufrieden; denn mit ihm, das wissen wir ja, nur mit ihm macht man all das schöne Touristengeld.

Wahrscheinlich könnte man derlei Beobachtungen allüberall machen, selbst dort, wo man sich um eine bessere Gegenwarts-Architektur bemühe, sagen wir: wo man es zu einer Kultur des Bauens, zu einer heutigen Baukultur gebracht hat. Nun wird die Baukultur einer Stadt nicht einfach von ein paar talentierten und qualitätsbesessenen Architekten hervorgebracht. Denn vor ihnen haben, nicht wahr, erst einmal die Bauherren ihren Auftritt, diejenigen, die sie entwerfen lassen und die sie sich, sofern sie kultiviert sind, auch geduldig suchen – sei es, dass sie den einen und anderen Architekten kennen und ihre Architektursprache mögen, sei es, dass sie sich auf die Suche nach ihnen begeben, gewiss nach möglichst berühmten, oder, zum Beispiel, indem sie sie in Wettbewerben herausfinden lassen. Und so blättert man denn auch zufrieden in den Bauzeitschriften, wo, vorn oder hinten gebündelt, seitenweise Architekturwettbewerbe angezeigt oder ihre Ergebnisse bekannt gemacht werden.

Schon richtig, und auch tröstlich. Jedoch: Die meisten Bauherren verstehen, wenn sie etwas vom Bauen verstehen, meist viel mehr von den Kosten als von der Architektur. Selten verstehen sie Ansprüche an die Architekten zu stellen, sie möchten vor allem, dass alles so billig und schnell vonstatten gehe. So gibt es den Bauherren als Individuum immer seltener, als jemanden, der, was er auch baut, stets für sich baut und stolz zeigen möchte: Seht, das habe ich errichtet! Heutzutage lassen vor allem Firmen und Vorstände, Gremien und Ausschüsse bauen, welche weniger auf der Suche nach der besten möglichen Architektur sind als nach dem kleinsten gemeinsamen Nenner, die sich also eher auf den Durchschnitt einigen als auf das Aussergewöhnliche, schon weil sie das Ausserordentliche nicht verstehen oder von vornherein für viel zu teuer, also für unmöglich halten. So ist ja auch das trostlose Mittelmass der letzten Jahrzehnte mächtig angewachsen, und so erzeugte die so gebaute Umwelt ja auch so viel Verwirrung und Abneigung, Gefühle, die sich in seltsamen Aufschreien entluden, in Protesten vieler Art, im Hass auf den grauen, grauenvollen Beton und im Ingrimm der Sprayer, die oft blind und dumm, alles zu besudeln pflegen, was ihnen vor die Dose kommt.

Ich erinnere mich noch der jahrzehntelang stotternden Hauptstadt Bonn und ihres hilflosen Bemühens um ein architektonisches Gepräge. Und wonach hatte es damals jemanden wie den Kanzler Helmut Schmidt verlangt? Nach einem Bonner Schinkel! Wenig später hörte ich den ehemaligen Hamburger Bürgermeister Klaus von Dohnanyi, wie er zur Eröffnung einer berühmten Berliner Schinkel-Ausstellung in Hamburg zu wissen behauptete, was Hamburg fehle. Genau: ein neuer Schinkel! Neben ihm stand, damit er den bösen Hohn auch bemerke, sein Oberbaudirektor – der ihm aber genau hätte sagen können, dass er leichtsinniger und platter nicht hätte daher reden können. Natürlich, das wäre schon spannend, ein Schinkel in Hamburg – aber dann bitte mitsamt seinem für Schönheit empfänglichen königlichen Bauherrn – und ohne unser urwäldlerisches Gestrüpp an Paragraphen, in dem sich unser neuer Schinkel schnell erwürgt hätte, und alle, auch der Bürgermeister, hätten dabei gestanden und achselzuckend zugeschaut.

Das müssen wir uns bei alledem doch vergegenwärtigen: Die Gesetze, die unsere Parlamente einst allesamt zum Wohle der Menschen gemacht haben, wenden sich nicht selten längst gegen sie – stehen mit ihrem absurden Perfektionierungsbestreben inzwischen dem Wohl der Gemeinschaft entgegen. Baukultur, das ist nun nicht mehr schwer zu begreifen, spiegelte immer auch die Kultur der Politik wider. Oder noch direkter gesagt: Baukultur ist Politik.

Aber was ist das nun eigentlich, Baukultur? Was ist Kultur? Kultivieren heisst, etwas pflegen, etwas miteinander regeln, etwas verfeinern. Kultur wächst nicht von alleine wie die Natur, Kultur muss immer erst verabredet werden, Kultur verlangt ein Übereinkommen in der Gesellschaft. Jemand, den man einen kultivierten Menschen nennt, hat gute Manieren, weil gute Manieren angewandte Höflichkeit sind, Rücksicht gegen andere. Die Rubrik ist mit Ethik überschrieben.

Man nennt jemanden kultiviert, weil man seinen Charakter für einwandfrei, ihn also für einen moralisch integren, hinlänglich gebildeten, sagen wir: interessierten Menschen hält, einen offenen Geist.

Offenheit ist ganz wichtig, und genau damit kriegen wir schon einen Zipfel der Baukultur zu fassen. Eine kultivierte Gesellschaft ist eine, die miteinander – nun muss ich leider dieses unhandliche Wort gebrauchen –, zu kommunizieren versteht. Voraussetzung dafür ist ein gutes Klima, in dem es vonstatten gehen kann. Ein gutes gesellschaftliches, ein gutes mitmenschliches Klima setzt allerdings Vertrauen voraus – und schafft zugleich Vertrauen. Vertrauen wiederum bildet sich in der Öffentlichkeit, sagen wir: zwischen Regierenden, Verwaltenden und dem Volk der regierten und verwalteten Bürger, und zwar durch Kompetenz und durch Mitteilsamkeit. Zurückgehaltene oder zensierte Informationen sind immer der Anfang von Misstrauen, Falschmeldungen und Unterstellungen, von Unmut und Unlust. Konkret möchten wir demzufolge auf Politiker und Behörden namentlich in der Stadt hoffen, die von Demokratie durchdrungen sind und das Volk der Bürger ernst nehmen, die es teilnehmen lassen, die sich bei ihm erkundigen. Es hängt eben nicht an einem Schicksal, das wie ein *deus ex machina* auf uns hernieder käme und zu wissen behauptete, was unserer bebauten und verbauten, unaufhörlich neu zu bebauenden Umwelt gut oder besser täte. Sondern wir können nur auf den Diskurs bauen, auf das offene, systematische Erörtern solcher Themen. Die sogenannten Betroffenen wollen ernst genommen, konsultiert, unterrichtet, angehört werden, sie brauchen das Recht auf Zwischenruf und Protestgeschrei – nur: Architektur entwerfen, Architektur machen, das können sie nicht, das müssen die Architekten und ihre Bauherren verantworten.

Neulich dachte ich: Warum haben viele Städte ein Literaturhaus, obendrein von oft reizvoller, anregender Atmosphäre, die so unglaublich viele Leser anlockt – warum aber haben sie kein Bauhaus (das wir, weil es das nun schon einmal unter diesem Namen und ganz anders gegeben hat und auch noch in Dessau gibt, anders nennen müssten). Gemeint ist eine feste Adresse für das, was wir Baukultur nennen: um sie pflegen zu können. Ein Haus, das aufzusuchen jedermann eingeladen wäre; wo man zum Beispiel einen *Jour fixe* der Bau- und Planungs-Stadträte (und ihrer Kollegen, wenn man sie brauchte) mit Architekten, Bauherren, Investoren, mit Stadt- und Hausbewohnern, Journalisten, Schülern, Studenten einrichten könnte; wo ständig Architektur und nicht zuletzt das ausgestellt würde, was die Stadt für ihre Bürger plant, in Modellen, in Plänen, in Entwürfen, in Skizzen und anschaulichen Zeichnungen; und wo dann vielleicht aber auch gleich eine neue, bei uns noch nicht existierende Architekten-Spezies ausprobiert werden könnte: der didaktisch trainierte, pädagogisch begabte Architekt als ein stetig anwesender Vermittler, Erklärer, Vertrauensmann oder -frau und, das bliebe gewiss nicht aus, als eine Art von Bürger-Anwalt oder -Anwältin, Interpret oder Interpretin.

Dergleichen aber sollte jedoch nicht in irgendwelchen, meist wenig einladenden Behördenhäusern angesiedelt sein, in Kellern oder auf Dachböden, sondern in einem schönen, zentral gelegenen Haus an einer ausgesuchten Stelle.

Warum sollte sich dafür nicht ein wohlhabender Stifter finden lassen und tun, was mein verehrter Verleger Gerd Bucerius weiland dem Hamburger Literaturhaus hatte angedeihen lassen? Für ein «Haus der Baukultur»?

Nun wird jede Stadt es mit der Baukultur – sofern sie bemerkt hat, dass sie notwendig ist – anders angehen, sagen wir: das Streben nach einer besser und richtiger gebauten, nach der triftiger, angenehmer gestalteten Stadt, das Streben nach interessierten, wohler gelaunten Bürgern. Basel ist zurzeit die einzige europäische Stadt, die sich nicht nur einen Gestaltungsbeirat unabhängiger, kritischer Fachleute und Bürger bestellt hat, sondern ihn sogar in ihrer Verfassung verbrieft hat – damit es nicht bei unverbindlichem Geplänkel bleibt, dem sich die Macher nicht verpflichtet fühlen müssten. Wie ungern Politiker es haben, dass man ihnen zu- oder dringend abrät, merkte man auch in Basel, als ein neuer Kantonsbaumeister, der seine Berater zunächst als Wirtschaftsverhinderer anschwärzte und abzuschaffen versuchte, sich dann aber, weil das ohne Änderung der Kantonsverfassung nicht möglich war, leider selber in den Beirat delegiert hatte.

Das gleiche übrigens merkte man nach dem grossen Elan der ersten Jahre auch in Salzburg, das sich vor etlichen Jahren ebenfalls einen Gestaltungsbeirat geschaffen hat, um der korrumptiven Kumpanei von Architektur und Kapital in der Stadt zu entrinnen. Sein Schöpfer war Johannes Voggenhuber, ein «grüner» Politiker, den damals eine Überraschungswahl zum Baustadtrat gemacht hatte und dem man schnell viele Knüppel zwischen die Beine zu werfen versucht hatte, hoffend, dass er bald aufgebe. Tat er aber nicht, sondern entwickelte, woran es Politikern sooft mangelt, sogleich eine heftige Leidenschaft für sein neues Metier, für eine kultivierte Architektur und Stadtplanung mit eigenwilligem Temperament. Er tat es mit Phantasie und Überzeugungskraft und einem gewissen vergnügten Durchsetzungsvermögen. Das heisst: er hat die Qualität der neuen Bauten in der Stadt enorm verbessert.

Um aber gleich dem Verdacht zu entgehen, er verfolge dabei bloss seinen eigenen, anderen missfallenden subjektiven Geschmack, hatte er den Gestaltungsbeirat berufen, fünf unabhängige, meist auswärtige Experten, die vor allem gewiss sein konnten, von ihm ernst genommen und nicht bloss als politisches Dekor oder als Feigenblatt missbraucht

Peter Zumthor, Haus Gugalun, Versam CH (1994)

zu werden. Der Baustadtrat Voggenhuber hatte sich stets auf sie verlassen – und hatte sich selbstverständlich dann und wann auch mit ihnen angelegt, in freundlicher Achtung. Baukultur ist auch Streitkultur, Gespräch sowieso. Es ist nur leider so, dass der Beirat unterdessen an Kraft und die Bau-Politik in Salzburg an Leidenschaft verloren hat.

Berlin wiederum hatte viele, viele Jahre lang mit seinem Stadtforum, einer einzigartigen Runde verschiedener Fachleute und Zuwider-Denker etwas vollständig Neues kreiert. Das Stadtforum wurde als Ratgeber und als Entscheidungshelfer für die Bau- und Stadtentwicklungssenatoren verstanden, und als Motivator für die Verwaltung: das unendliche Gespräch. Was dabei wichtig war: Im Stadtforum herrschte Anwesenheitspflicht für alle beteiligten Senatsbehörden, und sie waren ausdrücklich nicht durch Subalterne, sondern möglichst durch ihre Staatssekretäre vertreten, der Stadtentwicklungs- und Umweltsenator war sowieso immer dabei. Und erstaunlich war obendrein, dass die Zeitungen, dass der Rundfunk nicht müde wurden, stetig davon zu berichten, das taten sogar die überregionalen Blätter. Noch einmal: die Stadt, ihre Architektur, ihre städtebauliche Entwicklung, ihre Landschaften, Kanäle, ihr Fluss wurden durch dieses Forum zum Dauerthema der Allgemeinheit.

In Berlin hatte das schon lange vorher begonnen, etwas, das man Denk-Werkstätten nennen könnte. Hier war es, namentlich in den siebziger Jahren, das IDZ, das von François Burkhardt geleitete Internationale Design-Zentrum, das sich zu einer Art von Experimentierstätte des Bausenators entwickelt und ihm Gelegenheit gegeben hatte, an seiner rumpelnden Behörde vorbei etwas auszuprobieren, zum Beispiel ein halbes Dutzend namhafter Architekten von sonst woher eine Woche lang über Kreuzberg und den südlichen Tiergartenrand grübeln, reden, streiten, zeichnen, also entwerfen zu lassen – weil dergleichen offenbar in der riesigen Behörde selber unmöglich war. Erwartet wurden nicht Rezepte, wie man dies oder jenes machen sollte, sondern Vorschläge, wie man es machen könnte, so, oder auch so, oder ganz anders. Nicht unbedingt Ergebnisse waren erwünscht, dazu war die Übung auch viel zu informell, sondern Denken.

Dass so etwas in Behörden offenbar nicht geht, macht mich ganz irre: Zig Leute, manchmal Hunderte, in Grossstädten Tausende dort beschäftigt, viele kluge, originelle, oft frustrierte Köpfe darunter – aber auch nicht die kleinste eigene Abteilung, die als Probierwerkstatt, Ideenbrutstätte arbeitete, interdisziplinär natürlich, mit Vertretern vieler Abteilungen, und dem Stadtbaurat oder Bausenator direkt zugeordnet: eine Abteilung von Informierenden, Anregern und Anstiftern.

Übrigens hatte sich aus der subversiven Praxis und auch der Anregung des Berliner Planungsbeirates, den sich ein damaliger Bausenator berufen hatte, dann auch die IBA entwickelt, die Internationale Bauausstellung, die 1987 ihre – damals zum Teil noch unfertigen – Ergebnisse präsentiert hatte. Auch die IBA war ja nicht zuletzt als eine Lockerungsübung für die Behörden und ihre seltsamen hierarchischen Rituale gedacht, um sie letztlich in den Qualitätsverbesserungs-Strudel hineinzuziehen. Das hat die IBA zum Teil sogar vermocht, eine Zeitlang. Und was später beim Nachfolger, der Internationalen Bauausstellung Emscher-Park, die 1999 nach zehn Jahren zu Ende gegangen ist, was bei dieser Ruhrgebiets-IBA unter dem Rubrum Baukultur geschehen ist, ist noch erstaunlicher als in Berlin: weil sie durch die Zusammenarbeit mit fünfzehn Städten vonstatten ging, ganz konkret, sehr gezielt, ausserordentlich vielfältig, sehr offen. Für mich war es ein beispielhafter Versuch, einer derangierten Gegend eine neue Hoffnung zu eröffnen.

Vielen Städten aber fehlt es leider an Hypertrophie und an Unbekümmertheit, vor allem an Frechheit und an Elan, an kreativer Nervosität. Ich muss da oft an eine Hamburger Katastrophe denken, die politischer Feigheit zuzuschreiben war. Der Oberbaudirektor hatte – ähnlich dem IDZ in Berlin – eine Denk-Werkstätte anberaumt, es war das Bauforum 1987. Es war das wichtigste, das aktuellste seiner vier, fünf Bauforen und hätte das folgenreichste werden können. Es war ein mutiger Versuch, der primitiven Ansiedelungspraxis in einem neuen Gewerbegebiet im letzten Augenblick eine sagen wir getrost: eine baukulturelle Wendung zu geben. Eine Woche lang hatten ein halbes Dutzend junge Architekturbüros, kritisch angefeuert von drei ausländischen Meistern – darunter übrigens der junge Jean Nouvel –, Beispiele für eine intelligente Gewerbeansiedlung entworfen und dabei endlich auch das respektiert, was die ausführende Behörde wie üblich vollständig ignoriert hatte, nämlich die empfindliche, sanfte Marschenlandschaft der Elbe und die städtebaulichen Winkel, die in ihr verborgen sind. Es waren durchwegs bewundernswerte Vorschläge auf den Reissbrettern entstanden – und doch wurde daraus eine der grössten Niederlagen für das, was wir Planungskultur nennen: Der Bausenator untersagte jegliche Veröffentlichung der Ergebnisse. Er wollte mit dem Firmen anlockenden Wirtschaftssenator keinen Ärger kriegen.

Das war alles. Diese Politiker hatten kein bisschen begriffen, dass sie damit eine unwiederbringliche Chance leichtsinnig und frevelhaft verspielt haben, die Chance nämlich, mit Hilfe einer inspirierenden städtebaulichen Gliederung, mit strengen Gestaltungsauflagen für den Ort und für die Gewerbearchitektur überhaupt erst eine gute Geschäftsadresse zu schaffen, einen Ort mit Werbekraft – wahrscheinlich wären die Experten, Gewerbe- wie Bauleute bald nach Hamburg gepilgert, um sich das Bauwunder anzuschauen. Wer das Elend unserer meist potthässlichen, auch noch Gewerbe-«Parks» genannten Areale vor Augen hat, wird mir meinen Zorn nachfühlen können – und den Verlust für eine ganze Stadt. Die Hamburger Senatoren aber blieben genügsam. Sollen sie ihren Dreck bauen, dachten sie, wenn sie nur kommen und bauen. Gutes Geld ist für uns wichtiger als gute Architektur und eine pfleglich behandelte Landschaft.

Das ist nun Jahre her. Unterdessen gab es tatsächlich Versuche mit einem sogenannten «Stadtdialog», er fand ein- oder zweimal statt, dann erlahmte der Elan des neuen Senators wieder. Gottlob hat dann die Hamburger Freie Akademie der Künste zusammen mit der Architektenkammer einen *Jour fixe* zustande gebracht, jeden Monat einmal, zu dem Politiker aus Amt und Parlament, Architekten und Bauherren, Landschaftsgestalter und Stadtplaner, auch Journalisten und sogenannte Betroffene je nach Thema geladen wurden. Jedenfalls: Eine Zeitlang wurde über Themen der Architektur im weitesten Sinne öffentlich geredet. Die Anteilnahme des Publikums war in diesen ein, zwei Jahren erstaunlich gross und intensiv.

Schade, denke ich dabei, wie ein früher Versuch in den frühen siebziger Jahren bald wieder vergessen war, bei dem zwar nicht von Baukultur gesprochen wurde, aber nichts anderes als eben dies gemeint und praktiziert worden ist. Es ging in diesem Fall um die Sanierung eines kleinen Stadtquartiers, also ganz wörtlich um die Gesundung eines alten Viertels. Ziel war, den gedankenlosen Schematismus dieser Praxis endlich einmal zu durchbrechen. Es waren – zum erstenmal wirkungsvoll – alle, tatsächlich alle daran beteiligt worden: sechs erst ganz zum

Peter Zumthor, Thermalbad, Vals CH (1996)

Schluss miteinander konkurrierende, bis dahin jeder für sich offen entwerfende Architekten aus Berlin, Hannover, Hamburg und Stuttgart, sodann die städtische Baugesellschaft, die Mieter und die Vermieter, also die privaten Grundeigentümer, ferner die Geschäftsleute, Handwerker und Produzenten des Stadtquartiers, natürlich Vertreter der Verwaltung und des Bezirksparlamentes. Es gab einen Koordinationsausschuss, in dem sie alle vertreten waren und der regelmässig tagte, der wirklich über alles, über alle Vorgänge, Erwägungen, Entscheidungen unterrichtet werden musste.

Alle waren bemüht, Wohnungen zu modernisieren, jedoch Häuser, die abgerissen werden mussten, durch anspruchsvolle neue in einer ausdrücklich zeitgenössischen Architektur zu ersetzen, die Strasse als Lebensraum wiederzuentdecken, Kunst am Bau anders als üblich ins Werk zu setzen, vor allem: den sogenannten kleinen Leuten die Angst vor den sogenannten grossen Leuten zu nehmen, das heisst, Vertrauen zu schaffen, Vertrauen zwischen unten und oben und umgekehrt. Die Methode – bald SIKS genannt, Stadterneuerung in kleinen Schritten – wurde wahrhaftig, welch ein Erfolg, zum Bestandteil der allgemeinen Sanierungspolitik – bis auch das wieder in Vergessenheit geriet. Doch zum erstenmal waren Planen und Bauen ein Thema des Alltags und aller – und es wurde eine bessere Architektur als die gewöhnliche zustande gebracht. Über sie entschied, selbstverständlich, nicht die *vox populi*, sondern eine unabhängige Jury von Kennern.

Alles dies selbstverständlich unterdessen? Ach, wenn es doch nur als selbstverständlich begriffen würde! Da ich doch aufgerufen bin, hier über die Kultur des Bauens, aber eben auch über das Bauen als eine öffentliche Angelegenheit zu sprechen, muss ja wohl etwas faul daran sein. Seltsam an diesem Thema ist, dass man das alles eigentlich längst weiss, aber es immer wieder vergisst, übersieht und übergeht, infolgedessen immer neu ausgraben muss, nämlich: dass alles Bauen von vornherein und ganz unvermeidlich Sache der Öffentlichkeit ist. Denn jedes Haus, das einer für sich baut, existiert fortan zugleich vor den Augen aller und für viele, viele Jahrzehnte.

Seltsam an diesem Thema ist nur, dass es kein bisschen neu ist. Muss man sich also wirklich darüber aufhalten? Ich glaube: man muss es tun – weil wir allesamt Mitglieder einer bemerkenswert vergesslichen und ignoranten Spezies sind.

Man muss sich, um ein Beispiel für das immer schon einmal Dagewesene zu nennen, nicht gleich immer ins Mittelalter oder in die Renaissance zurückbegeben und etwa die gestaltungsbesessenen toskanischen Stadtbürger und ihre emsigen, unnachsichtigen, radikalen Baukommissionen bewundern, die das taten, was unseren Gestaltungsbeiräten nur selten gelingt, nämlich eine bestimmte Vorstellung vom Stadtbild und seiner ästhetischen Ordnung auch durchzusetzen.

Es genügt eigentlich schon, uns in die zwanziger Jahre zurückzudenken und uns des gesellschaftlichen Elends zu erinnern, des sozialen und des ästhetischen Bewusstseins, des Verantwortungsgefühls aller, lauter Erscheinungen, die den öffentlichen ebenso wie die privaten Bauherren und ihre Architekten so offensichtlich beflügelt haben – und uns dann der deprimierenden Entgleisungen inne werden, die wir nicht einmal vier Jahrzehnte danach geduldet haben. Jeder Spaziergang durch das Rote Wien und vor allem das Berlin der zwanziger und der frühen dreissiger Jahre, durch Magdeburger, Amsterdamer oder Rotterdamer Siedlungen dieser Zeit machen einen blass vor Staunen – aber auch ratlos vor uns selbst: Wieso wurden derlei architektonisch-humanitäre Errungenschaften nicht mehr zur Kenntnis genommen und geachtet, warum wurden sie ignoriert, verdrängt, oder ganz einfach nur vergessen? Und wieso konnte geschehen, dass der aller Ehren werte Funktionalismus nach dem Ersten Weltkrieg zu einem verrufenen Bauwirtschafts-Funktionalismus nach dem Zweiten Weltkrieg degeneriert wurde?

Der Funktionalismus, nicht wahr, ist der Versuch gewesen, aus winzigen Wohnungen den grössten möglichen Gebrauchswert zu zaubern. Deswegen dachte man über alle Funktionen in einer Wohnung nach und versuchte den Grundriss so raffiniert zu gliedern, dass damit die Raumnot überspielt werden konnte. Und deshalb hatte die wunderbare Wiener Architektin Margarete Schütte-Lihotzky auch die später sehr berühmt gewordene Frankfurter Küche erfunden, eine Art von D-Zug-Küche, in der alles schnell zu verstauen, schnell zu finden und zu greifen, leicht zu machen war – nicht zuletzt, um der modernen Frau die Arbeit zu erleichtern und ihr Zeit für Wichtigeres zu geben, beispielsweise für die Kinder und das Lesen: erste Handreichungen für ihre Emanzipierung!

Als diese menschenfreundlichen, aus der Not gewachsenen Ideen dann neuerlich beschworen wurden, blieben nur die allerprimitivsten Leit-

sätze übrig: das Rationelle und das Utilitaristische. Das Bauen sollte nur noch schnell, problemlos, massenhaft, vor allem billig vonstatten gehen; vom ästhetischen Anspruch des Sozialen war nichts geblieben, Schönheit, oder besser: eine ansehnliche Architektur, in der man das Raffinement der Einfachheit spürte, war nicht gefragt. Danach zu verlangen, hat die öffentliche Allgemeinheit aber doch ein Recht!
Immerhin wird seit einigen Jahren ein Interesse bei uns Bürgern vermutet und in Institutionen zu bedienen versucht, die normalerweise den bildenden Künsten zugedacht sind: in Galerien. Tatsächlich gibt es unterdessen eine ganze Anzahl von Architekturgalerien. Die erste entstand in Berlin, die Galerie Aedes, die später eine Dependance in Ost-Berlin, in den Hackeschen Höfen eröffnet hat, es gibt sie in München, in Augsburg, auch in Wien, auch in Rotterdam und Amsterdam, in Helsinki und in der Schweiz entfalten sie ihre bisweilen ganz erstaunlichen Aktivitäten in Basel, Zürich und Luzern. Und in Frankfurt am Main findet man seit langem das Deutsche Architektur-Museum, und das hauptstädtische Berlin-Museum hat eine Architekturabteilung. In Hamburg wiederum, über das ich teils Verheissungsvolles, teils Deprimierendes erzählt habe, gab es nun schon mehrmals einen ganzen «Architektursommer»: Ausstellungen von vielerlei Art, Präsentationen, Vorträge, Streitgespräche. Der erste Sommer 1993 war ein unerwarteter Erfolg, überraschender Andrang überall. Nur hatten sich die Stadt und ihr Senat davon zurückgezogen: Sie wollten nicht nur Teilnehmer sein, sondern das Ganze dirigieren. Und dem wollten sich die – natürlich und gottlob kritischen – Bürger nicht fügen. Also machen sie es, hier und da um Geld bettelnd, alleine. Vielleicht wäre das ja auch eine Idee für andere Städte: einen Sommer lang Architektur.
Bauen, nicht wahr, ist eine eminent öffentliche Angelegenheit!

Georg Bär, Frauenkirche, Dresden (1702)

Das Alte neu – das Neue alt?
Oder: Die alte Frage, wie wir «in alter Umgebung neu bauen» sollen
(1996)

Offensichtlich gehört das Thema längst zu den ewigen Themen des Menschen, wenn er inmitten existierender Gebäude, Strassen, Dörfer und Städte, also «in alter Umgebung» auf einmal neu bauen will. Soll er sich der Umgebung anpassen? Sich ihr womöglich unterwerfen und jede zeitgenössische Architektur vermeiden? Soll er in einer Lücke, die ein verfallenes, abgerissenes, durch Feuer zerstörtes Haus gerissen hat, sturzmodern bauen – oder das Ehemalige imitieren? Da nicht zuletzt der Zweite Weltkrieg und die Wiederaufbauzeit unendlich viele Zeugnisse unserer gebauten Vergangenheit vernichtet haben, hängt sich das Gemüt mächtig ans vertraute Alte: Man will es haben, wie es war, das Neue möglichst genauso wie das Alte, selbst wenn nichts als Asche davon geblieben ist. Und so hört man überall den Ruf nach Wiederholungen: das Knochenhaueramthaus in Hildesheim, die Frauenkirche in Dresden, das Berliner Schloss und die Bauakademie gleich dazu – und in München verlangte man die Rekonstruktion des ehemaligen Klenzeschen «Odeons», obwohl nichts mehr davon existiert. Schinkel, Schlüter, Klenze und das Mittelalter einfach noch einmal? Um Himmels willen: Nein! Von den Architekten und ihren Bauherren wollen wir das gleiche Selbstbewusstsein erwarten, das alle Stilepochen bis zur Jahrhundertwende für sich beansprucht haben: Neu so zu bauen, wie die Gegenwart es nahelegt.

Ach, könnte man sagen, das sei ja eine ganz wunderbare Erscheinung: Zwei Drittel der Deutschen verlangen, dass die Baudenkmale des Landes erhalten und gepflegt werden – es kann einen dabei aber auch gruseln. Denn hinter dieser, oft genug ausweichenden Liebe zu den fast ohne Hinschauen als schön empfundenen Hinterlassenschaften unserer Vergangenheit versteckt sich doch auch die Abneigung, wenn nicht sogar ein Abscheu, manchmal Angst oder, viel simpler, tiefes Misstrauen gegen die architektonischen und städtebaulichen Anstrengungen der Gegenwart. Und da mich das beunruhigt, muss ich mich erst eine Weile mit dem Denkmalschützen beschäftigen.

Wie schnell die Zeit vergeht! Ich erinnere mich noch an ein anfangs als komisch genommenes Ereignis, das dann aber unerwartet ganz wichtig wurde, vor nun schon etlichen Jahren. Und es hat den Anschein, als halte der Erfolg bis heute an. Ich erinnere mich, wie wir gespottet haben, als das Denkmalschutzjahr, nein, viel leuchtender: das Europäische Denkmalschutzjahr 1975 angekündigt wurde. Mit wir meine ich uns Zeitungsleute, die mit derlei Veranstaltungen ja gern genötigt werden, sich mit Ereignissen zu beschäftigen, die eigentlich keine sind, aber zu welchen erklärt werden. So wie alle diese zu Ausrufungszeichen deklarierten «Tage».

Es gibt den Tag des Baumes, den Tag des Kindes und des Nichtrauchers, Tage des Buches und der Briefmarke, natürlich den Muttertag, und immer ist die Allgemeinheit aufgerufen, sich wenigstens an diesem einen Tage der proklamierten Sache anzunehmen. Nun also gab es für den Denkmalschutz auf einmal ein ganzes Jahr.

Dieses Bedürfnis oder auch diese Verzweiflungstat, sich für seine Sache Gehör zu verschaffen, ist nicht zuletzt dadurch verursacht, dass wir stets zu viel hören, es aber immer weniger zur Kenntnis nehmen. Oder: dass unsere masslos überfütterte Informationsgesellschaft letztlich zur Vergesslichkeitsgesellschaft verkommt. Genau darauf gründete sich die Befürchtung 1975: dass das Europäische Denkmalschutzjahr mit viel Verve, viel ehrlicher Leidenschaft aufgeblasen, nach einem Jahr geplatzt sein würde, nichts weiter hinterlassend als ein paar herumirrende Ballonfetzchen hier und da. Oder auch endlich – leider Gottes – wieder Ruhe.

Doch das war, wie die Umfrage zu beweisen scheint, ein grosser Irrtum. Der Denkmalschutz ist seitdem in den Köpfen erstaunlich vieler so präsent wie nie vorher. Niemals wurde doch für alte Häuser so verbissen gefochten wie seitdem – und schon hat es doch den Anschein, als brauche ein Gemäuer, wie ruinös, existenzmüde, wie bedeutungslos auch immer, nur alt genug zu sein, damit lauthals für seine unbedingte Erhaltung gekämpft wird.

Aber dieser Erfolg, der dem Fach eine Weile beschieden war, ist wohl nicht allein durch die Sache selbst zu erklären, sondern nicht wenig durch die unmittelbare Vergangenheit, die die bemerkenswerte Sehnsucht nach anschaulich zu erhaltender Geschichte erzeugte. Die eine Ursache war der Zweite Weltkrieg, der zerstörerischste, brutalste aller Kriege, mit so vielen Gequälten, so vielen Toten, so entsetzlich vielen

Ruinen in so vielen Ländern wie noch nie. Und die zweite Ursache war der Niedergang der zeitgenössischen Architektur, genauer war es die gedankenlose, rüde Verhunzung der Moderne durch einen nur noch ökonomisch handelnden Funktionalismus. Es war die Korrumpierung der Qualität durch die Quantität.

In der Zeitschrift «archithese» schrieb der Zürcher Politologe und Philosoph Hermann Lübbe: «Die Intensität der Vergangenheitszuwendung in modernen Zivilisationen ist historisch beispiellos.» Er fragte: «Was für ein Interesse ist das, das uns wie nie zuvor Anstrengungen zur Vergangenheitsvergegenwärtigung auf uns nehmen lässt?» Die kürzeste Antwort fand er in der Beobachtung, dass Bürger sich schon verunsichert fühlten, «wenn mehr als zwei bis drei Prozent der Altbauten» in ihren Arbeits- und Wohnquartieren abgerissen und durch Neubauten ersetzt würden. Demnach, möchte man wiederholen, genügen also nur zwei oder drei von hundert Häusern, die in einem Jahr aus dem Blickfeld verschwinden und durch neue, offenbar automatisch als fremdartig empfundene Eindringlinge ersetzt werden.

Um wie viel verunsicherter aber musste dann erst die Generation unserer Eltern und Grosseltern gewesen sein, nachdem ihnen der Zweite Weltkrieg in manchen Städten die Hälfte der Häuser zerstört, ach, viel mehr noch, sechzig, in einigen Städten sogar neunzig Prozent ihrer vertrauten, geliebten, ihrer erinnerlichen Umgebung zertrümmert hatte. Man kann sich das Ausmass an Hand von Zahlen eigentlich gar nicht wirklich vorstellen, man muss immer mal wieder auf die Photographien schauen, die das bis dahin unvorstellbar gewesene Elend zeigen: Trümmer über Trümmer, Ruinen über Ruinen, verschüttete Strassen, Schuttgebirge, Wüsteneien – und man möchte annehmen, dass die einzige Empfindung, die sie hervorriefen, Resignation gewesen sein müsste. War es aber nicht. Man war ja nicht unvorbereitet. Und es traf alle. Und da der Mensch, wie wir von Friedrich Schiller wissen, dazu neigt, noch im Grabe die Hoffnung aufzupflanzen – ich habe das Gedicht merkwürdigerweise 1946 auswendig lernen müssen –, so begann eben dieser Mensch, seine verschütteten Städte freizulegen und wieder aufzubauen. Aber wie sollte das geschehen? Zwar hatte man hier und da über radikalen Abriss und radikalen Neuaufbau von Städten diskutiert und die Zerstörungen auch mit zynischer Wollust als ganz wunderbare Gelegenheit gedeutet, die Stadt ganz anders, ganz modern zu bauen und nun auch gleich auf die Zukunft, auf das Automobil abzurichten. Andere be-

Karljosef Schattner, Universität, Bürogebäude, Eichstädt D (1980)

mühten sich, die alte Stadt nach Kräften zu rekonstruieren. Wie hat sich die Fachwelt die Zungen zerrissen über Freudenstadt und Münster und ihnen erst spät Achtung für ihre ebenso mühsam wie leidenschaftlich erfochtene Konsequentheit widerfahren lassen. Andere Städte mogelten sich unentschieden in eine Quasimoderne und bauten kraftlos, so wie Ulm, dass man vor zwei Jahren den Jubel namentlich der Denkmalpfleger verstehen konnte, als die Donaustadt sich von dem amerikanischen Architekten Richard Meier ein weisses Stadthaus hat bauen lassen, auf dem Münsterplatz, direkt neben die spätgotische Stadtpfarrkirche, eine lange ersehnte städtebauliche Korrektur. Es war eine als Erlösung empfundene Dreistigkeit: zwei Bauwerke, die einander selbstbewusst begegnen, auch das neue nicht gebückt, sondern aufrecht und strahlend weiss. Die radikale Gotik konfrontiert mit der radikalen Moderne. Es war Denkmalpflege oder sogar Denkmallob mit Hilfe eines grellen, schönen, packenden Kontrastes.

Kurzum: das Europäische Denkmalschutzjahr 1975 war hervorragend platziert. Das Fach trat auf dem Höhepunkt der Aversionen gegen die zeitgenössische Architektur auf wie die Feuerwehr und breitete einen Schaumteppich aus Vergangenheitssehnsucht darüber. Aber wichtig war eben auch, dass es nun nicht mehr nur um unsere grossen Dome, um barocke Schlösser und klassizistische Paläste oder den Berliner Funkturm ging, nicht mehr nur um die strahlenden Sterne am Himmel unserer Baugeschichte, sondern nun viel mehr um die Milchstrassensternchen, um die unscheinbaren Alltagsbauten der Historie, die erstens den Zerstörungen des Krieges und zweitens den Ausschweifungen unseres Wirtschaftssystems widerstanden hatten. Endlich wurde man sich des ungeheuer grossen Verlustes an historischen Zeugnissen bewusst – und bekam Angst vor geschichtlicher Leere.

Freilich wäre es verhängnisvoll, blieben wir in diesem Satz stecken. Der Architekt Karljosef Schattner, der es drei Jahrzehnte lang als Baumeister des Bischofs von Eichstätt geschafft hat, der ehemals radikalen Moderne des italienischen Barocks in dieser mittelalterlich geprägten Stadt die nunmehr radikale Moderne unserer Gegenwart entgegenzusetzen – mit Respekt, aber auch mit unverdrossenem Selbstbewusstsein und, das muss man schon auch hinzufügen, mit grosser baukünstlerischer Kraft –, dieser Schattner hat den schönen Satz gesagt: «Die Gegenwart leugnen, hiesse die Geschichte leugnen.» Eine womöglich noch prägnantere Devise steuerte 1955 Erwin Panofsky bei, ein Heros der Kunstgeschichte. Er lautet: «Aus der Vergangenheit sollen wir lernen – die Gegenwart gestalten – über die Zukunft nachdenken.» Denn, so hat uns Leopold von Ranke wissen lassen, jede Epoche sei unmittelbar zu Gott – habe eine jede Zeit nicht ihr Recht, sondern die Pflicht, sich darzustellen.

Damit ist angedeutet, was uns der Umgang der Gegenwart mit ihrer Geschichte, was uns die Liebe zu den Zeugnissen der Vergangenheit so kompliziert macht. Wir müssen weiterbauen – und zugleich bewahren. Unmöglich, dabei Fehler und Irrtümer zu vermeiden. Auch unvorstellbar und eher deprimierend, sich ohne Leidenschaft zu den Erkenntnissen zu bekennen, die jemand für sich gefunden zu haben glaubt. Absurd zu behaupten, den Stein der Weisen in der Hand zu halten. Schon das Denkmalpflegen eröffnet doch viele Möglichkeiten, das Rechte zu tun – oder sich in etwas zu verbiestern, das sich danach als Missgriff entpuppt. Oder: etwas zu retten – und es dabei zu verderben.

Normaler Alltag. Doch dieser Alltag ist unterdessen erstaunlich vielfältig geworden, denn jetzt geht es ja, wie wir wissen, nicht mehr nur um die anerkannten Preziosen der Baugeschichte, sondern auch um gewöhnliche, aber unsere gebaute und gemachte Umwelt prägende, daseinswichtige Hervorbringungen, die oft ganz unabsichtlich, allein durch ihre dauerhafte Existenz unsere Kultur bereichern. Deshalb klingt es manchmal übertrieben, von Bau-Denkmalen zu sprechen, weil unsere Vorstellung sie so gerne zu etwas Höherem weiht. Gemeint sind Gebäude, an die wir uns gewöhnt haben und die wir deshalb als bedeutend für unser Lebensinventar betrachten – selbst wenn sie zu nichts weiter nütze sein sollten, als in unserem Blickfeld vorhanden zu sein, leibhaftige Erinnerungen.

Wer käme denn, zum Beispiel, auf die frivole Idee, den übriggebliebenen Bogen der Emiliobrücke in Rom, den malerischen Ponte Rotto, auf deutsch die kaputte Brücke, mitten im Tiber entweder abzureissen, weil sie nur herumsteht, oder sie zu rekonstruieren, damit sie wieder zu etwas nütze wäre, was allerdings absurd wäre, weil längst neben ihr eine moderne Brücke ihre Aufgabe übernommen hat. Sie bleibt, selbstverständlich, wo sie ist und wie sie ist, ein Gegenstand der Geschichte. Und wir? Da gab es eine schöne, in Würde gealterte, schliesslich für so veraltet ausgegebene steinerne Bogenbrücke über die Traun in Oberbayern, dass ihr eine neue, breite, schnelle Brücke an die Seite gesetzt wurde. Der Denkmalpfleger erbat eine Million Mark, um das alte Bauwerk zu pflegen. Er bekam sie nicht. Aber war das so schlimm? Warum kam man nicht überein, diese Brücke einfach so stehen zu lassen, wie sie ist? Oder sie gerade so instand zu halten, damit Radfahrer, Angler, Kinder sich darauf kein Leid antun und für Schiffer kein Steinschlag droht? Oder aber sie einfach sich selbst zu überlassen, eine Brücke im Ruhestand, eines Tages eine Ruine, eine schöne Erinnerung? Warum tun wir uns damit so schwer?

Die Trauner Brückenaffäre geschah in den achtziger Jahren. Am 16. Juni 1994 ereignete sich ungleich Schmerzlicheres in Torgau, denn mit dem Baudenkmal wurde zugleich ein bedeutendes Geschichtsdenkmal beseitigt. Es war die Brücke, auf der sich 1945 sowjetische und amerikanische Soldaten die Hand gaben. Warum, warum liess man sie nicht stehen? Weil sich Steine lösen könnten und niemand Geld hergeben wollte, es zu verhindern? Aus den bei uns so gern ins Feld geführten «Sicherheitsgründen», genauer: aus Versicherungsgründen? War uns dieses symbolbeschwerte Wahrzeichen so wenig wert? Und jetzt? Tja! Jetzt ist anstelle des Baudenkmals ein Erinnerungsdenkmal errichtet worden mit Aussichtsplattform und Glockenspiel, und jedes Jahr spielt es zum «Elbe-Day»!

Hier komme ich nun auch nicht drum herum, auf zwei andere Bauwerke zu verweisen, eines, das unvollendet geblieben ist, nämlich auf Gaudís Kirche «Familia sagrada» in Barcelona, und auf eines, das der Zweite Weltkrieg zur Ruine gemacht hat, die Frauenkirche in Dresden. In Barcelona gibt es seit 25 Jahren eine Stiftung, die sich in die Vorstellung verbissen hat, die unvollendete Kathedrale zu vollenden. Tausende von Künstlern und Intellektuellen haben dagegen protestiert, gegen eine von Willkür gezeichnete, die Einmaligkeit Gaudís ignorierende Unternehmung. Warum, so hiess ihre Frage, warum nicht erhalten, was existiert? War das gewaltige Fragment nicht Wunder genug?

Und was geschieht in Dresden? Auch dort hat sich ein Förderverein versammelt und betreibt mit grimmiger Inbrunst die Rekonstruktion der spätbarocken Frauenkirche, er möchte die Geschichtskorrektur am liebsten so weit treiben, dass auch die barocke Umgebung zurückerzwungen wird. So geschieht es, dass die Ruine, die das malerischste, für mich das bewegendste nationale Mahnmal gegen den Krieg, also doch auch gegen uns selber war, das einen allein durch ihr reales, die Realität der Vergangenheit beschwörendes Dasein innehalten liess, das sich jedem, der es je umschritten hatte, unvergesslich eingeprägt und nachdenklich gemacht hatte, verschwindet. Schon ist das Original, die Ruine, zerstört worden, um darüber das Duplikat der Kirche zu bauen. Auch wenn sich die Dresdner Denkmalpfleger mit verblüffender Entschiedenheit dafür stark gemacht haben – und natürlich den Beifall der Bürger dafür geniessen –, hat dieses Verfahren mit Denkmalschutz nichts zu tun. Es wird kein Denkmal geschützt und gepflegt, im Gegenteil, es wird eines mutwillig zerstört, um eine Schimäre, ein Trugbild zu errichten. Ich kann die Gefühle der Dresdner Fürsprecher zwar verstehen und auch das Verlangen nach der rein ästhetischen Komplettierung der barocken Stadtsilhouette, aber ich kann es nicht billigen.

Mag sein, dass die Kirche eines Tages tatsächlich zum zweiten Mal, wenngleich unter Zuhilfenahme von so unbarocken Stoffen wie Stahl und Stahlbeton vollendet werden wird – kurioserweise ohne zu wissen, wofür das Bauwerk einmal nütze sein soll, eine Gemeinde für die Kirche jedenfalls gibt es nicht, und so wird die Kirche auch gar keine. Vermutlich werden dort dann Tagungen abgehalten, es wird zu Konzerten aufgespielt werden, und während im Keller die bösen Erinnerungsstücke ausgebreitet werden, wird oben zum kalten Büfett gebeten werden. Das ist, leider, keine absurde Vision, denn das nämlich dachte sich ein Architekt in Hamburg für die schöne Turmruine der neugotischen Nikolaikirche, die mit dem Mauerrest ihres Schiffes eine Gedenkstätte von eindringlicher Zurückhaltung war: Eines Tages soll ein gläserner Lift am Turm in die Höhe flitzen, damit es, wie zu lesen war, künftig die Touristen nicht zuerst auf die Reeperbahn, sondern auf den Aussichtsturm vor das wunderbare Panorama ziehe, während das Gewissen der Verschönerungs-Förderer sich unterirdisch abreagieren darf. Dort, unter den Gewölben des Kellers, soll der Bombenkrieg ausgestellt werden. Wer aber verspürte dann schon ein Geschichtsbedürfnis, wenn der Panoramalift ihn ins Vergnügen katapultiert? Und die komfortabilisierte Ruine? Nur noch malerisch, nicht mehr bedrückend, nicht mehr aufrüttelnd. Nun gibt es auch Ruinen ganz anderer Art, vor allem das Ruhrgebiet ist gespickt davon. Gottlob hat man begriffen, dass auch die sperrigen, oft riesigen Gerätschaften der Arbeitswelt einen Erhaltungswert, einen Erinnerungswert von zeugnishafter Bedeutung haben, ganz abgesehen von den baukünstlerischen Leistungen, die sich darin zu erkennen geben: als Lebens- und Geschichtsmarkierungen in Stadt und Landschaft. Tatsächlich sind die dominierenden Bauwerke dieses weitläufigen Gebietes nicht Kirchen, nicht die oft so stolzen Rathäuser, auch nicht die erstaunlich vielen Schlösser, sondern Bauten der Industrie: Schornsteine, Kühl- und Fördertürme, ganze Fabrik- und Zechenanlagen, Hochöfen, Kokereien, die teils ihrer Geschichte, teils ihrer oft imponierenden Architektur wegen verdienen, bewahrt zu werden.

Von denjenigen Bauten abgesehen, die es verlangen und lohnen, sie so korrekt wie möglich zu konservieren, museale Pflichtbeispiele – warum andere nicht von vornherein als temporäre Überreste einer jüngst versunkenen oder gerade versinkenden Zeit betrachten, warum sie nicht mit Treppen, Stegen, Rampen, mit Galerien und Plattformen zugänglich machen, damit der aseptische Mensch unserer blankgewienerten, automatisierten Gegenwart sie sehend, gehend, betastend erfahre? Wären die Schauer, die ihn beispielsweise beim Begehen einer Batterie von dreissig, vierzig Meter hohen Hochöfen, in so greifbarer Nähe zu derlei Kolossen überkämen, nicht wichtige Erfahrungen, die die Nachwelt braucht, um die soeben vergangene Zeit zu begreifen? Und sollte man sie ihr nicht so lange lassen, bis die monströsen Realien einer rigorosen Arbeitswelt vor den Augen verrosten und allmählich verrotten? Wäre das in unserer auf Perfektion, Glätte, Hygiene, übertriebene Vorsicht und Ablenkung so versessenen, das Sterben versteckenden, den Verfall verleugnenden Welt nicht sogar notwendig?

Wunderbarerweise hat die IBA, die Internationale Bauausstellung Emscher-Park, genau dies zu einem ihrer Themen gemacht: die Erhaltung, den notwendigerweise anderen Gebrauch, die Pflege von Industriedenkmalen aller Art. Und da wundert einen der Stolz nicht, Europas grössten Gasometer in Oberhausen vor dem Abbruch gerettet zu haben! Ein Baudenkmal, das auf eine neue Weise «funktioniert», für das man mit temperamentvoller Phantasie einen überraschenden, den Gegenstand selber schützenden Inhalt, eine wichtige Aufgabe als Ausstellungshalle gefunden hat.

Natürlich ist jedes, auch das feierlichste Baudenkmal nicht als Denkmal, sondern als ein Gebrauchsgegenstand entworfen und gebaut worden. Für jedes erhofft man sich, dass es der originalen Nutzung so lange und so unbeeinflusst wie möglich dienlich sei, dass die Kirche weiter Kirche ist, das Rathaus weiter Rathaus, zumindest der Sitz des

Bürgermeisters ist, dass die grandiose, von der geldgierigen Stadt ebenso wie von beutegierigen Investoren umlauerte Hamburger Speicherstadt noch lange weiter nichts als eine nützliche Versammlung von überaus praktischen Lagerhäusern bleibt.

Und um das gleich anzufügen: Man möchte auch, dass unsere historischen Städte nicht nur ihr historisches Bild als schöne Kulisse sich bewahren, sondern dass sie bleiben, was ihr Gattungsbegriff erwarten lässt, nämlich städtische Städte. Neulich wurde in Quedlinburg genau das beschworen: dass die Altstadt nicht zur blossen Geschäfts- oder Touristenstadt degeneriere, sondern eine bewohnte Stadt bleibe.

Wie viele Grenzfälle, wie viele Grenzüberschreitungen! Denn mit der anderen Art des Gebrauchs geht ja meist das Verlangen nach Umbau, Ausbau, Anbau, Ergänzung einher. Das ist nun einmal so. Seit der Mensch baut, baut er um und an, stockt er auf, reisst er Wände ein und zieht andere, erweitert und erneuert er, und so ist es doch auch ganz in Ordnung. Es gibt ganz wenig Gebautes, das seinen Zustand ein für allemal behielte, geschweige den originalen, den allerersten – aber schon wird man fragen, ob der erste tatsächlich «der originale» für uns heute ist, ob nicht all die Veränderungen, die die Zeitläufe derlei Bauten zugefügt haben, nicht inzwischen selber Botschaften der Geschichte darstellen, ob also zum Kunstwert eines Bauwerkes nicht auch sein Gebrauchswert kommt und daraus erst seinen Geschichtswert macht. Wenn es doch immer begriffen würde! Aber dann und wann packt es einen Denkmalpfleger, weckt seinen wissenschaftlichen Eifer, treibt ihn schliesslich dazu, den überlieferten Zustand eines Gebäudes seinem Ehrgeiz auszusetzen, so wie es immer wieder geschieht, beispielsweise in Hamburg mit dem Thalia-Theater von 1912. Den für 1939 vorgesehenen Umbau verhinderte der Krieg, dann erzwang ihn derselbe Krieg mit seinen Zerstörungen. Es geschah nach den Plänen, die der Sohn des Erbauers gezeichnet hatte, selbstverständlich und unübersehbar mit den Zügen der fünfziger, sechziger Jahre. Zwei Jahrzehnte drauf stand die Renovierung an, artig wurde der Denkmalschutz konsultiert – und so geschah es, dass nach älteren Spuren geschabt wurde, kurzum: das Weiss, die helle, freundliche Stimmung des Interieurs von 1960 wurde eliminiert und der düstere Urzustand wiederhergestellt. Das heisst doch aber, dass eine historische Spur, paradox gesagt: eine Historie gewordene zeitgenössische Spur, die zum Bestandteil des Baudenkmals geworden war, ausgelöscht wurde.

Dergleichen Beispiele restaurativen Über-Ehrgeizes lassen sich natürlich immerzu finden. Wie traurig waren alle, die die Lohnhalle der ehemaligen Bottroper Zeche Arenberg nach der Restaurierung wiedersahen. Man hatte ihr das milde helle Grün zwischen den roten Backsteinbögen, das in ihrer Erinnerung fest zu diesem Bau gehörte, weggenommen und mit dem angeblich «richtigen» Ursprungsweiss ersetzt. Nun sieht das Haus ganz schrecklich neu und fremd aus, nichts mehr da von der Patina, es verlor etwas von seiner Persönlichkeit: mit der das Grün doch schon eins war.

Mir schwant, dass die angestrengte Rückkehr zu den Quellen – zu den, muss man gleich hinzufügen, oft recht vagen Quellen – manchen Denkmälern Schaden zufügt und zugleich dem Stadtbild einen Tort antut. Welcher Zustand ist denn nun der originale? Der oft ganz schlecht oder gar nicht belegte angeblich erste? Oder der letzte? Oder ist alles durch die Geschichte – nämlich durch das Geschehene – zum Original geworden? Das treffendste Beispiel dafür ist das Schloss in Saarbrücken.

Der Ministerpräsident des Saarlandes hatte es sich plötzlich in den Kopf gesetzt, den ramponierten, sanierungsbedürftigen Bau in seinen prächtigen barocken Urzustand zurückzuversetzen, koste es, was es wolle, es vollständig zu rekonstruieren. Doch in diesem Zustand hatte das Schloss nur wenige Jahre existiert, dann schon war Napoleon aufgetreten, hatte es absichtlich demolieren lassen, nach ihm haben sich noch viele daran zu schaffen gemacht. Am Ende aber kam es, unter dem Applaus kluger Denkmalpfleger, zur einzigen wirklich vernünftigen Entscheidung. Nein, natürlich keine Rekonstruktion; welch ein Unfug, aussen rekonstruiertes Barock, innen die Welt der Angestellten, Schreibtische und Computer, die Decken voller Leitungen, die Wände voller moderner Dämmstoffe aus der chemischen Fabrik, Banalitäten in einem fürstlichen Bau!

Ganz anders: Nach dem alternativen Entwurf des Wettbewerbssiegers, des Kölner Architekten Gottfried Böhm, wurde das Schloss in dem Zustand repariert, saniert, den die Geschichte hinterlassen hat; es wurde da, wo es tunlich erschien, restauriert, Spuren wurden sichtbar erhalten – und es wurde ein neuer Mittelrisalit in der Architektursprache von heute eingefügt, einer aus Stahl und Glas, in den der vorhergegangene geschickt assimiliert wurde. Wunderbar!

Nichts anderes als dies scheint mir, prinzipiell, der einzige ehrliche und würdige Umgang mit wichtigen alten, nun aber ganz anders genutzten

Gottfried Böhm, Schloss, Eingangshalle, Saarbrücken (1990)

Gebäuden zu sein, an deren Erhaltung, und das heisst doch: an deren angemessenem Gebrauch uns so viel liegt. Wie glücklich, möchte man glauben, stehe es doch da mit intakten Baudenkmalen, die sich die Kunst zunutze gemacht haben – oder auf deren Nützlichkeit und Nutzbarkeit mit künstlerischen Veranstaltungen hingewiesen wird, zum Beispiel um Geld für ihre Erhaltung zu sammeln.

Zum erstenmal erfuhr ich in Amerika von einer solchen Anstrengung, in einem Lande also, in welchem sich die öffentliche Hand dafür gewöhnlich nicht zu öffnen pflegt, man infolgedessen auf den privaten Spendergeist vertrauen muss. Es begab sich in Los Angeles, dass ich zu einem Konzert geladen wurde, das wie alle Konzerte dieser Reihe von einer jungen Frau arrangiert wurde, jedesmal an einem anderen Ort, Konzerte ausdrücklich in Sälen, die sich in Baudenkmalen befinden oder selber zu den Baudenkmalen gehören, so wie der Saal des Biltmore Hotels, eines Mitte der zwanziger Jahre im Beaux Arts-Stil errichteten feinen Gebäudes. Dort trat ein Streichquartett auf. Es war eine bezaubernde Veranstaltung zum Lobe der Musik – aber ausdrücklich auch zum Preise der eigenwilligen kostbaren Stilarchitektur, die dadurch bekannt gemacht wurde. Andere Konzerte fanden in ganz anderen Gebäuden statt, oft in solchen, in denen zuvor niemals eine Note erklungen war, auf die nun mit Hilfe der Musik die Aufmerksamkeit gerichtet wurde.

Eine solche Anstrengung gibt es seit über vierzig Jahren in München. Es sind Konzerte im Steinernen Saal des Nymphenburger Schlosses. Doch nun muss ich schon in der vollendeten Vergangenheit sprechen: Veranstalter waren die «Freunde der Münchner Residenz», die jahrelang Geld zum Wiederaufbau vieler Wittelsbacher Bauten gesammelt und schliesslich dafür gesorgt haben, dass eben diese Baudenkmale auch mit Lust und Anstand genutzt werden. Sie erfanden die Nymphenburger Sommerspiele, seit 1946 arrangierten sie Konzerte dort im Steinernen Saal und hatten die erlauchtesten Musiker der Welt zu Gast. Doch nachdem das Schloss renoviert worden war, wies man ihnen jetzt die Tür. Der bayrische Finanzminister liess sie wissen, dass sich ihr Vorhaben, die Konzerte wieder aufzunehmen, «leider mit den Notwendigkeiten der Denkmalpflege und des Denkmalschutzes nicht vereinbaren» lasse. Protesten begegnete Finanzminister Waldenfels mit der folgenden Belehrung: «Die Nutzung dieses einmaligen Baukunstwerkes soll keinen Verbrauch, sondern einen sinnvollen Gebrauch darstellen.»

Gottfried Böhm, Schloss, Saarbrücken (1989)
Dieter Klose, Bäcker- und Knochenhaueramtshaus, Rathaus-Markt, Hildesheim D (1989)

Man muss annehmen, dass nicht ihm der sonderbare Einfall gekommen ist, sondern dem bayerischen Landeskonservator – demselben, der keinerlei Bedenken dagegen hat, täglich Hunderte von Touristen durch das Schloss zu schleusen, für den Konzerte hingegen zu den schädlichen Schloss-Verbrauchsaffären zählen. Jemand schlug daraufhin vor, in restaurierten Gotteshäusern schleunigstens den Gottesdienst zu verbieten.

Wie man sieht, befinden wir uns in einem offenbar zu Perversitäten neigenden Metier. Und nehmen staunend zur Kenntnis, dass es auch ganz normal zugeht, dass in historischen Bahnhöfen getafelt, in Kirchen auch gewohnt, getanzt, mit Briefmarken gehandelt wird, dass in alten geschützten Scheunen Bibliotheken erfolgreich sind, dass aus der Arena von Lucca ein Wohnplatz wurde, aus der Schiffsschraubenfabrik Zeise in Hamburg-Altona ein Medienzentrum; Molkereien wurden zu Ateliers, Schlachthöfe zu Einkaufshallen, Leuchttürme zu Gästehäusern. Doch wie damit nach den Regeln des Denkmalschutzes korrekt umgehen? So wie der Münchner Architekturprofessor, der den Sitz des Bundespräsidenten im Berliner Schloss Bellevue in einer Art von Historienfolklore mit Eiche und Volants neu eingerichtet hat und dabei weder der Architektur noch den Empfehlungen der Gegenwart gefolgt ist? Oder wie weiland die DDR, die aus dem im Krieg demolierten Schinkelschen Schauspielhaus in Berlin ein Konzerthaus machte, aber den vollständig neu konzipierten Saal nicht in einer heutigen Architektur formulieren, sondern in einer eigenartig klassizistelnden Stilarchitektur, die unglückseligerweise nicht einmal eine gute Akustik im Gefolge hatte? Oder sollte man sich doch eher an die Praktiken des Architekten Schattner in der kleinen bayrischen Bischofstadt Eichstätt halten? Ich komme nicht darum herum, seine Praxis zu rühmen, in welcher konservatorischer und gestalterischer Ehrgeiz, Geschichte und Gegenwart, Denkmalpflege und radikal moderne Architektur so prononciert selbstbewusst zusammengegangen sind. Nein, keine wiederholte Vergangenheit, kein Frankfurter Goethehaus, um das es in den fünfziger Jahren eine erbitterte Fehde gegeben hat und in dem einem heutzutage die wunderbar knarrenden Dielen und Treppen suggerieren: Ah, reines Biedermeier! Man hört die Goethezeit knarren und vergisst, dass es unsere Nachkriegszeit ist.

Nein, auch kein Knochenhauer – und kein Bäckeramtshaus in Hildesheim, die in einem doch immerhin von uns angezettelten Kriege ausgelöscht worden sind. Ihrer Rekonstruktion lag nicht bloss das Bedürfnis zugrunde, zwei unvergleichlich gewesene alte Gebäude, die fast ein halbes Jahrhundert lang vom Erdboden verschwunden waren, neuerlich hervorzuzaubern, sondern ebenso das Bedürfnis, das mittelalterliche enge Stadtgefüge wiederherzustellen, einen als gemütlich empfundenen Platz, und sei es um den Preis einer verlogenen Seitenkulisse: vorne Fachwerk, hinten die allerneueste Hotelmode, einen ganzen Block tief. Und das imponierende Zeugnis des Wiederaufbaus, das es hier gab, das neue Rathaus: nun mit einer Walmdach-Zipfelmütze ins Lächerliche gezogen.

Nein, natürlich sollte sich auch die monumentale Farce mit dem Berliner Stadtschloss der Hohenzollern verbieten – und all die anderen auch, von denen auf einmal, hilflos vor der Baugegenwart, viele ostdeutsche Städte zu träumen begonnen haben. Hinter all diesen Bemühungen steckt ja meistens gar kein Geschichtsbedürfnis, keine Geschichte wieder vergegenwärtigende Sehnsucht, sondern bloss sentimentale Unlust an der ungeliebten Gegenwart. Lauter Ausflüchte.

Oft wird an dieser Stelle Warschau zur Rechtfertigung genannt, sogar Hamburg mit der Michaeliskirche. Aber beides taugt nicht als Berechtigungsnachweis. Der Hamburger Michel wurde zwar zweimal auf seinen Trümmern wieder so aufgebaut, wie er war – aber es geschah jedesmal augenblicklich, spontan, es gab von Anfang an ein elementares Verlangen danach. Die Warschauer Altstadt wieder aufzubauen war in Polen, das in seiner Leidensgeschichte dreimal vollständig von der Landkarte gestrichen war und es nun nicht neuerlich zu dulden vorhatte, eine nationale Verzweiflungstat: Man wollte die zerstörte Nation wieder vor Augen haben; also baute man sie, obwohl man hungerte und fror und in Ruinen hauste, wieder auf: Zeichen nationaler Selbstbehauptung, ein Symbol – und nicht die verlegene Kompensierung eines für missglückt gehaltenen Städtebaus, so wie in Hannover, das sich unterhalb der Marktkirche ein Geschichtsidyll zusammengestoppelt hat und um der rekonstruierten Fassade des Leibnizhauses willen sogar bereit war, ein Baudenkmal des 19. Jahrhunderts, ein Original also, preiszugeben.

Nein, keine Mimikry, kein Nachäffen, keine täuschend nachgebaute «wie echt» aussehende, womöglich nach unsicheren Quellen nur irgendwie nachempfundene Historie, sondern klar und eindeutig: Gegenwartsbaukunst. Schattners Devise in Eichstätt lautete, das vorhandene Alte zu konservieren, vorsichtig zu restaurieren und auch lästige

Hinterlassenschaften, sofern sie zum Charakter des Gebäudes gehören, zu pflegen – aber alles Neue so authentisch wie das Alte dem Alten hinzuzufügen. Er spricht bei seinen Bauten gern von «Eintragungen» in das «Dokument» eines historischen Gebäudes. Es ist sein Prinzip, das Neue vom Alten sichtbar abzusetzen, kenntlich zu machen, weshalb man schon von seiner «Kunst der Fuge» sprach.

Und so wie vor ihm die Italiener Pedetti und de Gabrieli damals das vom Feuer verwüstete Eichstätt auf seinem mittelalterlichen Grundriss knallmodern, also barock wieder aufgebaut haben, so hat der Architekt Schattner das barocke Eichstätt knallmodern, das heisst in der Architektursprache unserer Zeit, erneuert und komplettiert, dabei wie seine Vorläufer dem Vorgefundenen Respekt erweisend, taktvoll die Massstäbe achtend. Er vergass dabei auch nicht, die spröden Handwerker sachte in den alten Techniken zu unterweisen.

Man könnte auch den Wiener Hans Hollein nennen und den modernen, schönen Sitzungssaal, den er ins barocke Schloss Perchtoldsdorf bei Wien eingebaut hat. Oder die Stuttgarter Architekten Mahler, Gumpp und Schuster mit dem Textilkaufhaus, das sie mitten in die Altstadt von Schwäbisch Hall gesetzt haben, ein vollständig gläsernes Haus. Es passt dennoch hinein – weil es mit seiner Durchsichtigkeit nicht übermächtig wirkt, weil es sich mit Form und Grösse in den Altstadt-Massstab schickt, und weil es mit seinem Satteldach bekanntgibt, dass es nach Schwäbisch Hall an den Milchmarkt gehört. Natürlich ging das nicht ohne Zank mit den Bürgern ab, die sich oft, je linker und grüner sie sind, desto konservativer gebärden. Doch hier waren sich der Oberbürgermeister, der Baudezernent und der Bauamtsleiter mitsamt dem Denkmalpfleger einig. Sie wollten es so! Eines Tages werden es – fast – alle lieben.

Und genauso wäre es auch in Wiesbaden geschehen, wenn sich die konservativen Bürger nicht hätten zusammenrotten lassen und in einer hitzigen Abstimmung den Stadtratsbeschluss ausser Kraft gesetzt hätten. Der war nach unendlichen Debatten entschlossen gewesen, mitten in der Stadt auf dem sogenannten Dernschen Gelände, einem konturenlosen Platz neben der Marktkirche, endlich das zu bauen, was von den Kennern seit der Wettbewerbsentscheidung gepriesen worden war: ein zur Hälfte kulturell, zur anderen Hälfte kommerziell zu nutzendes, seit 120 Jahren hierher gewünschtes Gebäude von exzeptioneller architektonischer Qualität. Über den Entwurf des Hamburger Architekten Peter

Schweger sagte der Landeskonservator Gottfried Kiesow: Er sei überzeugt davon, dass seine Kollegen diesen Bau in dreissig Jahren unter Denkmalschutz stellen würden. Nur: das Wahlvolk stimmte unter dem Beifall der Lokalpresse, vor keiner Injurie scheuend, gegen die Baukunst.

Aber war es denn anders in Ulm? Auch dort hatte der reaktionäre Verein Alt-Ulm am Ende eine Volksabstimmung gegen den Bau des Amerikaners Richard Meier erzwungen – und war nur knapp damit unterlegen. So konnte endlich ein vor über hundert Jahren begangener Irrtum korrigiert werden: Die Bürger hatten damals in ihrem romantischen Rausch ein Kloster dicht beim Münster abgebrochen, um ihre grosse Kirche, deren Turm zu vollenden sie sich gerade angeschickt hatten, freizustellen – und hatten nur ein paar Jahre später erschrocken die Leere bemerkt, die sie angerichtet hatten. Seitdem hatte Ulm oft und oft versucht, den Schaden zu beheben. Bis der letzte eines ganzen Dutzends von städtebaulichen Wettbewerben 1985 endlich die Erlösung brachte: mit dem Stadthaus von Richard Meier. Der Verein Alt-Ulm ist immer noch strikt dagegen, aber das ertrug man: Der Oberbürgermeister, der zu dem letzten Kraftakt angestiftet hatte, fand den Beifall des gesamten Gemeinderates – und den der Denkmalpflege. Keine Widerrede: Es war beste Stadtdenkmalpflege, das selbstbewusste spätbarocke Münster mit einem selbstbewussten modernen Bau der Gegenwart zu konfrontieren. Es ist ein ungemein spannender Dialog, der seitdem dort vonstatten geht.

Es gibt noch eine ganze Anzahl wunderbarer Beispiele mehr. Jedes davon folgte einer eigenen Idee, war ein Wagnis für sich, jedes eine nicht übertragbare ästhetische Entscheidung. Nein, Rezepte für das «neue Bauen in alter Umgebung» gibt es nicht, nur Erfahrungen, dann und wann auch theoretische Erörterungen, die allesamt mit Zweifeln beladen sind. Auch Aldo Rossis von vielen gelesenes und debattiertes Buch über «Die Architektur der Stadt» von 1966 führt letztlich in die Irre, selbst wenn es behauptet, dass der Rückgriff auf typische Baufiguren der Geschichte, auf ihre Geometrie reduziert und neu interpretiert, zu einer «Architektur der kollektiven Erinnerung» führe und die, obwohl brandneu, als alt empfunden werde, oder einfacher: als «normal» und folgerichtig.

Man kann dem Dilemma auch nicht entrinnen, wenn man wie der Brite James Stirling bei der Stuttgarter Staatsgalerie mit Zitaten spielt –

Schinkelsche Rotunde, Weinbrennersches Säulenpaar, hinten ein Le Corbusiersches Einfamilienhaus vom Weissenhof, auch etwas High-tech und Postmoderne, im Inneren eine barocke Enfilade von Sälen mit klassizistischen Giebeln. Nein, nein, weder die ernsthafte noch die ironische Übernahme von Motiven aus der Baugeschichte oder aus der Nachbarschaft gleich nebenan, in der gebaut werden soll, nützt dem Architekten dabei, die richtige Ausdrucksweise zu finden. Ihm hilft allein der Versuch weiter, sich vom Geist des Ortes, einer Stadt oder eines Viertels packen zu lassen und im übrigen er selber zu bleiben. So hat es, im grossen und ganzen, auch bei der IBA, der Internationalen Bau-Ausstellung in Berlin, funktioniert, wie eitel und wie ruppig auch, und es war sogar in Kreuzberg geglückt, wo unter der Devise der ganz sparsamen, sehr behutsamen Erneuerung eine ganze Anzahl von Häusern in meisterhafter Architektur «im Kontext» entstanden ist: beziehungsreich und eigenwillig.

Es geht, es geht wirklich – sofern es weder heimlich noch verdrückt noch imitatorisch geschieht, sondern: nach Kräften mit Esprit. Es passiert ja doch immer wieder und bisweilen auf die überraschendste Weise, so wie unlängst in der Gemeinde Birsfelden bei Basel, wo die Möbelfirma Vitra ihrer Schweizer Verwaltung ein neues Haus errichtet hat. Sie hatte damit denselben Architekten beauftragt, der schon ihr Stuhlmuseum und eine Produktionshalle in Weil am Rhein, nicht weit von Basel, entworfen hatte, den Kalifornier Frank O. Gehry. Er ist Meister einer einigermassen exzentrischen Architektur, die etwas hilflos als Dekonstruktivismus bezeichnet wird. Doch es geschah zu aller Verblüffung, dass ausgerechnet ein Verein, dessen Name bei uns schon beim blossen Hören das Allerschlimmste befürchten lässt, der Baselbieter Heimatschutz, den neuen Gehry-Bau ausgezeichnet hat. Ja, und wofür? Für die als überzeugend empfundene Architektur, vor allem aber für das Feingefühl, mit dem das grosse bizarre Bauwerk in die Umgebung eingepasst worden sei. Es wahre den Massstab des Ortes. Das klingt, nicht wahr, ganz ermunternd, so als gäbe es im übrigen nur die kleinen Unglücke wie in jedermanns Metier auch. Es geschieht dennoch unaufhörlich Ärgerliches, Deprimierendes, so wie unlängst in Rostock, wo jemand aus der rätselhaften Spezies der Investoren, welche nur bauen, um es zu verkaufen, hinterlistig ein Fachwerkdenkmal ausgekratzt, die Trägerbalken abgesägt und nur die Fassade stehen gelassen hat – doch ja, die war ihm schon wichtig für das Geschäft.

Oder wie in Erfurt, wo der Denkmalpfleger um das Bild der Altstadt besorgt ist, zu grosse Schaufenster in zu kleinen schmalen Häusern untersagt und Leuchtreklamen an Fassaden, die unter Denkmalschutz stehen, und von seinem Bürgermeister, der gern auf die historische Pracht seiner Stadt zeigt, zu hören bekommt, er solle nicht so pingelig sein und nicht wegen jeder Balustrade Einspruch erheben, ob er denn nicht kapiere, dass die Stadt dringend das Geld der Investoren brauche. Denkmalschutz hält den Wohlstand auf oder behindert die Repräsentation – so wie in Berlin, wo jahrelang verlangt wurde, endlich auch das Staatsratsgebäude abzureissen, obwohl es ausdrücklich als Baudenkmal geschützt ist. Oder wie in Hamburg, wo eine Versicherung die mit dem Denkmalschutz geduldig ausgehandelten Dimensionen des Neubaus dann doch – und mit Billigung der Stadtregierung – weit überschritt und die vier historischen Gebäude an seiner Seite zu lächerlichen Begleiterscheinungen macht. Oder, heisst dann die meist laute, aber doch meist ebenso leere Drohung, sonst verlassen wir die Stadt, und dann gehen wir, und zwar mit den ganzen vielen Steuern, woanders hin. Und mit allen Arbeitsplätzen!

Man spürt in derlei Momenten ziemlich eindrücklich, dass der Denkmalschutz eine schmückende, dem Rufe dienliche, im Ernstfall aber äusserst lästige Facette von unterliegender Bedeutung zu werden droht. Und dass besonders von den 66 Prozent Leuten, die auf den Denkmalschutz und seine -pflege angeblich so heftig schwören, dann am liebsten nach neuen Häusern, aber welchen im alten Stil verlangt zu werden pflegt.

Ich ende, wie nach einem schweren Mahle zu empfehlen, mit etwas Kompott.

Zum ersten: Rings um Zürich hat eine Umfrage kürzlich das erstaunliche Ergebnis gebracht, dass zwei Drittel der Kantonsbürger wollen, dass der ganze Kanton, nicht bloss die Stadt Zürich, für ihr Opernhaus und seinen teuren Betrieb aufzukommen hätte. Nur 26 der 171 Gemeinden waren dagegen. Es ist ein klares Votum für – nun denn, sagen wir getrost für die Musiktheater-Denkmalpflege (so wie ja in Wahrheit unser gesamter öffentlicher Konzert- und Radiomusikbetrieb zu gewiss 98 Prozent nichts anderes ist als Musikdenkmalpflege). Das Umfrage-Ergebnis jedenfalls beweist, dass diese Anhänglichkeit oder die Verteidigung des Erbes nicht bloss eine Sache weniger betuchter oder vernarrter Opernliebhaber ist.

Zum zweiten. Nicht jedes Baudenkmal muss auf Biegen oder Brechen erhalten werden. Auch Häuser haben das Recht eines natürlichen Todes durch Verfall. Aber wir müssen uns klar darüber sein, dass sie zwar – recht und schlecht – wiederholbar, dass sie dennoch als Originale unersetzlich sind.

Zum dritten: Die schwierige Aufgabe, in der Stadt, in einer so und nicht anders existierenden Umgebung eine zeitgenössische Architektur aufzuführen, in der Nachbarschaft anspruchsvoller alter, historischer Gebäude, vollzieht sich unter dem meist immer noch so formulierten Motto «neuen Bauens in alter Umgebung». Das reizte den vorzüglichen Münchner Architekten Werner Wirsing zu der folgenden Überlegung: Wenn man baue, baue man auch dort, wo keine alten oder sogar historisch anspruchsvollen Häuser in der Nähe sind, stets in einer alten, also einer «historischen», in einer nun einmal existierenden Stadt- oder Landschaftsumgebung. Weiter: Wer baue, baue prinzipiell neu. Also bleibe von dem Slogan des «neuen Bauens in alter Umgebung» nichts weiter als: Bauen.

Und nun ende ich tatsächlich – halb sarkastisch, halb sardonisch mit einer Beobachtung aus München, die sich alle Orte mit diesbezüglichen Neigungen merken sollten: «Hier entsteht ein historisches Gebäude.»

Valentin Bearth & Andrea Deplazes, Siedlung «Im Sunniga»,
Chur-Masans (1994)

Graubündens strenge Schönheiten
Oder: Sie bauen, was sie meinen (1996)

Woran immer es liegt, dass ein Ort, eine Provinz, ein Land mit Architektur von sich reden macht, ob es an einem Schwall von neuen Talenten liegt, ob an einem Lichtblick, der sich plötzlich in der stumpfen Alltagspraxis eröffnet, ob an einer als anders empfundenen Architektur – auf einmal reist alle Welt dorthin. Nach dem Ersten Weltkrieg war Skandinavien das erste architekturtouristische Ziel, vor allem Dänemark, bald darauf war es Finnland, wenig später England und, nicht zuletzt, Holland, schliesslich schwärmten alle vom Tessin, als Beton und Stein und die Geometrie in das Idyll einbrachen. Alle diese blühten – und wurden eines Tages durch die Gewohnheit welk. Und heutzutage? Redet man von Spanien, besonders von Barcelona, immer mal wieder von den plakativen *grand projets* in Paris, und was die USA angeht, so bauen seine Berühmtheiten längst in Europa, Richard Meier, I. M. Pei, sogar Frank Gehry. Unter allen aber erregt seit einiger Zeit die Schweiz Aufmerksamkeit mit vielen ihrer jüngeren Begabungen, auch wenn es den Anschein hat, dass die gleichen Bestrebungen um Einfachheit und Strenge auch anderswo, auch in Deutschland zu beobachten seien. Man erkennt die Wurzeln dieser erstaunlich materialbewussten Architektur unschwer in der klassischen Moderne; doch jetzt sind den traditionellen Merkmalen andere unserer Zeit hinzugefügt worden. Daran lässt sich wohl weniger ein neuer Stil als eine andere architektonische Haltung ablesen, die nach den absonderlichen Verrenkungen der sogenannten Postmoderne nun als offensichtlich erholsam und befreiend empfunden wird.

Diese Architektur ist tatsächlich anders als alles, was man im allgemeinen so an Neugebautem sieht, das ist in Graubünden nicht anders als überall. Das gleicht sich. Diese international gebrauchte, mühsam mit Moden behängte Routine-Architektur, die teils schick sein will, sich teils mit Stahl, teils mit Tradition verkleidet, sich unter Krüppelwalmdächern verkriecht oder nichts weiter als einen nach wie vor grassierenden, ökonomisch degenerierten Funktionalismus zeigt, der das Ansehen der

Oben und folgende Doppelseite: Annette Gigon & Mike Guyer, Ludwig-Kirchner-Museum, Davos (1992)

zeitgenössischen Architektur so enorm beschädigt und das Vertrauen in die Schöpferkraft der Architekten erschüttert hat, landauf, landab. In dieser Beziehung ist die Schweiz so gewöhnlich wie jedes andere Land. Kein Wort weiter darüber.

Was also fällt einem beim ersten Blick auf die Gegenwarts-Architektur im Kanton Graubünden auf? Es ist, zuallererst, ein enormer formaler Rigorismus, der keinen Schnörkel erlaubt, der es auch verbietet, die verwendeten Materialien anders zu zeigen, als sie sind: den Beton grau oder schwarz, selten einmal rot lasiert, das Holz möglichst unbehandelt, nur gewachst, den Putz kaum gefärbt. Zugleich bemerkt man ein ganz unkompliziertes Verhältnis zu traditionellen Häuserformen und den Ehrgeiz, im Kontext zu entwerfen.

Derlei kommt natürlich nicht plötzlich. Man kennt diese Kargheit der Formen und der Farben zwar weniger von den Altmeistern der Schweizer Nachkriegsmoderne, von Ernst Gisel, Theo Hotz oder Dolf Schnebli, aber vom Atelier 5, von Aurelio Galfetti, Luigi Snozzi und, von welch dekorativer Monumentalität auch immer, von Mario Botta. Man findet sie aber auch bei den Baslern wie Michael Alder, Roger Diener, dem mönchisch bauenden Duo Herzog und de Meuron. Unterdessen ist die nämliche Haltung auch bei anderen zu beobachten, beispielsweise bei den Zürchern Burkhalter und Sumi, bei Anette Gigon und Mike Guyer oder Margrit Althammer und René Hochuli, die von der Zeitschrift *Hochparterre* als die Besten des vorigen Jahres gekürt worden sind. Nein, kein Graubündner unter ihnen, diesmal, aber das macht nichts. Für jemanden, der sich ein paar Tage lang unter ihren Werken umgeschaut hat, sind sie allemal eine Entdeckung – schon deswegen, weil ihre Bauten alles andere als grell sind, weil ihnen formalistische Eskapaden nicht liegen, weil sie ihren Ehrgeiz weniger auf Vorbilder richten, sofern sie überhaupt welchen nacheifern, als auf die Dinge selbst: auf den Ort, für den sie entwerfen, auf das Material, das sie wählen, auf den Zweck, dem ihre Bauten zu genügen haben, auf den Grundriss also und die innere Ordnung und die Freiheiten, die sie den Bewohnern lässt, damit also auf die eigentlichen Adressaten ihrer Anstrengungen, die dabei doch Freude empfinden sollen. Und offenbar können sie sich bei alledem, was geradezu sensationell ist, auf ihre Bauherren verlassen. Besonders kleine Gemeinden waren zu erstaunlicher Modernität bereit. Der Anspruch dieser Architekten, nicht zuletzt der ästhetische, ist hoch. Und erstaunlicherweise haben sie ihr Ziel bei den meisten ihrer Bau-

Oben und folgende Doppelseite: Dieter Jüngling und Andreas Hagmann, Schul- und Gemeindezentrum, Mastrils CH (1995)

werke erreicht, haben sie fast ohne Zugeständnisse, sogar ohne handwerkliche Schlampereien, zustande gebracht – daher das unaufhörliche Selbstbewusstsein, auch ein verhaltener Stolz, sie zu zeigen.

Man kann auf der Suche nach der Gegenwartsarchitektur nicht einen ganzen Kanton durchstreifen. So ist es auch unmöglich, *der* Architektur auf die Spur zu kommen. Es sind immer nur die wenigen Beispiele, die Aufmerksamkeiten verdienen, und so ist es auch kein Zufall, dass die meisten von der Bündner Vereinigung für Raumplanung als «Gute Bauten» ausgezeichnet worden sind. Sie kommen aus den Ateliers gut eines halben Dutzends Architekten, deren geachtetster von allen unbestritten Peter Zumthor ist. Da manche einmal bei ihm gearbeitet haben, wundern einen auch nicht die gleiche Haltung, die ähnliche Art zu denken, die nämlichen Prinzipien des Gestaltens.

Doch erst einmal trifft man auf andere, zum Beispiel auf Richard Brosi aus Chur und das Büro Obrist und Partner aus St. Moritz. Man steigt in Chur aus dem Zug und hat ihr imponierendes Werk auch schon vor sich. Am Ende des Bahnsteigs, über ihm errichtet, breitet sich der im Rausch der blühenden Zukunft des öffentlichen Verkehrs konzipierte Omnibus-Bahnhof aus. Über ihm wölbt sich flach ein ausladendes Tonnendach, konstruiert (von Ove Arup in London) aus Stahl und Glas, den Blick auf die Berge ringsum erlaubend. Das Plateau, auf dem die Busse fahren und ankommen, ist von zwei massiv gebauten, kantig gebrochenen Verwaltungsgebäuden flankiert; schade, dass ihre Fassaden gebogen und mit Stahl verziert sind. So passt der kontrastfrohe Bau zwar an seinen Ort, aber er passte ebenso nach Linz, Basel oder Leipzig, wo man mit derlei Konstruktionen ebenfalls brillierte. Der Kontrast zum alten Bahnhof jedenfalls – so wie der viel ältere Kontrast des Bahnhofs zum Güterschuppen, wohin das Glasdach eines Tages reichen soll – ist so gewollt.

Die eigentliche, für Graubünden eigentümlichere Architektur aber sieht anders aus, das bemerkt man schon an der gänzlich anderen Art, Neues mit Altem zu verbinden, dabei jedoch den Unterschied distinguiert zu offenbaren, so wie Zumthor es zu tun liebt. Ob die beiden Stadtvillen des Churer Kunstmuseums, die er behutsam restauriert, mit Erkern und einem ganz wunderbaren hölzernen Verbindungsgang ergänzt hat, oder das Ferien-Bauernhaus im Safiental über Versam, dessen alte, schwarzbraun und silbergrau verwitterte Stubenhälfte von 1709 er mit einem erneuerten Küchenteil zum Hang hin erweitert hat:

Conradin Clavuot, Trafo-Haus, Unterwerk Vorderprättigau, Seewis CH (1993)

Er meidet den grellen Kontrast, wie gekonnt er auch immer ausfiele; er versucht stattdessen, das Neue «im Geiste des Bestehenden, nicht des Neuen» zu formulieren. Aus diesem gelassen sich gebenden Selbstbewusstsein ergibt sich die merkwürdige Selbstverständlichkeit des angefügten Neuen: Man sieht es auf den ersten Blick, man ist sogar froh darüber, aber es drängt sich nicht auf.

Und so geschieht es auch im Inneren, wie in diesem bäuerlichen Ferienhaus mit dem poetischen Namen Gugalun, das übersetzt «den Mond angucken» heisst. Auf ein Betonfundament, dessen Stufenkante man am Hang erkennt, montierte er die Fassadenwände darauf aus vorgefertigten länglichen Holzkastenelementen, deren vorstehende Gesimsbretter innen zugleich lange Tische bilden. Das Besondere im Innern aber ist eine «frei hinein gestellte» Raumwand-Skulptur aus schwarzem, wie Speckstein glänzendem Beton, die die Küche und den Nebenraum aufnimmt und zugleich eine Hypokaustenheizung enthält. Was Wunder, dass eine Jury diesem Bau nicht nur die handwerkliche Sorgfalt, sondern die «hohe gedankliche Präzision» pries. Und so glaubt man dem erfinderischen, mit offenbarer Lust konstruierenden Architekten aufs Wort, dass er kein «Holzarchitekt» sein will, sondern «ein normaler Architekt, ich will ja auch in der Stadt bauen», so wie er es in Bregenz (Kunstmuseum) und in Berlin (Museum für die «Topografie des Terrors») tut. Das ändert nichts am Lob, das er für sein hölzernes Atelierhaus in Haldenstein bei Chur bekommen hat (auch hier im Inneren Beton, wo er sich empfahl), für die schönen kargen Gehäuse, mit denen er die archäologischen Römerfunde im Churer Welschdörfle umgeben hat, licht- und winddurchlässige Bauten, auf den Dächern kleine gläserne Oberlichtgebäude. Und es ändert nichts an der Bewunderung, die ihm für die Kapelle Sogn Benedetg im Dorfe Sumvitg, seinem poetischsten Bau, zugeflogen ist. Es ist eine aufrechtstehende Röhre aus Holz; der Grundriss gleicht einem Tropfen, auch einem Blatt (und entspricht geometrisch einer halben Lemniskate, die sich auch in der Deckenwölbung zeigt); die Konstruktion stützte sich auf 37 Holzpfeiler, von denen sich Fussboden und (Silber-)Wand ausdrücklich absetzen. Die anfängliche Abneigung der Gemeinde gegen dieses Kirchlein, das nicht aussieht wie ein Kirchlein, entkräftete der Pfarrer: Die katholische Kirche, sagte er ihnen, müsse, um lebendig zu bleiben, vorwärts schauen, also moderne Architektur wagen. Nun lieben sie ihre Kapelle und wienern die Lärchenbänke regelmässig mit Wasser und Schmierseife.

Isa Stürm und Urs Wolf, Werkhof, Domat/Ems CH (1990)

Natürlich ist das Holz, zumal in dieser grandiosen Gebirgslandschaft, seit alters gebräuchlich, und Zumthor verwendet es, wie sein konstruierender Verstand, nicht wie irgendeine Ideologie es ihm rät. Wichtig sind dafür – wie für jedes Exemplar der Graubündner Architektur, die des Aufhebens wert ist – die Umstände der Umgebung, des Gebrauchs, auch der Stimmung und der Ökonomie. Am Ende zählt bei derlei Gebäuden allein das Raffinement der Einfachheit, das Gespür für den Geist des Ortes. Dazu gehören manchmal auch Wegspuren, die aus Dorf oder Stadt heraufführen, oft gesäumt von Bruchsteinmauern und nicht selten Spuren an die Erinnerung sind, also erhalten zu werden verdienen. Dazu gehört auch der alte Schopf beim Altenheim, das Zumthor in Chur-Masans gebaut hat und mit ihm einen kleinen Platz bildet. So bekam der auch einen kleinen Brunnen, so wie die Kapelle Sogn Benedetg.

Und das Altersheim? Ein überaus präzis geplanter, einfach gegliederter Bau, das Material – Tuffsteinmauerwerk, Holz, hellgrauer glatter Stahlbeton – mit Bedacht gewählt und gefügt. Wie in den meisten bemerkenswerten Graubündner Gebäuden zeigt sich die Architektur nicht in vorgeblendetem Glanz, sie zeigt sich mit dem Material, aus dem es – wortwörtlich – aufgeschichtet worden ist. Ihre Qualität gibt sich in der Fassade ebenso wie in der oftmals originellen inneren Gliederung der Räume und den Einbauten zu erkennen. Man spürt darin die Grosszügigkeit im Kleinen, aber auch die unerbittliche Strenge in den Details, in den sanften Farben, in den Übergängen, im Licht und in der Stimmung, die alles zusammen erzeugt.

Dergleichen zeichnet auch die Bauten von Valentin Bearth und Andrea Deplazes aus, zwei in Chur ansässigen Architekten. Charakteristikum ihrer Bauten ist eine scheinbare Harmlosigkeit, auch ihr Vertrauen auf althergebrachte Baufiguren. In Alvaschein bauten sie das dreistöckige Schulhaus aus Stein, den Mehrzweck(turn)saal daneben aus Holz. In Tschlin platzierten sie eine Mehrzweck(turn)halle zwischen eine Gebäudegruppe mit dem Schulhaus, liessen es weit über den Betonsockel auskragen, lasierten die Betonwände rot, strichen das überstehende Blechdach unten silbern an, verpackten den Saal wie eine Schatulle in gewachstes Lärchenholz. Ähnlich lapidar fallen Schule und Kindergarten in Malix aus (die Hauptfassade ist hier vollständig verglast und lebhaft gegliedert) und eine Wohnhausgruppe in Chur-Masans «Im Sunniga»: lauter gute, saubere, schlichte, schöne Gebäude. Sie sollten

Valentin Bearth & Andrea Deplazes, Haus Bearth-Riatsch, Chur (1995)

nichts hermachen, auch das dreistöckige Einfamilienhaus Valentin Bearths in einer anspruchsvollen Villengegend nicht: eine hohe schmale «Kiste» mit französischen Fenstern als einzigem Fassadenschmuck, im Innern ein frei zu gliedernder Grundriss: ein Platz, um Leben zu entfalten.

Auffällig ist daran höchstens das Unauffällige – etwas, womit auch Dieter Jüngling und Andreas Hagmann von sich reden machen. Ihr erster und gleich prominenter Bau ist die Ingenieurschule in Chur, weit im Süden am Rande einer wilden Gewerbegegend platziert, an einer lauten Strassenkreuzung, auf die sie dann auch notwendigerweise bezogen ist: Laborflügel vorn, Klassenflügel hinten, dazwischen eine kleine Eingangs- und Versammlungshalle, die aber, wenn die schön gezeichneten Holzwände der Aula darin hinter die Bühne geschoben werden, zur grossen Halle wird.

«Wir haben Stil», sagen sie. Ihre Suche gelte freilich jedes Mal einem Thema, das sich aus Ort und Aufgabe ergebe, so wie hier. Es zeigte sich unter anderem in der Konstruktion des Stahlbetonskeletts, dem eine kaskadenartig von Stockwerk zu Stockwerk ein wenig weiter vorragende Schindelfassade aus Kupferblech mit lebhaften Schattenkanten vorgehängt ist. Das Innere ist voller Einfälle, die Gewinn aus der Konstruktion ziehen: Betondecke aus vorgespannten Kassetten, 40 Meter Spannweite; Betonträger über der Aula, um den Raum teilen zu können; Lichtkästen aus Holz und Stoff, die ein weiches Licht verbreiten; geschosshohe Fenster in den oberen Stockwerken nach innen zum Hinab-, Hinauf-, Hineinschauen; von der Wand abgesetzte Treppen; der Beton hell und seidenglatt geschalt, die Fugen zeichnen die Konstruktion nach; in den Fluren «Rucksackwände» aus Schränken, um Platz zu sparen und dem Raum Figur zu geben; Terrazzo- und Industriefussböden, Esche an manchen Wänden, Holzleisten an manchen Decken, Messingbeschläge, Bronzehandläufe. Keine Frage: man empfindet sich in einem Baukunstwerk von grosser Phantasie und Disziplin.

Die Charakteristika dieser Architektur lassen sich in vielen anderen Bauten ausmachen, überall auch die gleichen Stichworte, zum Beispiel in Mastrils, einem steilen Dorf, «kein flaches Stück Land darin». Jüngling und Hagmann bauten ihm eine Schule aus fünf übereinander gestaffelten Häusern mit flachen Satteldächern an den steilen Hang, erschlossen mit einer durchgehenden Treppe «wie eine Kaskade», über allem thronend die Turn- und Mehrzweckhalle mit einer faltbar konstruierten

Bühne. Und im untersten Haus logiert die Gemeindeverwaltung. Ein meisterliches Werk an Einfachheit, das mit seinen Wänden aus Beton und Ziegeln und Holz «die Kultivierung des Rohbaus» darstellt. So nennen es die Architekten.

Und es gibt einen Hang zu skulpturalem Ausdruck. Man begegnet ihm ausgerechnet bei trivialen Aufgaben: so wie bei einer langen Lagerhalle aus Beton am Rande von Domat/Ems – die Dachkontur, ihre Abschnitte zeigend, mit flachem Sägeschnitt, die Stirnseiten dynamisch schräg, die Fensterbrüstungen an den Seiten aus der Wand ragend wie Gesimse (Architekten: Isa Stürm und Urs Wolf aus Zürich). Und so wie bei dem Transformatorenhaus Unterwerk in Vorderprättigau, auf einer von Strassen umzingelten Böschung – eine monolithische Skulptur, deren Gestalt aus dem Gebrauch resultiert, an den Seiten Längsschlitze für die Lüftung (Architekt: Conradin Clavuot aus Chur).

In Davos wehte ein ganz anderer, kühlerer Wind, wenn man an das oft und oft gezeigte Ernst-Ludwig-Kirchner-Museum denkt, eine Gruppe von vier zueinander gefügten, über breite Flure miteinander verbundenen Ausstellungsquadern, flach die Dächer, darunter ein Oberlichtgeschoss, die Umhüllung meist aus mattiertem Glas. Es herrscht äusserste Minimalisierung der Mittel, eine merklich aseptische Ästhetik, in der man viele Vorbilder erkennt: Mies, Jacobsen, Diener, Herzog-de Meuron. Wie gut, denkt man, dass das alte Hotel «Belvedere» mit seinem weissen Fassadenpomp die Kulisse bildet – wie gut, dass im Inneren nichts als die Kunst triumphiert.

Zurzeit entsteht in Vals Peter Zumthors eigenwilligstes und anspruchsvollstes Bauwerk, das nahe der Quelle in den Hang gebaute, aus dem Hang «wachsende» Thermalbad. Es ist aus dunklem, blaugrauem, grünlich schimmerndem Gneis gemacht, auch aus Stahlbeton mit glänzender Oberfläche, die Türen sind aus blauem Muranoglas, die Beschläge aus Bronze. Es will ganz unverblümt ein Kunstwerk sein. Nur so viel: Es basiert auf gut einem Dutzend locker verteilten «Blöcken», darin Technik-, Vorrats-, Massage-, Fango-, Dusch- und Therapieräume, zwischen ihnen das Aussen- und das Innenbad. Auf den Blöcken liegen «Tische», die mit Schlitzen voneinander getrennt sind, damit Tageslicht ins Innere sickert (oben sind sie mit Gras bewachsen). Das Ganze ist eine Komposition aus nichts anderem als aus Stein und Berg, aus Wasser und Licht, ihre Nacktheit wird von keinerlei Dekor irritiert. Nach der Vollendung hofft die mutige Gemeinde, die als Bauherr und als Unternehmer auftritt, auf den Ruhm der Einzigartigkeit. Auf nach Bad Vals! Und sonst, zum Beispiel in Chur? Ich sah Walter Förderers Heiligkreuzkirche in Chur, das womöglich intimste seiner expressiven Raumwunder. Ich sah am Hang das Konvikt von Otto Glaus, auch aus den sechziger, siebziger Jahren. Und dann führte mich der Zufall in das Kantonale Lehrerseminar von Andres Liesch: typisch für den Ausdruck der Zeit um 1963, auffallend die ganz ausserordentliche Qualität dieser Architektur, ihrer Raumfolgen, der klugen, sympathischen, handfesten Details, der inszenierten Treppen, der Oberlichter, der Dramaturgie der Erschliessung. An diesem, im wesentlichen aus Beton und Holz und Glas gemachten Bau fand ich vieles wieder, was ich zuvor an Neuem und Neuestem gesehen hatte, wahrscheinlich wäre die umgekehrte Anmerkung besser: dass das, was ich betrachtet hatte, von dieser Tradition der Nachkriegsmoderne beeinflusst worden ist, wie auch immer. Ob Liesch, ob Zumthor und all die andern: sie bauen, was sie meinen. Und deshalb lohnt es sich, in Graubünden vorbeizuschauen.

«Der Gänsemarkt», Coswig (Anhalt) D

Der Park, der Platz, die Kunst und die Architektur
Oder: Was Landschaftsarchitekten gestalten (1996)

Jemand, der nicht vom Fach ist, hat es immer schwer, den Sachverstand der Kenner zu erreichen und sich nicht zu langweilen – vielleicht hat er es aber auch leichter, weil er den Narren, den Grübler oder einfach nur den nachdenklichen Beobachter spielen darf, mit welcher sonderbaren Ausbeute auch immer. Ich habe mir nun einen roten Faden gesponnen, den ich an zwei Erinnerungen geknüpft habe. Es gibt zwei Orte, an die ich mich auf einmal wieder erinnert fühlte, weil ihre Gestalt teils ganz, teils wenig dem Planen und dem Gärtnern zuzuschreiben ist.

Jedes Jahr zu Pfingsten brach die Familie auf zum sechs Kilometer entfernten Wörlitzer Park, zu Fuss. Es ging mit der Fähre über die Elbe, dann neben der Strasse entlang auf einem Pfad durch den Wald, der aber nicht bevorzugt wurde, um dem spärlichen Verkehr auszuweichen, sondern um nicht ständig das Ziel vor Augen haben zu müssen, den Wörlitzer Kirchturm, weil er auf der schnurgeraden Strasse einem einfach nicht näher zu kommen schien. Dann ging es quer über eine grosse Wiese, über den Deich, direkt zur Kettenbrücke. Wenn sie beim Hinüberrennen rasselte, war alle Wegesmühe vergessen.

Erst später war mir klar, dass der Park nicht nur eine amüsante Versammlung von lieblichen Stellen und lustigen Bauten ist, sondern dass in jedem Flecken darin eine moralische Sentenz zu vermuten ist. Da gibt es einen Tempel, bei dessen Anblick sich, wie man liest, «frohe Ahndungen in unserem Inneren» erheben sollten. Und dort ist eine Gruppe betagter Bäume mit teils mächtig buschigen, teils filigran verwobenen Kronen, wo sich wie der Schöpfer des Parks, der Fürst Franz von Anhalt-Dessau es sich wünschte, «die Seele bei dem beständigen, selbst bei stillstem Laute des Windes oben in den schwankenden Wipfeln, sich wie von einer sanften Schwermut angehaucht» fühlen sollte. Kein Plätzchen in diesem Park, wo der spazierende Mensch nicht aufgerufen wäre, sich im «rein Menschlichen» angesprochen zu empfinden – zu schweigen von der Augenlust, die ihm hier auf Schritt und Tritt mit äusserstem dramaturgischen Raffinement inszeniert wird. Diese beziehungsreichen Blicke! Sie sind das Werk des fürstlichen Bauherrn und seines Architekten Friedrich Wilhelm Erdmannsdorff, nicht zuletzt seines Gärtners Schoch, die diesem idyllischen Anwesen seine eigenartige Kontrapunktik gaben: Schönes und Nützliches, Garten- und Ackerland, zu Betrachtendes also und zu Erntendes, Amüsement und Erbauung, Sinnenreiz und Kontemplation. Und in allem steckte die erzieherische Philosophie der Aufklärung.

Der Park, natürlich, ist ein Gegenstand, von dem ich, wäre ich ein Landschaftsarchitekt, immerfort nur träumen könnte: Einmal einen Park entwerfen dürfen! Dass es dann und wann tatsächlich auch heute geschieht, wenngleich meist unter ganz anderen Bedingungen und mit ganz anderen, mitunter spröden Zielen, ist eine beruhigende Gewissheit, auch wenn sie auf beunruhigenden, nämlich landzerstörerischen Ereignissen beruht.

Der andere Ort, der in meiner Erinnerung präsent ist, liegt in der kleinen Stadt, in der ich aufgewachsen bin. Nichts Dramatisches daran, ganz im Gegenteil, etwas unheimlich Gewöhnliches. Es war ein Platz, der keiner ist, der sich einfach dadurch ergeben hatte, dass sich hier zwei Strassen in sehr spitzem Winkel vereinigen, mit einer kleinen topographischen Verwerfung: Die eine Strasse kommt etwas höher an als die andere, und hier, an diesem Platz, begeben sie sich hinab in eine Fläche.

Keine bessere Bühne liesse sich denken für das Ballspiel «Kaiser, König, Edelmann; Bürger, Bauer, Bettelmann». Der König thronte oben auf dem gusseisernen Gulli. Sie kennen das Spiel? Wer den Ball nicht fängt, muss ihm nachlaufen, demzufolge seinen Platz verlassen, was die andern nutzen, einen besseren zu erwischen, als sie haben. Dort, wo die Strassen sich berühren, steht eine gewaltige Eiche, auf die man nicht klettern durfte, aber klettern konnte, natürlich. Das lange spitze, unbebaute Dreieck dahinter zwischen den Strassen war eines Tages vom Gartenamt in eine sogenannte Anlage verwandelt worden. Sie war durch einen Weg geteilt, auf jeder Hälfte wuchs Gras, wuchsen auch zwei Holzäpfelbäume, auf die wir, von immer derselben Nachbarin laut verwünscht, kletterten. Auf den Wegen am Rand der Anlage spielten wir Räuber und Gendarm, aber Mode war Messerstippe: Man schleuderte ein Messer tief in das Feld des anderen, zog, wo die Schneide entlang zeigte, eine Linie und verleibte das so eroberte Terrain dem seinen ein, solange, bis einer nichts mehr besass. Auf Asphalt ginge so etwas nicht.

Auf dem Basaltpflaster der Strassen konnte man nicht Rollschuh, auch nicht gut Roller fahren, aber «reifeln», das hiess, bunte dünne Holzstreifen mit einem Stöckchen treiben. Auf dem Ziegelstein-Bürgersteig liess sich auch mit Kreiseln spielen und an einem Scheunentor mit zwei, drei Bällen, bei akrobatischem Geschick, das unser Ehrgeiz war, auch mit vier oder fünf zugleich.

Ich erzähle das nicht, um an versunkene Spiele zu erinnern, auch nicht um an der Nostalgie zu rühren, sondern weil beides, der grosse Park mit seinen visuellen Geheimnissen, seinen Kunstgebilden, seinen versteckten Gedanken und seiner als balsamisch empfundenen dramatischen Gestalt – und der kleine, mit Stein, Gras, Sand (oder Dreck) und Baum ärmlich, aber trefflich funktionierende, leidlich geschmückte Zufallsplatz eine Bedeutung im Alltag des Menschen haben: weniger oder mehr gestaltete Orte, die ein sinnliches Vergnügen versprechen, aber Erscheinungen der künstlichen Natur sind. Man erlebte sie physisch; wer will, kommt, wie die Kinder, dabei ausser Atem; man geht, man ergeht sich darin und darauf; man wird teils zur Musse, teils zum Spiel oder für sonst was empfangen. Platz und Park dienen, ein jeder auf seine Weise, der Bereicherung des Daseins. Und in beiden erkennt man doch den kulturellen Versuch, dort die Landschaft, hier die Stadt zu formen.

Mir fielen diese beiden Beispiele auch ein, weil sie ja Extreme der Arbeit markieren, die Garten- und Landschaftsarchitekten obliegt. Als der kleine spitze Stadtplatz an seiner «Anlage» eines Tages eine Holzbank bekam, hatte nun sogar die Kontemplation dort einen Sitz bekommen. Selbst wenn selten jemand darauf Platz nahm, war sie notwendig, und sei es bloss als eine Möglichkeit, eine Einladung; eine Stadt kann nicht genug davon haben: nicht genug Unterbrechungen.

Nun ist die Stadt, seit an ihr gebaut wird, ja nicht schöner, sondern eher unansehnlicher, gefährlicher, manchmal unausstehlich geworden. Man hat ihr die angestammte Ordnung durcheinander gebracht, als sie wuchs und die Bewohner belästigte. Man teilte sie nach Funktionen auf, riss also auseinander, was miteinander verstrickt war, sie wurde gleichsam zerlegt. Lucius Burckhardt hat einmal auf diese Zerlegung der Stadt «nach den sichtbaren Objekten» hingewiesen, «nach Haus, Strasse, Kreuzung, öffentlichem Verkehrsmittel, privatem Verkehrsmittel» – und für jedes dieser Objekte gibt es wieder Fachleute, die, kann man fortfahren, jeder für sich nach dem scheinbar Richtigen suchen, aber es

meist verfehlen, weil sie untereinander nicht reden. Ein Thema lauter aufgeteilter Kompetenzen. In Hamburg und vermutlich auch anderswo gibt es schon lange nicht mehr einen für alles zuständigen Bausenator, sondern auch einen für die Stadtentwicklung, den Verkehr, und einer von ihnen hat sich auch um die Umwelt zu kümmern, irgendwer dann auch um das Thema Park und Landschaft. Alle handeln gern selbständig, reden ungern miteinander, und in Koalitionsregierungen hat der eine Senator im fachverwandten anderen Senator einen politischen Konkurrenten zu vermuten. Also ist es ganz schwer, aus einem Platz, der ein Parkplatz geworden ist, wieder einen Platzpark zu machen. Oder: ihn zurück in einen städtischen Raum zu verwandeln.
Dieser Begriff ist mir wichtig. Denn nicht zuletzt Landschaftsarchitekten sind ja Raumbildner. Und was ist das nun, Raum? Bei so elementaren Fragen empfiehlt sich immer ein Blick ins Wörterbuch, wo wir zu unserer Überraschung zuerst das Adjektiv «raum» treffen, das für die Förster offen bedeutet. Ein raumer Wald ist ein lichter Wald. Für die Seeleute bedeutete es nicht viel anders als weit und geräumig. Und so meint auch das Substantiv Raum so viel wie Weite und Ausdehnung, aber auch Platz, an dem man etwas unterbringen kann. Erst danach wird der Raum lapidar mit Länge, Breite, Höhe umschrieben als der Gegensatz zur zweidimensionalen Fläche. Um den geht es also hier, um den zum Himmel offenen, aber gefassten Raum.
Um ihn zu begreifen, tut es gut, sich erst einmal in einen geschlossenen Raum zu begeben. Jeder von uns kennt die Überraschung beim Betreten eines besonders grossen hellen, hohen Raumes – oder die Bedrückung in einem düsteren, niedrigen, flach gewölbten Raum. Das lässt sich getrost auf einen steinernen oder grünen Platz, auf eine zauberhafte Allee oder einen blühenden Hinterhof, eine Stelle in einem Park oder auf einen dichten, düsteren Hain übertragen.
Räume, welcher Art auch, üben eine merkwürdige Faszination auf uns aus. Sie gehen uns bisweilen mächtig ans Gemüt: mit ihrer Weite, ihrer Höhe, ihrem Volumen, ihrer Enge; mit ihrem Leuchten oder Dämmern, ihrem Dekor, ihren bunten, blühenden Einfällen, mit ihrer Gestalt. Was mich angeht, befällt mich in Hallen, Sälen, in Zirkuszelten und auf schönen Plätzen, auch auf Parkrondells oder an Teichen und Angern eine Raumlust. Raum rechnet zu den Genussmitteln, deren der Mensch dann und wann bedarf, die er geniessen können möchte.
«Raum», las ich in einem leider kaum bekannt gewordenen Buch von

Ulrich Conrads mit dem Titel «Spielraum für Leben», «Raum», las ich dort in einem Zitat von Geoffrey Scott von 1924, «Raum ist Freiheit zu Bewegung. Wir passen uns instinktiv den Räumen an, in welchen wir stehen, projizieren uns ideell mit unseren Bewegungen hinein. Während wir gehen, suggeriert uns der Raum Bewegung.» Tatsächlich ist der schöne Raum, ob im Haus oder im Freien, immer auch ein kinetisches Kunstwerk. Es steht, aber es bewegt sich durch uns. Doch ihr aller Charakteristikum ist, dass sie gefasste Gebilde sind. Darum fühlen sich viele Menschen in den zerlaufenden grossen Nachkriegssiedlungen mit dem öffentlichen, niemandem gehörenden Grün unsicherer als mitten in der Stadt, wo die Strassenwände ihnen Geborgenheit suggerieren, eine Art von begütigender Umarmung.

Ein Platz, nicht wahr, hat immer Platzwände, er ist von Bäumen oder Hecken eingefasst oder von Fassaden umgeben, die die Schauseiten von Gebäuden, also von internen Räumen sind. Die ganze Stadt besteht aus lauter solchen Räumen, durch ihr eigenartiges Geflecht bekommt sie ihren Rhythmus. Tun wir nur einen Blick auf den berühmten Stadtplan von Rom, den Giovanni Battista Nolli 1748 angefertigt hat. Ein Blick – und man bemerkt diesen seltsamen, keinem Regelmass gehorchenden Rhythmus, die ausserordentliche Mannigfaltigkeit, den Wechsel, die rafnierte Raumfolge. Sie ist voller kleiner, grosser, monumentaler und intimer Plätze, alle untereinander auf rätselhafte Weise verbunden, die Stadt voller Bewegung. Tatsächlich lesen sich Stadtpläne bisweilen wie Dramenentwürfe. Und Dramen sind, ebenso wie musikalische Kompositionen, in Wahrheit doch auch räumliche Gebilde. Die Akte oder Sätze sind darin wie Zimmer, in denen etwas geschieht, sie haben alle einen Anfang und ein Ende, einen Ein- und einen Ausgang und irgendwo dazwischen einen dramatischen Höhepunkt. Räume, das ist sicher, reden uns Geborgenheit ein. Es ist etwas anderes, ob man mit einem Boot auf dem Meer schwimmt, ringsum nicht als die irrationale Linie des Horizonts – oder auf einem Fluss, dessen Ufer man leibhaftig zu spüren glaubt. Zauber des städtischen Raumes! «Zu verweilen!», so hatte denn auch Camillo Sitte sein berühmtes Buch über den «Städtebau nach seinen künstlerischen Grundsätzen» von 1889 eingeleitet, «zu verweilen! – Könnten wir das öfter wieder an diesem oder jenem Platz, an dessen Schönheit man sich nicht satt sehen kann; gewiss, wir würden manche schwere Stunde leichteren Herzens ertragen und gestärkt den ewigen Kampf des Lebens weiterführen.» Die Versuchung ist nicht klein, seinen

Friedrich Wilhelm von Erdmannsdorff, Venus-Tempel, Wörlitz D

Seufzer zu wiederholen, weil wir unterdessen die Plätze in der Stadt wiederentdeckt haben und dabei sind, sie ins städtische Leben zurückzuholen, oft genug aus Parkplätzen wie Plätze wie Parks zu gestalten. Plätze sind ja vieles, sind Versammlungsstätten, Verkehrsverteiler und Märkte, Oasen mit Hecken und Wasserspielen, sind Merkzeichen für die Orientierung, Pausen in der aggressiven Stadtmusik, manchmal schöne Pointen. Sie sind, je nach Aufgabe, Lage und Gestalt, gepflastert oder grün, sind gezügelte Idylle oder unübersehbar architektonische Erfindungen, und manchmal merkt man ihnen an, dass den Landschaftsarchitekten zu retten aufgegeben war, was die Stadtplaner verdorben hatten. Denken wir nur an den Ernst-Reuter-Platz in Berlin: vom Verkehr wie von breiten Schluchten ringsum vom Stadtkörper getrennt, nur unterirdisch zu erreichen, in der Mitte ein ehrgeiziges, am Ende sinnloses Spiel mit Rasen- und Wasserquadraten und mit ein paar Fontänen, die im weiten Rund ganz lächerlich aussehen.

Es gibt in Berlin einen anderen Platz, den ich gern habe, den Karolingerplatz in Charlottenburg, ein grosses Rechteck, achsial gegliedert, in der Mitte ein kleines Rondell mit Bänken, ringsum Baumreihen, ein hübscher Laubengang, Gras und Hecken und ein paar Streifen Blumen – genau das, was man in einem dicht bewohnten Viertel eine Oase nennen möchte, deren Reiz ihre harmlose, unangestrengte Wohlgestalt und ihre Beiläufigkeit ist. Eine wunderbare Stadtlandschaft. Jedenfalls: ein ausdrücklich grüner Platz. Man hört die Vögel zwitschern.

Wie schön. Haben wir nicht alle gelernt, dass Grün uns gut tut? Es temperiert das Klima, bindet Staub und dämpft den Lärm, es befeuchtet die Luft und füllt sie an mit Sauerstoff. Das Grün kann aber noch viel mehr. Es schmückt, es labt, es beschäftigt den Körper und die Sinne und das Gehirn, es fordert geradezu zur Musse heraus, ermuntert sogar zum Müssiggang und verheisst wunderbare Lustbarkeiten, zu deren gewöhnlichsten und angenehmsten das Spazierengehen gehört. Man kann dabei über den Unsinn der Welt nachdenken oder ihren Sinn beschwören, man kann miteinander schwatzen, übereinander lästern, kann lesen, schauen, Rad fahren, picknicken, sich sonnen, auch sich langweilen und in die Luft starren, oder braucht einfach nur zuzuhören, auf die Geräusche zu hören, zu lauschen. Es ist doch erstaunlich, welchen Reichtum an Geräuschen die Sprache allein dafür erfunden hat. Wir gehen und hören es knirschen, quietschen und klappern, schürfen oder klacken. Es säuselt, wir hören den Wind in den Wipfeln sausen, in den Blättern rascheln. Es wispert, knistert, schwirrt und rauscht. Wir hören es rinnen, rieseln, plätschern, murmeln, sprudeln, prasseln, glucksen und tröpfeln. Es summt, mauzt, bellt und balfert, kläfft, jault, brummt, piepst und tiriliert, es knattert, hupt und tutet – genug.

«Die Erde liebte er auf seine Weise», erzählte der Nobelpreisträger Albert Szent-Györgyi, ein Biologe, von seinem Vater. «Er bearbeitet sie nicht, er betrachtet sie» (und horcht auf sie). «Sie war sein Buch der Erkenntnis von Gut und Böse. Er verbrachte Stunden damit, dies alles zu lernen. Er tat nichts. Er schaute, er beobachtete, er dachte nach, ‹und› fährt der Sohn fort, ‹man glaubte, er sei gelähmt›.»

Die Griechen hatten, wie man weiss, lange vorher den *peripaton* erfunden, den Spazierweg im Garten und gleich dazu, wie zauberhaft, den Schatten spendenden Hain und die vor Regen schützende Säulenhalle, die Stoa, wo ihre Philosophen denkend und parlierend auf und ab wandelten. Und so schrieb Christoph Thacker in seiner «Geschichte der Gärten»: «Der Gedanke eines solchen Spazierweges in Verbindung mit Philosophie sei in natürlicher und verständlicher Weise auch auf den Garten übertragen worden.» Natürlich, sagt uns der Physiker Werner Heisenberg: «Wissenschaft entsteht im Gespräch.» Dafür braucht man keinen Acker wie der Bauer Szent-Györgyi noch eine leibhaftige Stoa noch einen Garten, der so reichlich bemessen wäre wie der ringsum Hadrians Villagarten in Tivoli, um spazierend oder auf einer Bank sitzend oder an einem Rosenbusch verweilend nachdenken zu können, aber ein Platz wäre schon gut dafür.

Ich komme nicht drum herum, ein paar Beispiele zu erzählen, die ich nicht vergessen werde. In Rom ist es die Piazzale Caffarelli. Man steigt die breite Treppe zum Capitol hinauf, biegt aber vorher rechts am Konservatorenplatz ab, durchschreitet ein Tor, findet dahinter, unvermutet, diesen kleinen Platz, der auch ein kleiner Park, aber eigentlich doch kein Park, sondern eher ein Platz ist, aber als Platz auch etwas von einem Garten an sich hat. Sein Mittelfeld ist kniehoch mit gemauerten, mit Gras bewachsenen, von Steineichen bestandenen Beeten nach barocker Art umgrenzt: an den Längsseiten gerade, an den Kopfenden halbrund. Zwei Wege führen quer hindurch, ringsum ist der Platz mit Gras bewachsen. Und an der mit kugelig geschnittenen Hecken verzierten Balustrade stehend, geht der Blick über die halbe Stadt, bis zu St. Peter hinüber: Ein architektonisch gefasster grüner Saal mitten in der Stadt.

Tief unten, am Marcellus-Theater vorbei, tobt der Verkehr; man hört ihn, aber man achtet nicht auf ihn, doch man braucht ihn wie die Vögel. Das Wunderbare an diesem Platz, den keiner kennt, weil kein wichtiger Weg an ihm vorüberführt, ist die innige Verschwisterung von Bau- und Gartenkunst und Stadt.

Eben dies ist überwältigend auch in New York geglückt, im mittleren Manhattan, in derselben Strasse übrigens wie das Museum of Modern Art, nur zur anderen Seite der Fünften Avenue, das ist der nach seinem Stifter benannte Paley Park: ein Stadtgarten in einer vierzehn Meter breiten, beinahe ebenso tiefen Baulücke. Hinten fliesst an einer sieben Meter hohen, über die ganze Breite reichenden Mauer Wasser herab. Man sitzt auf Drahtstühlen zwischen siebzehn im Abstand von vier Metern gepflanzten Johannisbrotbäumen, die im Sommer einen Baldachin bilden. Sie werden unterirdisch bewässert, so dass der Garten mit Granit gepflastert werden konnte. Vorn an der Strasse berankt wilder Wein eine Pergola, die von zwei Torhäuschen flankiert ist; in einem gibt es zu essen und zu trinken, im andern wird das Gartengerät aufbewahrt. Im Sommer kühlt der Wasserfall die Luft, im Winter, leicht geheizt, temperiert er sie. Es rauscht, Vögel zwitschern, Menschen lesen, schauen, unterhalten und erfrischen sich, das Geräusch der Strasse dringt wie durch einen Filter herein: beruhigend, sich mitten in der Stadt zu wissen. Ein Baulückenpark als ein Stadterfrischungs-Zimmer.

In London wiederum hielt ich entzückt am Soho Square inne, einem dieser vielen kleinen quadratischen, runden oder elliptischen, von Häusern eng umstandenen Plätzen mit Gras, viel Gebüsch und mächtigen Bäumen, mit Bänken und Wegen und manchmal einem Denkmal: der klassische Square, eine lang ausgehaltene Pfundnote in der Stadtmusik. Später, in Delft, in einem erst für den Abriss vorgesehenen, dann jedoch modernisierten Viertel hinter dem Bahnhof, fand ich etwas ungleich Simpleres. Strassen waren zu Wohnstrassen gemacht worden, an manchen Stellen musste das Pflaster Pflanzen weichen, zwischen den Häusern hatte man Drähte gezogen und quer über die Strasse hinweg mit Knöterich und Glyzinien beranken lassen: zärtliche Triumphbögen der Gemütlichkeit. Ich erwähne auch noch die Kennedylaan in der niederländischen Kleinstadt Heerenveen, wo der dilettierende Gartenfreund Louis Le Roy einen siebzehn Meter breiten, etwa einen Kilometer langen, schnurgeraden, unter seiner Langweiligkeit halbtoten Grünstreifen in der Mitte zweier Strassen in eines der lebensreichsten Trümmer-

Friedrich Wilhelm von Erdmannsdorff, «Severn»-Brücke, en miniature, Wörlitz D

gartenreiche verwandelt hat, die man kennt, einen wie verzaubert herangewachsenen, mit Treppchen und kleinen Terrassen belebten duftenden, krummen Pflanzengartenweg, geschaffen wider alle Regeln, alle Gewohnheiten, ein Paradiesgarten für Kraut und Unkraut. Und nun nenne ich noch ein modernisiertes Quartier in Hamburg-Ottensen, wo Künstler nicht Kunst am Bau, wie üblich, dargestellt in Plastiken abgeliefert, sondern Pflanzenbilder an zwei Brandwänden haben wachsen lassen. Sie brachten eine Art von figürlichem Drahtspalier an, zum Beispiel in Gestalt eines Baumes, und liessen daran Knöterich emporeilen und Efeu wachsen.

Es gäbe noch viele originelle Beispiele zu nennen, die Stadt durchzugrünen, hinter den Häusern, vor den Häusern, an und auf den Häusern. In der Stadt kommt es dabei immer wieder und unvermeidlich zu Kollisionen – zwischen Gebautem und Wachsendem. Es ist das wahrlich komplizierte, schwer zu wägende, leider meist also Konkurrenz empfundene Spannungsverhältnis zwischen Stein und Pflanze. Die Stadt, nicht wahr, ist ein gebautes, gegen die Natur trotzendes Kunstprodukt. Die Stadt braucht zur Kompensation das Grün, Grün macht die Stadt erträglich, daher Lob und Preis den Alleen, je mehr und je üppiger desto schöner – aber die Stadt verträgt keine Idyllen, in denen Natur nachgespielt wird. Es gibt Plätze, die nur steinern sein können und keinerlei Ablenkung durch Pflanzen, auch nicht durch Bäume vertrügen – und es gibt andere Plätze, die nur denkbar sind als Inseln domestizierter Natur. Kontrastelemente. Doch nachdem Ende des 19. Jahrhunderts die Gründerzeit die Stadt verspekuliert, ihr die menschenverachtenden Mietkasernen oktroyiert, den Fluch der dichten «steinernen Stadt» provoziert hatte, in dem zu atmen schwer fällt – seitdem rächt sich das Gemüt des Städters mit dem unermüdlichen Schrei nach immer mehr Grün. Er kann gar nicht genug davon kriegen.

Einer der berühmtesten Streitfälle hatte sich in den sechziger, siebziger Jahren in Paris zugetragen, es war die Zeit der rätselhaften Ulmenkrankheiten. So hatten auch die stattlichen Ulmen, die die Place des Vosges in Dreierreihen schmückten, eines Tages gefällt werden müssen. Grosses Ach und Weh! Lauter Proteste. Grosse Trauer darüber unter den Bürgern – und das Verlangen, sie sofort zu ersetzen. Ganz anders die Denkmalpfleger und die Bauhistoriker. Endlich, sagten sie, zeige sich der Platz wieder so, wie er von Heinrich IV. konzipiert worden war, als ein strenger, durch keinerlei idyllisierende Zutaten gestörter Archi-

Friedrich Wilhelm Freiherr von Erdmannsdorff und Georg Christoph Hesekiel, Gotisches Haus, Wörlitz D (1813)

tekturplatz. Unvergleichlich die Kulisse, Fassaden allererster Güte, fein gezeichnet durch ihr Profil, durch hellen Haustein, roten Backstein, schwarzen Dachziegel, durch den Rhythmus der hohen Dächer, ein Wunder aus dem Jahre 1612. Jedoch: Die Bürger schrien nach den Bäumen, an die sie, seit sie lebten, gewöhnt waren. Der Gesinnungskampf tobte monatelang – bis sie ihr Recht bekamen: ihre Bäume, freilich in strenger Ordnung, nicht zu hoch, die Fassaden nicht gänzlich verhüllend. Die Natur und die Baukunst: welche wunderbaren Umarmungen liesse das erhoffen! Wie war das doch mit dem riesigen Komplex der Neuen Messe in Leipzig? Der Auftrag hatte, um eines ausdrücklich menschenfreundlich erscheinenden Messegeländes im Leipziger Norden willen, ausdrücklich eine parkartige Gestaltung verlangt. Ihre Verfasser waren, noch ehe die Hochbauarchitekten sich genau mitgeteilt hatten, diejenigen, die sie um Mitarbeit gebeten hatten, die Landschaftsarchitekten – diejenige Spezies, die gewöhnlich erst herbeikomplimentiert wird, wenn etwas danebengegangen ist oder etwas verziert werden muss. Vielleicht ist ihnen hier der Entwurf deswegen so geglückt, weil sie imstande waren, Architektur und Landschaft zusammenzudenken.
Die Landschaftsplaner Wehberg, Eppinger und Schmidtke aus Hamburg hatten einen grossartigen Einfall, einen, den nur sie haben konnten: Sie hoben eine ungefähr hundert Meter breite, an die zwei Kilometer lange Mulde aus, ein Stockwerk tief, und entwickelten dann zusammen mit den Architekten van Gerkan, Marg und Partnern darin und daran eine dramaturgisch präzis überlegte Folge von landschaftlichen Ereignissen, das waren ein Hügel, eine Strassenbahnschleife, ein See und seine schluchtenartige Durchquerung, eine Trauerweide, hinter der längst gerühmten gewölbten Glashalle sodann ein Bild von einem Park, einen Park, der auch als Bild fungiert für all diejenigen, die ihn von oben betrachten können, mit kegelförmigen Pappeln und Eichen, Hügelchen, viel Wasser, Gras. – Mir schien es wie eine Sensation, diese Zusammenarbeit zweier einander sonst misstrauenden Professionen.
Selbstverständlich ist daraus kein Gartenidyll geworden, nichts Neckisches, Niedliches, Kuscheliges, sondern eine architektonisch gedachte und gestaltete Landschaft wie ein Kunstwerk, die ganz unverhohlen ihre Künstlichkeit, ihre Nicht-Natürlichkeit zeigt, aber ihre Verbeugung vor der Natur nicht vergisst. Eigentlich ist das mit dem kleinen Baulückenpark in New York, dem Paley Park, nicht anders – und selbst der Karolingerplatz in Berlin hat doch auch «eine Architektur», sagen

wir: eine die Natur nicht nachahmende, ihr auch nicht nacheifernde, sondern eine städtische Ordnung, die sich vom Barock durch ihre Bürgerlichkeit unterscheidet.

Derlei Annäherungen zwischen den Metiers lassen sich in den letzten Jahren doch öfter beobachten, vor allem dann, wenn der Platz für die Natur vor lauter Enge ins Ächzen kommt – was anderes bliebe ihr übrig, als die Künstlichkeit der Lokalität in der Künstlichkeit der Gestalt zu spiegeln? So ist es mit den anfangs viel grösser gedachten, später aus Raumangst mit Einbauten verkleinerten Höfen im Verlagsgebäude von Gruner und Jahr in Hamburg, so ist es doch auch im Neubau der Hessischen Landeszentralbank in Frankfurt am Main, in denen man sich nun Kompositionen aus Naturstein, Grün und Pflaster voller Kunstfiguren gegenübersieht, besser: auf sie hinabblickt wie auf Skulpturen-Bilder, Kunst-Garten-Reliefs voller Symbolik. Gärtner? Bildhauer? Bildkünstler? Architekten? Sowohl dies als auch das. Es ist eine ungemein interessante, äusserst artifizielle Spielwiese, die natürlich auch die Gefahr eröffnet, dem Kitsch ganz schnell ein wenig nahe zu kommen. Vordem kannte man derlei Ehrgeiz eigentlich nur bei Friedhöfen, und meist liessen sie einen Zug in den sublimierten Rationalismus erkennen, einen Verwandten des Klassizismus: interessante Kompositionen, skulpturenartige Gebäude, sehr ehrgeizig, sehr feierlich, sehr kühl und ernst.

Ach, wie weit scheint auf einmal ein anderes Kunstprodukt, der Münchner Olympiapark zu sein: ein Landschaftsarchitekt, der zu einem Landschaftsbildhauer geworden war und am Steuer eines Bulldozers die Erde formte, sie zurechtschob, durchfurchte, auftürmte, eine Landschaft nach eigenem Bilde bildete. Er schuf einen Berg, und der sah dann wie einer aus der Bibel aus, als kennte man ihn von Gemälden der alten Deutschen oder der alten Niederländer. Der Berg setzt sich fort in Bergrücken und Nebenhügeln, man erklimmt sie querfeldein oder auf sorgfältig getrampelten Pfaden. Aus einem vordem anonymen platten Gelände mit einem Trümmerberg entstand ein Landschaftsgarten, der die Olympia-Architektur komplettiert, welche wiederum die Stadt-Architektur fortsetzt. Landschaft wurde bewusst begriffen als «Artefakt und, noch profaner, als Gebrauchsgegenstand», wie ihr Schöpfer es ausgedrückt hatte, eine «robuste Architektur aus Grünelementen, Berg und See, Baum und Hain, Wiese und Sumpf, Ufer und Trampelweg, Stein und Kies».

Aber darum geht es doch immer wieder, beim Hang an einer Siedlung wie bei einem Terrassengarten, beim Grün zwischen den Wohnblöcken und am Uferweg, am Autobahn-Rastplatz wie auf Hinterhöfen, bei Schulen und Fabriken: um die Synthese zweier gegensätzlicher Systeme, des Natürlichen und des Künstlichen, des Wachsenden und des Gebauten. Vom Himmel gefallen sind sie doch beide nicht, sondern einwandfrei: von Menschen gemacht. Die Stadt ist voll davon, besser: jede Stadt wäre voller davon, wenn wir regsamer und phantasievoller reagierten und die Augen begieriger öffneten, um die Chancen für «das kleine Grün» zu erkennen und zu nutzen.

Und für das ganz, ganz «grosse Grün»? Zum Beispiel das, welches sich oft in sehr befremdlichen Grautönen und mit der bizarresten Topografie zeigt, die sich denken lässt? Man kann das Thema Renaturierung nennen, aber besser wäre vielleicht davon zu sprechen, aus unglaublich ramponierten, durch Menschenhand rüde ausgebeuteten, innerlich zerstörten Landschaften neue Landschaften zu machen, und möglichst so, dass eine Erinnerung an alles das erhalten bliebe. Nirgendwo, glaube ich, türmen sich vor den Landschaftsarchitekten solche Probleme auf wie hier, in den vom Braunkohle-Tagebau verwüsteten Landstrichen. Frohlockend könnte man auch sagen: noch nirgendwo haben sich ihnen solche Herzklopfen bereitenden Chancen aufgetan.

Unterdessen gibt es ja ein paar Beispiele, in denen es zu glücken scheint. In der Bucht von San Franzisko haben Landschaftsplaner aus einer wüsten Mülldeponie am Ufer eine eigenwillige Synthese von Natur und Technik geschaffen, «von natürlichen und künstlichen Formen, Prozessen und Motiven», wie ich las. Zum Abfackeln des Methangases, das der Abfall unterirdisch erzeugt, wurde ein «kunstvoll gestalteter Schrein» entworfen; alte Rammpfähle in der Bucht stellen eine ästhetische Beziehung zu einem grossen Kunstwerk her, einem geometrisch streng angeordneten «Pfostenfeld», auf dem sich gern Möwen niederlassen; Erdwälle verhindern die Bodenerosion und befördern zugleich Mikro-Biotope; es gibt einen durchs Gelände schwingenden Weg aus zerbrochenen Austernschalen, der unter den Füssen knirscht; am Eingang steht ein Landtor.

Ein anderer Fall breitet sich im Duisburger Stadtteil Meiderich aus, rings um die ehemalige Thyssenhütte, eine Idee der überaus erfinderischen und aktiven Internationalen Bau-Ausstellung Emscher-Park und letztlich auch ihre mutig und einfallsreich durchfochtene Tat. Doch

Wolfgang Christ und Jürgen Fischer, der Tetraeder, «Haldenereignis», Bottrop (1995)

genau die sperrige Hinterlassenschaft dieser für die Stadt und die Region prägende Industrie wurde nun nicht eliminiert, sondern als Gegenstand der leibhaftigen Erinnerung an die Arbeitswelt der Väter, Gross- und Urgrossväter stehen gelassen. Man wird sie begehen, sie berühren, riechen, sehen, auskundschaften können und eine Ahnung davon erhaschen, wie es einmal war, als die Industrieruine ein Hüttenwerk war. Ringsum sind nun all die anderen rüstigen Überbleibsel in etwas gänzlich Neues einbezogen, in eine Kunstlandschaft, eine neue, von Peter Latz entworfene Art von Park, dessen gebaute Partien zum Teil mit überraschendem Erfolg genutzt, und das heisst doch: gebraucht werden.

Deshalb gefallen mir auch all die anderen erstaunlichen Beispiele eines neuartigen Umgangs mit den Landschaftsruinen der Industrie, zum Beispiel mit den Halden, wo nun wundersame Bündnisse zwischen den Berufen, aber doch zwischen verschiedenen Denkweisen geschlossen wurden, vor allem zwischen Landschaftsarchitekten und bildenden Künstlern. Tatsächlich scheint mir hier eine regional geprägte Landschaftskunst von ungewöhnlicher Vielfalt zu entstehen. Es ist gar nicht möglich, alles, was mir aufgefallen ist, zu nennen, nur dies und das. Da ist das «Haldenereignis Emscherblick» bei Bottrop, ein auf der behutsam hergerichteten Halde errichteter fünfzig Meter hoher stählender Tetraeder, der sich als Aussichtsturm auf dem knapp hundert Meter hohen Kunsthügel in die Höhe reckt: technisch pointiertes Wahrzeichen, Landschaftskunstwerk. Und der Ausblick ringsum offenbart überwältigend die geordnete Wirrnis des Ruhrgebietes. Alles, was die Phantasie im Namen «Ruhrgebiet» erregt, sieht man hier.

Was alles könnte man noch nennen, all die einfallsreichen Bemühungen um die Renaturierung, die immer zugleich eine Gestaltungsbemühung in der Landschaft darstellt, all die verdorbenen, nun wieder geheilten Bäche, den Ökologischen Gehölzgarten in Ripshorst bei Oberhausen, der obendrein die Verbindung mit einer über den Rhein-Herne-Kanal unglaublich elegant herüberschwingenden Stahlbrücke eingeht, auch den originellen Kunstwald auf der ehemaligen Zeche Teutoburgia in der Nachbarschaft einer alten Bergarbeitersiedlung – oder den Emscher-Landschaftspark überhaupt.

Aber, könnte man einwenden, war das denn nicht immer so? Bei allen berühmten Landschaftsparks der Aufklärung und der Romantik? Zum Beispiel in Wörlitz? Ist dieser Park nicht das Gesamtkunstwerk einer dramatisierten, vollständig neu erfundenen Landschaft mit einem bestimmten Bildungsinhalt? Mit Tempeln darin und Grotten, einer Vesuv-Imitation und der Miniatur der hochmodernen, der damals ersten Stahlbrücke der Welt über den Severnfluss in England, mit einem Schloss, mit Gärtner- und Besinnungshäusern – und Skulpturen der mannigfachsten Art? Schon richtig, nur: er stellt nicht die Korrektur – einer zuvor zerstörten Landschaft wie die im Emschergebiet dar – und wie die riesigen Braunkohlebrachen Sachsen-Anhalts, von Gräfenhainichen südlich von Wörlitz bis nach Borna weit im Süden von Leipzig, gewaltige, beängstigende Wüsteneien, verdorbenes Land, Landschaften von gespenstischer Künstlichkeit, die allesamt ohne Gestaltungsabsicht die aberwitzige Gestalt behalten haben, in der sie zurückgelassen wurden.

Was damit tun? Fragt man die Leute in der Umgebung, wollen sie nur eins: Renaturierung, genauer: den Zauber der alten Wald- und Ackerlandschaft, sanft modelliert, hübsch, sie wollen Natur, die das, was jetzt ist, endlich und so schnell wie möglich vergessen macht. Bald gab es Pläne, die Böschungen zu befestigen, die ausgedehnten hügeligen Täler einfach mit Wasser volllaufen zu lassen, Seen daraus zu machen. Gottlob gibt es andere Überlegungen, und auch schon Anstrengungen, behutsamer vorzugehen und genauer nachzudenken. Von den Landschaftsarchitekten der Stiftung Bauhaus sind wichtige Anregungen gekommen. Ihnen ist auch schon «Ferropolis» zu danken, eine Versammlung von fünf monströsen, hochhaushohen Braunkohlen-Schürf-Kolossen, die hier an der ehemaligen Grube Golpa Nord die Erinnerung wach halten und eines Tages ein Museum sein werden. Und wer diese zurückgelassene, unbeschreiblich bizarre Landschaft durchwandert, wird an sich selber eigenartige Reaktionen bemerken: auf die wahrlich seltsame, befremdliche, merkwürdig faszinierende, ungewollt Kunstformen bildende Zerstörungslandschaft, auf die wunderlichen Farben, die herbeigeflogene zarte Vegetation, die giftigen Farben rinnenden und stehenden Wassers, ungekannte Idyllen darunter, so schön, dass man zu wünschen anfängt, wenigstens Teile davon zu bewahren, zu hegen und in die neu zu entwerfende – oder eines Tages doch noch geflutete – Landschaft zu integrieren. Schwierig, dafür eine treffliche Choreografie zu finden. Nicht zufällig ist ja im Bauhaus der Begriff des «Industriellen Gartenreiches» erfunden worden, eine Art von Anstiftung

dazu, die dem Wörlitzer und den andern klassizistischen Parks in und um Dessau herum innewohnende aufklärerische Idee, die Bildungsidee zur Intention für diese verlockend wüsten Landstriche zu machen.
Fast von selber drängt sich dafür das Bündnis zwischen Landschaftsarchitektur und Kunst auf. Man denkt auf einmal an Christos «Running Fence» quer durch Kalifornien, an Leo Kornbrusts «Zerlegten Kubus» am Ufer der Damra bei St. Wendel, auch an Hansjörg Voth und seine Feldzeichen bei München, sein Boot aus Stein im Ijsselmeer, seine Himmelsleiter in Freiburg und sein Steinhaus in Berlin. Ich denke auch an die zauberhaften Verbrüderungen, die die Landschaft mit der Skulpturenkunst in der niedersächsischen Kleinstadt Neuenkirchen und ihrer Umgebung erfahren hat, so vielfältig und reich, wie nirgends sonst – und an viele scheussliche, aber ebenso viele schöne Brunnen, die Plätzen und Höfen etwas Besonderes hinzufügen, sofern sie fliessen.
Doch, doch, ich denke immer auch an die Plätze. Und so bin ich auf den scheinbar allergewöhnlichsten zurückgekehrt, mit dem ich angefangen habe. Aber ist dies nicht letztlich dasjenige, das wir eines Tages als selbstverständlich in unserer Umgebung empfinden, dasjenige, das einen Zug ins Ewige hat? So wie das Strassendreieck meiner Knabenzeit mit dem Strassenbuckel und seine Metamorphose in eine ebene Fläche, worin Geometriker vermutlich ein hyperbolisches Paraboloid erkennen werden, mit dem Gulli, mit der «Anlage» und den beiden Holzapfelbäumen. Der Platz, der eigentlich gar keiner ist, der heute aussieht wie schon immer: so einen gestaltet man auch nicht, so einer ist einfach da und funktioniert, genauso wie der Olympiapark in München, oder der in Wörlitz.
Für den spazierenden, den lustwandelnden Menschen werden alle diese Überlegungen vor dem verblassen, was er – ob auf Plätzen oder in Parks – unter seinen Füssen spürt, was er sieht. Es wird für ihn wichtig sein, ob der städtische, oder landschaftliche Raum in ihm behagliche Empfindungen und Erinnerungen hervorruft, wie seine Sinne beschäftigt werden. Das sagt sich so hin, aber eigentlich ist es erst die Sprache, die den Reichtum der möglichen, der schönen wie der lästigen Eindrücke, allein die Klänge und Geräusche, die das Ohr erreichen, beschreibt. Letztlich aber wird, was immer wir spazierend, eilend, bummelnd, sitzend vernehmen, als Ganzes erlebt, sei es der Wörlitzer oder der Paley Park oder die Place des Vosges oder was immer.

Schloss Bothmer, Klütz D (1726)

Gerahmte Bilder
Oder: Die Dramaturgie der Räume in der Stadt (1997)

Ich bin, um das gleich zu erledigen, kein Fachmann, sondern ein Journalist, also ein Beobachter und ein Vermittler. Aber ich will damit nicht weiter kokettieren, weil jeder, der sich einigermassen beständig mit einem Sachgebiet beschäftigt, ganz von selber etwas Fachmännisches sich aneignet – und dabei hofft, sich dennoch den offenen, durch nichts verstellten Blick des Dilettanten zu erhalten, um also zu sehen und zu bemerken, was Experten manchmal zu sehen und zu bemerken verlernt haben, weil sie es als altbekannt abzulegen pflegen. Hier geht es mir nun darum, Sie in die Räume, aus denen die Stadt gebildet ist, mitzunehmen und Sie auf dies und das hinzuweisen, sagen wir: als ein Experte für das Allgemeine.

Mit dem Allgemeinen ist auch nicht etwas Beliebiges gemeint, sondern das, was einen Stadtbewohner als einen Stadtbeobachter bewegt, was er vermisst, worüber er sich freut, was ihm aufgefallen ist, wozu er nach Kräften anregen oder was er zu bedenken geben möchte. Ich nähere mich Ihnen mit ein paar Erfahrungen, die ich teils als seltsam, teils als bemerkenswert empfunden habe und die Sie, möglicherweise, selber auch gemacht haben.

Die erste ist die Populärste. Es war meine erste Begegnung mit toskanischen Städten, darunter auch San Gimignano. Ah, sagen Sie, na klar, die Toskana! Wie einfach! Trotzdem: Sie gehen eine schmale Strasse entlang, schauen umher, auch nach oben, auf einmal öffnet sich vor Ihnen ein Platz von wundersamer Gestalt. Allmählich bemerken Sie, dass es nicht einer ist, sondern, dass es zwei, ja drei Plätze sind, die ihn, ineinander übergehend, bilden. Der erste beginnt mit dem Gemüsemarkt vor dem Dom; dort erfährt er mit einer prächtigen, zur Kirche hinaufführenden Freitreppe seine topographische Pointe, dabei selber einen kleinen Platz bildend, dann zieht er sich durch die Strassenenge hinüber auf den Zisternen-Platz. Lauter unregelmässige, sehr eigenwillige, auch rätselhaft geformte Plätze, auf die die Schatten der Geschlechtertürme fallen. Doch allesamt stellen sie gefasste Flächen dar, also Räume, die ja auch wirklich wie Räume empfunden werden. Tatsächlich findet man in all diesen Städten das ähnliche Platzvokabular, die gleiche Syntax in der städtebaulichen Sprache, genauer: Alle Plätze ziehen Nutzen aus ihrer Topographie; niemals wurde eine Fläche eingeebnet, im Gegenteil, man akzeptierte offenbar nicht ungern die schiefen Ebenen und die Buckel, die Ecken und die Engen, weil sie den Ort so interessant, nämlich unverwechselbar machen. Alle diese Plätze sind, das soll man nicht vergessen, kommunale Zentren, städtische Herzstücke, sie machen Bedeutungen klar und Mächte: das Rathaus, die Kirche, der Markt. Die meisten Plätze sind ebenerdig oder, sofern eine Kirche dominiert, um ein paar Stufen erhöht. So gut wie keiner gehorcht einem simplen geometrischen Regelwerk; die Quadrate und Dreiecke sind gewöhnlich gar keine, die Gebäude bilden keine rechten Winkel und folgen selbst in ihren Grundrissen lieber den Einladungen eines Grundstücks als einem geometrischen Abstraktum. Es gibt kleine Lücken, überraschende Pforten und Durchgänge, Verengungen und Gebärden des Öffnens. Wir haben eine in allen sogenannten «gewachsenen» Städten wirksame Mixtur aus Zufall und Ordnung vor uns. Denn natürlich sind alle diese Städte nicht gewachsen, sondern gemacht, und zwar unter allen möglichen Einflüssen: dazu gehören Eigentumsverhältnisse, politische Eingriffe, gesellschaftliche Ansprüche, Spekulation und Darstellungssucht, auch Topographie und Klima, vor allem in der Toskana, aber auch eine kontrollierte Schönheitslust.

Hundert Plätze – hundert Individuen. Doch warum, könnte einer fragen, nach Italien schweifen, es ist doch in unseren, namentlich in unseren alten Städten nicht viel anders. Richtig! Dort wie hier ist es diese eigenartige Vollkommenheit ihrer Unvollkommenheit, ist es der lebendig wirkende, stimulierende Rhythmus der Unebenheiten, der Kanten und Ecken, der scheinbaren Formenwillkür, der Situation, die sich am Vorgefundenen orientiert und den Status quo als eine Art von ästhetischem Fingerzeig beherzigt. Alle diese Städte sind durch ihre Plätze unverwechselbar.

Meine zweite Erfahrung habe ich im Ruhrgebiet gemacht. Ich hatte das Glück, drei volle Tage lang auf einer Rundfahrt kreuz und quer damit bekannt gemacht zu werden. Denn normalerweise erfährt man das Ruhrgebiet ja gar nicht als ein Gebiet, sondern nur in Gestalt bestimmter Orte, in denen man meist etwas Bestimmtes zu erledigen hat. Natürlich kann man gewisse städtische Charakteristika auch hier entdecken.

Oft habe ich gestaunt über die stolzen alten Zentren, an denen die Stadt sich in die Brust wirft. Doch sobald man von Stadt zu Stadt fährt, verliert man seinen Ortssinn: keinerlei Grenzen, keinerlei visuelle Markierungen, man weiss nicht, wo die eine Stadt endet, wo die nächste beginnt.
Ist man noch hier? Ist man schon dort? Nahtloses Ineinanderfliessen, ein Ort ergiesst sich in den anderen – eine sehr irritierende Erfahrung, bei der mir das leicht verschlissene Wort Identität in den Sinn kam, weil daran Mangel war. Auf einmal hatte ich den dringenden Wunsch nach Stadttoren, nach Raum markierenden Zeichen, bei denen es zunächst ganz gleich wäre, wozu sie dienen, ob nur als Tormetaphern, ob als Gebäude, die für irgendetwas, das hier als sinnvoll erschiene, genutzt würden. Zwar würde mit ihnen nicht gleich ein Raum geschaffen, aber ein Raumgefühl geweckt, ein Raum markiert: Ein Tor ist ja ein Eingang und ein Ausgang, an dem etwas beginnt und etwas endet. Es wäre ein kleines Aufbäumen gegen die zweidimensionale, die flächige Beliebigkeit des Ortes.
Dies betrifft nun die dritte Erfahrung. Es geschah auf einer Tagung der Deutschen Akademie für Städtebau und Landesplanung gegen Ende der sechziger Jahre in Hamburg, wo ich mich über die strichelnden Stadtplaner lustig machte, Leute also, die die Stadt nur noch als Fläche zu sehen gewohnt waren und sie in Flächen einteilten: schräge Striche in dieser Richtung reines Wohngebiet, schräge Striche in der anderen reines Gewerbegebiet, gekreuzt meint es Mischgebiete – und so weiter. Und so sahen unsere Städte damals, in den sechziger, siebziger Jahren doch auch aus: bebaute Flächen, nicht gebaute Räume. Ich war damals so dreist, von den Städteplanern räumliche Visionen zu verlangen, weil ich glaubte, kein Stadtplaner, der sich als Stadt- oder Städtebauer versteht, könne auf die Vorstellung verzichten, wie die Stadt sich dreidimensional weiterentwickeln könnte oder sollte, um einem elenden Mechanismus zu entgehen. So ähnlich war doch auch das Ideal der Nachkriegszeit, die aufgelockerte Stadt entstanden: nicht als Raumgebilde, sondern als Ergebnis blosser Flächenverteilung. Man braucht nur einen Blick auf die Lagepläne solcher Siedlungen zu werfen: mehr Graphiken denn Raumpläne, ein verlegen wirkendes Häuserverteilungsmuster, dessen Dekor sich nur aus dem Flugzeug erschlösse.
Natürlich gab es für die aufgelockerte Stadt damals eine Begründung, die ja auf bösen Erfahrungen beruhte. Da gab es die Erinnerung an die

dichte, finstere Mietskasernenstadt des 19. Jahrhunderts, an die Spekulantenstadt der Gründerzeit, in denen die Volksseuchen grassierten. «Nie wieder!» hiess deshalb die Devise – und also strebte man nach der hygienisch einwandfreien, der lockeren, durchsonnten, durchlüfteten, der gesunden Stadt, die nun nicht mehr aus den verfluchten, nur enge Höfe bildenden Blöcken bestanden, sondern aus Häuserreihen und -zeilen, zwischen denen sich das sogenannte öffentliche Grün ausbreitete, Betreten leider Gottes verboten, vor allem das Kinderspiel.

Und dann gab es, merkwürdigerweise parallel dazu, die absonderlichsten Zukunftsvisionen, in denen das Automobil die Macht ergreifen würde, so wie man es doch in Amerika schon gesehen hatte: je Haushalt ein Wagen, wenn nicht zwei, womöglich drei, die Stadt mit Highways zerfurcht, mit gewaltigen Stadtautobahnen zu sechs, acht, zehn, ja zwölf und mehr Spuren, und mit gewaltigen platzvergeudenden Kreuzungsverschlingungen. Müsste sich Europa nicht dafür wappnen? Jedenfalls hatten beide Motive stadtzerstörerische Wirkungen von so erheblicher Art, dass wir heute noch daran herumkurieren. Die Stadt war dabei aufzuhören, gefasster Raum zu sein und stattdessen ein sich in die Fläche ergiessendes, Landschaft zerfressendes, durch immer neue Strassen erschlossenes Unwesen zu werden.

Und schon tauchten viele verwegene, ganz andere Zukunftsbilder für die Stadt von morgen und übermorgen auf, für die überfüllte tosende Stadt, die nun nicht mehr bliebe, was sie ist und was sie war, weil man sie, wie man glaubte, alsbald gar nicht mehr als gesellschaftliches Gebilde gebrauchen werde. Stadtleben werde sich bald nicht mehr leibhaftig «in der Stadt» zutragen, sondern nur noch elektrisch, drahtlos oder per Kabel unter Individuen, jedenfalls als eine abstrakt miteinander kommunizierende Computergesellschaft, die gleichsam alles im Sitzen erledigen könne. Was es nicht alles an Ideen gab: die Plug-in-city, die angestöpselte Stadt, die Clip-on-city, die angeklammerte Stadt, die Cluster-Stadt, auch eine Art von Mammutbaumstadt, die sich auf hochhausdicken Stielen über der Erde und über den Dächern der veralteten alten Stadt ausbreiten würden, ebenso die Raumgitterstadt oder ein sogenanntes «vektoratives Raumgerüst aus modularen Tekturelementen» mit gewaltigen räumlichen Tragstrukturen. Auch die Schwimmkörperstadt gab es für Buchten, aus «koppelbaren Mehrzweckschwimmkörpern» zusammengefügt, ferner die Trichterstadt sowie die

Wohnschalenstadt. Man findet diese ausschweifende, immer auch ein wenig melancholisch stimmende Zukunfts-Stadtrevue in einem Buch von Justus Dahinden, dem Schweizer Architekten, in dem er schon 1971 «Stadtstrukturen von morgen» beschrieb und unserer Stadt von heute schon das Grablied sang.

Geblieben ist von all den fortschrittsfrohen Utopien bisher so gut wie nichts. Denn der Mensch ist erstens ein Wesen, das die Gewohnheit liebt, dem jede Änderung widerstrebt, das mit der einen Hand nach dem Zipfel der Zukunft langt, mit der anderen stets einen Zipfel der Geschichte ganz fest hält und den, wenn er ihm schon entglitten ist, am liebsten rekonstruiert.

Der Mensch ist zweitens aber auch ein geselliges Wesen. Und deshalb wird er immer sagen: «Ich geh' mal eben in die Stadt» – selbst wenn sämtliche Haushalte des Landes mit Computern verseucht sein sollten und theoretisch niemand mehr je einen Fuss vor die Tür setzen müsste, es sei denn, um in die Ferien zu fahren. Er müsste ja nicht einmal das Haus verlassen, um Freunde zu besuchen, er könnte sich per Ringschaltung alle auf seine Bildschirme holen und mit ihnen schwatzen und sich mit ihnen betrinken. Doch selbst dann wird der Mensch seine Stadt nicht missen wollen: die Stadt als einen abwechslungsreichen Ort der leibhaftigen Begegnung, der Zerstreuung, des Vergnügens, der Auseinandersetzung und der Demonstration. Wir kennen doch das eigenartige Verlangen des Städters nach der anonymen Geselligkeit mit seinesgleichen in der Stadt: Er kennt niemanden, aber er will unter ihnen sein, flanierend, guckend, schwatzend, flirtend. Es ist die unwiderstehliche Lust, in die Sonne und in den Regen zu gehen und sich von einem Sturm zerzausen zu lassen, es ist das schwer zu beschreibende Wonnegefühl, sich eins mit seinesgleichen zu fühlen, einkaufen zu gehen und die Dinge, die man kauft, anzufassen und zu probieren, oder vor dem Rathaus und in den Strassen zu demonstrieren, «Hoch!» zu rufen oder «Nieder!» zu schreien.

Die Stadt, wie wir sie gewöhnt sind, wird ein Treffpunkt bleiben, so dass uns gar nichts anderes bleibt, als sie uns nach Kräften immer neu anzuverwandeln. Und deshalb war die Reichstags-Verhüllung durch Christo und sein Alter ego in Wahrheit nicht nur ein künstlerisches, auch weniger ein gesellschaftliches denn ein geselliges Ereignis: Sie schuf um sich herum eine erstaunlich friedliche Gesellschaft, die sich sauwohl dabei fühlte, im Angesicht eines zur Skulptur gemachten Gebäudes in so grosser Zahl beieinander zu sein – und stundenlang dabei auszuhalten, geniesserisch. Keine noch so raffinierte Netzschaltung per Computer hätte das zu ersetzen vermocht.

Und vergessen wir nicht, dass der Mensch mit fünf Sinnen ausgestattet ist, dass er sieht, hört, riecht, dass er schmeckt und tastet und schon deswegen nach der körperlichen Stadt verlangt, der Stadt zum Betreten, der Stadt zum Anfassen, der Stadt mit all ihren Geräuschen, ihren Gerüchen, ihren Echos, mit ihren Bildern, ihren Überraschungen. Und deswegen ist sie nicht als Fläche wichtig, sondern als eine Komposition aus Räumen sehr verschiedener Art. So ergab sich denn ja auch der eigentliche Titel meiner Gedankenübertragung: Gerahmte Bilder – oder: Die Dramaturgie der Räume in der Stadt.

Was ist Raum? Bei so elementaren Fragen empfiehlt sich immer ein Blick ins Wörterbuch, wo wir zu unserer Überraschung zuerst dem Adjektiv «raum» begegnen, das für die Förster offen bedeutet, ein raumer Wald ist ein lichter Wald; für die Seeleute heisst es weit und geräumig. Und so meint auch das Substantiv «Raum» so viel wie Weite und Ausdehnung, auch Platz, an dem man etwas unterbringen kann; erst dann wird der Raum lapidar umschrieben mit Länge, Breite und Höhe, als der im Gegensatz zur zweidimensionalen Fläche dreidimensionale Raum – genau das, was wir hier fortan darunter verstehen wollen, der oben dem Himmel sich öffnende öffentliche Raum.

Um sein Wesen besser zu begreifen, tut es gut, sich geschlossene Räume zu vergegenwärtigen. Jeder von Ihnen hat das erlebt, die Überraschung beim Betreten eines besonders grossen lichten Raumes, oder die Bedrückung über einen düsteren gedrückten Raum. Was es damit auf sich hat, beschrieb der Photograph Reinhard Matz in seinem Buch über «Räume oder Das museale Zeitalter», das knapp zwei Dutzend grosser Räume in Photographien versammelt, die allesamt von geheimnisvollem, gedämpftem Licht in Stimmung versetzt sind, Licht, das sich im Boden spiegelt oder sich durch feinen Staub eine Bahn zu suchen scheint, seltsame Reflexe zeichnet, es sind lauter grosse menschenleere Räume, ein Lokschuppen etwa, ein Bahnhof, ein Palastsaal, eine Reithalle, ein ehemaliger Schlachthof, die Ruine einer Botschaft, eine Badeanstalt. «Wenn ich einen Raum betrete», schreibt er also, «schaue ich mich um und schnuppere. Ist es hier gefährlich? Ist der Ausgang gesichert? Wer ist noch im Raum? Muss ich meine Anwesenheit recht-

fertigen? ... Fühle ich mich wohl? Welche Atmosphäre strahlt der Raum aus? Wie ist er proportioniert? Von wo kommt wieviel Licht? Wie ist der Raum eingerichtet? Und, ganz wichtig: Was sehe ich durchs Fenster?» Räume, so viel ist sicher, üben eine merkwürdige Faszination auf uns aus, sie gehen uns ans Gemüt: mit ihrer Weite oder ihrer Enge, ihrer Höhe, ihrem Volumen, mit ihrem Licht, ihrem Dekor, dem Abenteuer ihrer Konstruktion. Ich gestehe, dass mich in Hallen, in Sälen, auch in Zirkuszelten eine Raumlust befällt, aber auch auf Plätzen. Mir genügt der Raum oft schon als Raum – und die Botschaft, die seine Architektur aussendet. Ich weiss noch, wie ich zum erstenmal im Kölner Dom war und immerzu an die hohe, ferne Decke starren musste. Oder in der Wallfahrtskirche, die Gottfried Böhm in Neviges errichtet hat und der Qualität all der viel bewunderten alten Dome kein bisschen nachsteht: unter einem zeltartigen, gefalteten Stahlbetondach ein Raum für fünftausend Gläubige, doch dabei dennoch so merkwürdig intim, dass sich darin, allein, keine Menschenseele verloren fühlte – oder bei vollem Hause fürchten müsste, «in der Masse unterzugehen». Wunder des Raumes.
Als ich dort war, war diese Wallfahrts-Kathedrale vollständig leer. Niemand käme auf die aberwitzige Idee, diesen Raum deswegen, weil er so selten benutzt wird, als verschenkt zu betrachten. Aber genau das geschah unlängst in München, wo irgendjemandem plötzlich aufgefallen war, dass ein schöner grosser Saal in der Residenz so oft ungenutzt herumliege, und er meinte, man müsse endlich nur unbedingt irgendetwas damit veranstalten. Merkwürdig, dass es manchen zu wenig ist, dass ein grosser schöner dekorativer Raum einfach nur da ist, nur betrachtet wird, dass er als nichts weiter als ein Raum erlebt wird. Wahrscheinlich liegt das an unserem gewöhnlich ziemlich eindimensionalen Kosten-Nutzen-Denken, besonders im Bauen. Ist ja auch wahr, Gebäude kosten ein Heidengeld – welch ein Luxus, sie zu Teilen lediglich mit den Füssen und den Augen zu benutzen, aber nicht für irgendetwas. Raum ist, ganz gewiss, eine Art von Genussmittel, das der Mensch dann und wann geniessen möchte – aber auch geniessen muss.
«Raum», las ich in einem leider viel zu wenig bekannt gewordenen Buch von Ulrich Conrads, betitelt «Spielraum für Leben», «Raum», las ich also dort in einem Zitat von Geoffrey Scott aus dem Jahre 1924, «Raum ist Freiheit zu Bewegungen. Wir passen uns instinktiv den Räumen an, in welchen wir stehen, projizieren uns ideell mit unseren Bewegungen

Peter Zumthor, Kunsthaus, Verbindungsgang, Chur (1990)

hinein. Während wir gehen, suggeriert der Raum Bewegungen.» Der schöne Raum also als ein kinetisches Kunstwerk: Es steht, aber es bewegt sich durch uns.
Ende der sechziger Jahre in dem niederländischen Polderdorf Dronten zu Besuch, das sich zur Feier seiner Vollendung endlich auch einen Schuss Hochkultur in Gestalt eines Theaters leisten wollte, aber sich vernünftigerweise stattdessen eine Halle für alle und ziemlich alles hat bauen lassen, habe ich genau das erlebt. Die Halle, sehr wichtig für den windigen, dem Meer abgerungenen Ort, enthält viel Platz, Platz für Bauernversammlungen, Platz für den damals zweimal stattfindenden Wochenmarkt, auch Platz für ein Restaurant und ein Café sowie für ein ovales Theater unter dem grossen, über alles hinwegreichenden Dach. Ich war mit dem Architekten Frank van Klingeren dort verabredet und erging mich, auf ihn wartend, in der Halle. Es war nichts los, nur Musik fiel aus hundert Lautsprechern leise von der Decke herab und beschwingte mich. Ich durchwanderte den Raum, nichts anderes geniessend als diesen weiten, unprätentiösen, aber von riesigen Fenstern und Fensterwänden und Emporen interessant umringten Raum. Es war schwer, sich davon zu lösen, zumal man ihn auch Kaffee trinkend im Sitzen erleben konnte. Man könnte das auch so formulieren: der Raum – ein Spiel, aber nicht durch sich, sondern durch uns, das Personal, das ihn bevölkert.
Kürzlich habe ich einige dieser deutschen Steuerfluchtburgen in Luxemburg angesehen, die Dependancen dreier Banken, zwei davon mit mächtig ausladenden Eingangshallen, haushoch, die freilich nicht von Kommenden und Gehenden belebt waren, sondern nichts weiter als Empfehlungsgesten für die spärlichen Kunden sind, Bedeutungsgebärden für die reiche Institution Bank. Es sind Hallen, nur Hallen – Raum, nichts als Raum. Man geht hinein, schaut sich um, niemand fragt «Darfs was sein?» oder dieses scheinheilige «Kann ich Ihnen behilflich sein?». In der einen Bank konnte man sogar ungehindert hinauf bis ans filigrane, mit Glas gedeckte feine Stahldach steigen, den Riesenraum also aus allen Perspektiven betrachten. Es ist ein wunderbares Erlebnis – jedenfalls für Leute, die das Zeug zum Raumlüstling haben.
Raum ist aber nicht nur ein ästhetisches Ereignis, auch nicht nur ein gesellschaftliches, sondern auch ein beschützendes, das ist wohl das Wichtigere. Ich erinnere mich an den langen Flur eines Verlagshauses, den ich entlang ging, als ich hinter mir jemanden kommen hörte und

ihm, weil er sich eilig anhörte, instinktiv Platz machte. Ah, fragte er, der als Redakteur für die Vulgärpsychologie einer Frauenzeitschrift zuständig war, «gehen Sie immer so dicht an der Wand entlang?». Ehe ich antworten konnte, hatte er mir schon seine psychologische Deutung aufgenötigt: Wer an der Wand entlang geht, suche Schutz. Daran ist ja auch etwas Wahres: man kann sich an der Wand stützen, sich festhalten, und auch die Seele fühlt sich behütet.

Sagen wir es so: das Charakteristikum aller Räume ist, dass sie gefasste Gebilde sind. Und so wie mit hohen Hallen und langen Fluren, verhält es sich auch mit den Plätzen und den Strassen. Es sind nicht nur markierte, sondern gerahmte externe Räume. Ein Platz hat Platzwände, eine Strasse ist von Fassaden gesäumt, die die Schauseiten von Gebäuden, also von internen Räumen sind.

Bisweilen geschieht es, dass Stadträume mehrere Sinne in Anspruch nehmen. Im Altonaer Stadtteil Ottensen zum Beispiel, das seine Herkunft über alle Zeiten hinweg in seinem Dorf-Grundriss bewahrt hat, fiel mir das einmal auf: in den gekrümmten Strassen. Der Radius ihrer Krümmung ist so beschaffen, dass der Blick gerade so weit reicht wie die Stimme.

Stellen wir uns eine Mutter vor, die aus dem Fenster nach ihrem Kind Ausschau hält: Solange sie es sieht, so weit reicht ihre Stimme, solange muss sie nichts fürchten. Man muss das nicht gleich wie ein Ei des Kolumbus bestaunen – aber es ist eine angenehme Kongruenz: Man fühlt sich sicher, man fühlt sich wohl. Die Mutter weiss genau: wenn sie ihr Kind nicht mehr sieht, hilft auch kein Rufen mehr, dann muss sie hinunter auf die Strasse und hinten um die Ecke schauen, denn dort befindet sich, wie in derlei geschwungenen, schiefe Winkel bildenden, sehr einprägsamen Stadtgrundrissen üblich, ein Platz.

Unweigerlich empfindet man in solchen Stadtgebilden auch einen Rhythmus. Man fühlt, dass die Umgebung, dass der Stadt-Raum schwingt. Aber es ist auch klar, dass solch ein Stadtgrundriss seine Lebendigkeit nicht zuletzt den Fassaden verdankt, welche wiederum desto temperamentvoller wirken, je vielfältiger, sagen wir: je anspruchsvoller sie gestaltet sind.

Um zu begreifen, warum man manche Städte oder manche Stadtteile als rhythmisch empfindet, hilft meist ein Blick auf einen der alten Stadtpläne, wie sie am komfortabelsten im Barock und im Klassizismus angefertigt wurden, wie der von Giovanni Battista Nolli 1748 von Rom, darauf die gewöhnlichen Bauten geschwärzt, die öffentlichen, öffentlich zugänglichen Gebäude ebenso wie Strassen und Plätze weiss dargestellt sind. Ein Blick, und man bemerkt diesen eigenartigen Rhythmus, und die ausserordentliche räumliche Vielfältigkeit, den Wechsel, die raffinierte Raumfolge. Sie ist voller kleiner und grosser monumentaler und intimer Plätze, alle untereinander verbunden, keine Strasse, die nicht räumlich angelegt wäre: die Stadt voller Bewegung. Sie sieht aus, als sei sie so gewachsen. Das natürlich wäre, wie gesagt, ein Irrtum. Städte sind keine Gewächse, sondern Machwerke. Und so hat sie auch kein Naturgeist zusammengefügt, sondern der Schutz- und Gewinngeist ihrer Bewohner.

Die Stadt als eine Versammlung von Räumen, deren Gestalt uns willkürlich, zufällig, dennoch irgendwie organisch erscheint, ist niemals ohne Grund so und nicht anders geformt worden. Sie ist das Ergebnis der Topographie, der Bodenbeschaffenheit, der Bewirtschaftung, des Eigentums und der Spekulation wie der Gesetze, Ergebnis des Wohlstands und der Armut, des Verkehrs, von Kriegen und Feuersbrünsten, und Gegenstand der Planung meist nur, wenn Veränderungen sich ankündigten. Die gewachsene Stadt ist ein hübsches Bild, aber eine Legende. Jede Strasse darin ist ein Ereignis – für die Augen, für die Beine, für die Seele. Manche Strassen sind erregend schön, manche langweilig, einige sind schweigsam, auch sprachgestört, andere geschwätzig. Es gibt «nicht enden wollende» Strassen, und andere, die durch das Häusermeer schwingen oder sich hindurchzwängen, strahlende und düstere, drückend enge, formlos zerlaufende, aber auch traumhaft schöne Alleen. Strassen haben ihre Höhepunkte, oder auch keine; alle haben ihre Konflikte, wie im Drama, oder auch nicht. Ihr Rhythmus überträgt sich wie von selber auf den Ort und auf die Menschen, die sie benutzen. Manchmal gehorchen Städte geometrisch konstruierten Idealplänen, rund oder gezackt oder gerastert, besonders die Renaissance hat von derlei strengen, mit der Symmetrie liebäugelnden Städten geträumt und dann der Klassizismus noch einmal: Karlsruhe rings um das Schloss ist ja hierzulande das prominenteste Beispiel dafür. Doch meistens wucherten die Städte durch die Jahrhunderte.

In den Netzen, welche die Strassen bilden, sind die Plätze die Knoten, und in den Maschen wohnt und wirkt der Mensch. Stadtpläne lesen sich nicht selten wie Dramenentwürfe. Denn auch das Drama bildet ja einen in sich funktionierenden Raum: Es hat einen Anfang, und es hat ein

Ende, einen Ein- und einen Ausgang, die Handlung bildet Stränge, es gibt Konflikte – und es gibt Höhepunkte. So könnte man den Satz auch umdrehen: Dramen sind wie Stadtentwürfe. Man kann dieses Spiel mit den Metaphern natürlich noch weitertreiben, weil es für alles taugt, was der Mensch Regeln unterwirft und gestaltet. Auch Musikstücke sind geplant und gebaut, selbst wenn uns die Phantasie, die Eingebung der Komponisten viel eher auf die Intuition angewiesen zu sein scheint als auf den konstruierenden Geist. Städte wirken doch auch, als seien sie komponiert, und irrational zugleich. Und ebenso sind Kompositionen Raumgebilde. Das heisst, Raum ist etwas, das eine Fassung hat, ein physisch wahrnehmbares, manchmal auch nur psychisch wirksames Rahmenwerk. Ein Raum suggeriert die Menschen, die darin leben, Schutz, sie fühlen sich geborgen. Es ist etwas anderes, ob man mit einem Boot mitten auf dem Meer schwimmt – oder auf einem Fluss, dessen Ufer man sieht und spürt.

So fühlt man sich auf dem quadratischen Marktplatz zu Heide in Schleswig-Holstein, dem grössten deutschen Marktplatz, ganz anders als auf dem Domhof in Hildesheim, den die Kirche in einen grösseren und einen kleineren teilt und auf denen man den Eindruck haben könnte, man brauche nur die Arme weit genug auszustrecken, um Halt zu finden. Aus den gleichen Gründen ist der Emst-Reuter-Platz in Berlin mit seinen uferlosen Konturen, mit seinem in weit voneinander entfernte Einzelgebäude aufgelösten Rand und seiner unangenehmen Weitläufigkeit das Beispiel eines vollständig missratenen Platzes, der eigentlich nichts weiter ist als eine Grossstadtverkehrsverteilungsmaschine. Und deshalb weckt jeder intime Altstadtplatz behagliche Gefühle in uns, so wie es sie in grosser Zahl in der Aachener Altstadt und erst recht in Ravensburg oder Wolfsburg, in Montepulciano oder in Zürich gibt – ein jeder mit einer charakteristischen Umrahmung. Es war ja nicht zufällig, dass der amerikanische Architekt Charles Moore nach einer Architektur verlangt hatte, die nicht stumm sei, sondern erzählen solle. Die einen nicht wie unsere Grosssiedlungen aus den sechziger, siebziger Jahren so unberührt lassen: voller Häuser, die einem nichts weiter mitzuteilen haben, als dass sie nach den Richtlinien des sozialen Wohnungsbaus errichtet worden sind.

Nun wäre es allerdings voreilig, es mit der Fassung eines Raumes genug sein zu lassen. Hinzu kommen die unendlichen Verfeinerungen, die einer Stadt überhaupt ihr eigenartiges, fast körperlich zu empfindendes Gefüge geben. Aber wie oft wurde das übersehen, ja, nicht einmal bemerkt. Viele Jahre lang waren Strassen für die Verkehrsplaner nichts weiter als Rollflächen, möglichst glatt, möglichst gerade, frei von Hindernissen; eigentlich störten darin auch die Kurven, Verengungen, Unebenheiten, und nicht zuletzt die Plätze, weil es nicht einfach ist, sie in das Verkehrsgefüge einzuordnen. Strassen aber sind, wie wir wissen, nicht nur Flächen, sondern Raumgebilde von erstaunlicher Mannigfaltigkeit. Strassen sind gesäumt von Fassaden, je mitteilungsfreudiger, desto besser. Strassen haben aber auch, was nicht vergessen werden darf, ein Profil, das sich in ihrem Querschnitt zeigt und dessen Qualität wiederum von seiner Massstäblichkeit zur Umgebung und von seinen Proportionen abhängt. Das Profil gibt dem Strassenraum Halt und charakterisiert ihn zusammen mit allen Beigaben, mit Eingängen, Freitreppen, Vorgärten, Zäunen, Hecken und Toren, mit Bürgersteigen, Radwegen, Bäumen, Bänken und Bordsteinen, nicht zuletzt mit der Fahrbahn, ihrer Breite und der Art des Pflasters, ihrer Wölbung.

Unsensible Veränderungen im Namen irgendwelcher, meistens einseitiger Verbesserungen können einer Strasse den Charakter rauben, ihr Bild sogar vollständig zerstören. Wie oft ist das in den Jahren des allgemeinen Verkehrsrausches geschehen, als dem fliessenden Verkehr so gut wie alles preisgegeben wurde: Bäume wurden gefällt, Bürgersteige verschmälert, Vorgärten beseitigt, und den Dörfern wurden all die für den landwirtschaftlichen Betrieb so wichtigen Resträume genommen, diese ruppigen, grasbewachsenen, ungeraden Randstreifen, die Sommerwege – die aber eben auch wichtig waren für das Auge.

Als dann aber eines Tages der Mensch zu Fuss wieder zu Ehren kam und Strassen ihm zuliebe in Fussgängerstrassen umgebaut wurden, gab es ein ähnliches Malheur. Unsere damals ästhetisch nicht sonderlich empfänglichen Tiefbauingenieure räumten nun alles aus dem Wege, sie kratzten sozusagen den Strassenraum aus, nahmen zuerst die Bordsteine weg, ebneten dann die Fusswege ein, zerstörten das Profil. Und plötzlich bemerkten sie die formlose Leere, die sich in den Strassen auftat, die in Unordnung geratenen Proportionen – und reagierten sich mit Surrogaten ab. Jetzt möblierten sie die Fussgängerstrassen mit all dem modischen Unrat: mit Vitrinen, Betonkübelpflanzen, Papierkörben der unausstehlichsten Art, populären Halbkunstwerken.

Um das wirklich leibhaftig zu erleben, brauchte man nur einmal die Essener Haupteinkaufsstrasse vom Hauptbahnhof an und am Münster vorbei bis ans Ende zu gehen und dabei alles zu notieren, was auf der Strasse steht. Man wird sich wundern. Dort wie in etlichen anderen solcher stadtprägenden Strassen findet man: Papierkörbe, Laternen, Telephonzellen und Kioske, Litfasssäulen, Reklametafeln, Streusandkästen und Schaltkästen, Schranken, Bauzäune, Sperrgitter, Fahrradständer, Pflanzenkübel, Ampeln, Hydranten, Masten, Toiletten- und Wartehäuschen, Gitter und Geländer, Brunnen und andere Strassenkunstwerke. Man wird eine lange, lange, fürchterlich lange Liste bekommen. Manche dieser Mobilien waren tatsächlich dazu gedacht, Raum zu bilden, in Wirklichkeit füllten sie ihn nur.

Nicht alles dabei ist Unsinn. Es gibt zum Beispiel Kunstwerke, Plastiken, wie das aus gewaltigen steinernen Balken gebildete Raumkunstwerk von Max Bill in Zürich oder wie die rostigen stählernen Wandskulpturen des Amerikaners Richard Serra, die eine enorme stadtraumbildende Kraft entwickeln. Es gibt zum Beispiel Bögen und Tore, die ja nicht nur Triumphbögen oder Stadttore sein müssen, sondern Quartierskennzeichen. Ich erinnere mich an einen reizenden, aus dünnen Stahlrohren gebogenen und verstrebten, bald von blühenden Kletterpflanzen überwucherten Bogen, der das Entree zu einem Freiburger Wohnviertel darstellt und nicht nur den Strassenraum pointiert, die Wohnstrassen ankündigt, sondern doch auch ein Zeichen ist.

Ich denke auch an einen neuen Stadtplatz, der merkwürdig vor den Augen verschwamm, bis er durch einen Brunnen Halt bekam, einen Brunnen von äusserster Einfachheit: ein Rohr aus dem Wasser fliesst, eine Schale, die es auffängt, Erfrischung für Mensch und Vogel. Aber man sah ihn ja nicht nur, sondern man hörte ihn auch plätschern – ein überraschend räumlicher Effekt. Ich war dort einmal im Dunkeln, der Laternenschein erreichte ihn nicht, aber mit seinem Geräusch und dem Widerhall an den Fassaden ringsum bezeichnete er seine Lage und die Konturen seiner Umgebung. Man hörte den Platz gewissermassen – so wie man eine Strasse als Raum begreift, wenn jemand mit klappernden Absätzen darüber geht.

Zauber des städtischen Raumes. Was Wunder, dass die Plätze darin eine besondere Rolle spielen – dann, wenn sie mehr sind als Nutzflächen. «Zu verweilen!», so leitet Camillo Sitte sein berühmtes, nach wie vor lesenswertes Buch über den «Städtebau nach seinen künstlerischen

Grundsätzen» von 1889 ein. «Zu verweilen! – Könnten wir das öfter wieder an diesem oder jenem Platz, an dessen Schönheit man sich nicht satt sehen kann; gewiss, wir würden manche schwere Stunde leichteren Herzens tragen und neu gestärkt den ewigen Kampf des Lebens weiterführen.»

Die Verführung ist gross, diesen alten Seufzer zu wiederholen, weil wir ja inzwischen die Notwendigkeit von Plätzen in der Stadt wiederentdeckt haben und nun endlich wieder dabei sind, sie ins städtische Leben zurückzuholen, oft genug aus Parkplätzen wieder parkartige Plätze zu machen. Plätze sind ja vieles, sind Versammlungsstätten, Verkehrsverteiler und Märkte, Oasen mit Hecken und Wasserspielen. Sie sind Pausen in der aggressiven Stadtmusik und helfen als Merkzeichen bei der Orientierung: Pointen des Stadtgefüges. Sie sind, je nach Lage, Beschaffenheit und Aufgabe grün oder gepflastert, Idyllen oder unübersehbar architektonische Erfindungen: Merkmale der Stadtphysiognomie.

Doch das, was so selbstverständlich klingt, war viele Jahre lang vergessen, aus dem Bewusstsein gedrängt, aus der Lehre verschwunden, überspielt von anderen Leitbildern, die im Städtebau auf einmal für wichtiger gehalten wurden. Eines habe ich schon erwähnt: den Reflex auf die Mietskasernenstadt der Gründerzeit, auf die Seuchen, die darin grassierten, im Mittelalter die Pest, im 19. Jahrhundert die Cholera, zuletzt die Tuberkulose. Die unhygienische Stadt sollte endlich einer hygienischen weichen, die dichte Stadt der lichten, der aufgelockerten, der gesunden, durchgrünten, von reinigenden Winden durchwehten, der sonnigen Stadt. Und so wurde auch der gute alte Block, der Strassenblock, pauschal verdammt und durch die Zeile ersetzt. Wenn es auch nicht immer und überall zur faktischen Auflösung der Städte führte, hockte doch die Vorstellung davon in den Köpfen vieler Städtebauer. Die lockere Stadt aber ist meist keine räumlich zu erfahrende Stadt mehr. Und mit der aufgelockerten Stadt ging dann auch die funktional entmischte einher – bis man merkte, dass das alles die Stadt nicht wirklich verbesserte, sondern langweilig machte. In Berlin zum Beispiel, das zurzeit einigermassen atemlos seine neue alte Hauptstadtrolle zu spielen versucht, sind viele neue Stadtgebiete ringsum geplant; niemand jedoch spricht da noch von Siedlungen, sondern von Vorstädten oder von Stadtteilen, wörtlich zu verstehen als relativ autonom funktionierende Teilstädten, in denen nicht mehr nur gewohnt, sondern auch gearbeitet, gespielt, Handel getrieben werden soll, wo man spazieren geht, Fussball spielt, tanzt, flaniert, wo man Kinos, Restaurants, Schulen und Musikhallen findet. Das Thema ist dabei unweigerlich die Stadt, und das heisst: der Raum, der dreidimensionale, körperlich wirkende und zu empfindende Raum, genauer die aus Räumen von vielerlei Art für vielerlei Verrichtungen gebildete, zu vielerlei Betätigungen anregende Stadt.

Mich erstaunt immer wieder, wie lange das hatte von unseren Planern verdrängt werden können. Mich irritiert immer wieder diese zerfliessende Offenheit, die Ungefasstheit vieler Grosssiedlungen. Mich hat ebenso gewundert, dass der Block, der in seiner extremsten Gründerzeitgestalt mit seinen vollgestopften Höfen, seinen vielen engen Hinterhöfen ja ganz zu Recht in Verruf gekommen war – dass der Block in seiner Raum schaffenden und doch auch Raum bildenden Qualität zwei, drei Jahrzehnte lang verteufelt worden ist. Es hat lange gedauert, ehe in Berlin zwei korrigierende Beispiele wieder seine Tauglichkeit bewiesen, es waren damals couragierte Zuwiderhandlungen gegen die allgemeine Block-Verdammnis. Der Architekt Josef Paul Kleihues hatte in der Vinetastrasse in Berlin-Wedding, damals dicht an der Mauer, einen ganz wunderbaren Block neuer Art gebaut: Schlitze in den Eckbauten, die mit ihren überbrückenden Dachgeschossen wie Tore wirken und weit sichtbar sind, Durchgänge mit Treppen an den Längswänden, im gut proportionierten Hof dies und das für die Mieter und für ihre Kinder.

Das andere Ereignis trug sich im Block 118, nicht weit vom Charlottenburger Schloss zu. Der Architekt Hardt-Waltherr Hämer war von der Neuen Heimat beauftragt worden, den Jahrhundertwendeblock zu sanieren, das hiess für die Wohnungsbaugesellschaft ziemlich einfach: ihn notfalls abzureissen und neu zu bauen, mitten in der intakt gebliebenen Stadt. Hämer wollte genau das nicht. Er setzte sich durch und bewies mit einer Studie obendrein, dass es nicht teurer war als Abriss und Neubau: Er modernisierte die Wohnungen, er lichtete den durch Seitenflügel und Quergebäude gegliederten Hof – aber vorsichtig. Er räumte ihn ausdrücklich nicht leer, weil er wusste, wie schwer es ist, für einen so grossen weiten Hof mit Anstand wieder ein räumliches Gefüge neu zu erfinden. Der Block 118 wurde zu einem berühmten Paradebeispiel für die behutsame Stadterneuerung, aber eben auch für städteräumliches Denken.

Vor einiger Zeit bin ich vielen originalen Zeichnungen des weiland Hamburger Oberbaudirektors Fritz Schumacher zum ersten Mal leibhaftig begegnet. Ich meine hier vor allem Zeichnungen, die zwei, drei seiner Hamburger Siedlungen aus der Vogelperspektive darstellen – drei Siedlungen, muss ich hervorheben, die im engeren Stadtgefüge, nicht an ihrem Rand errichtet worden sind. Was mir neben der heute nahezu als Sensation empfundenen Kunst zu zeichnen imponiert hatte, war der unglaubliche Schwung des Stadtplanes, des Stadtgrundrisses, den diese Siedlungen bildeten. Es waren eben nicht «irgendwie» gereihte oder locker verstreute Mietshausriegel, sondern es waren eine Stadt bildende Häuser. Kein rechtwinkliger Ordnungsschematismus wie in den Plattensiedlungen in Ost und West, deren Gestalt die Schienenbahn des Baukrans vorschrieb, auch keine idyllisierende Baukörperstreuung, nicht Häuser, die wie Flusen im Grün schwimmen, mal ein bisschen nach links, mal ein wenig nach rechts gedreht, dazwischen das hindurchschlurfende öffentliche Grün. Sondern: es war stets die sicher komponierte Stadt mit geraden und gekrümmten Strassen, kürzeren und längeren Querverbindungen, mit Plätzen von höchst eigenwilliger, das heisst aber auch: einprägsamer, unverwechselbarer Figur und Gestalt. Welche Phantasie, welche Vorstellungskraft, wieviel stadt-plastisches Gefühl. Und, nicht zuletzt, welch ein lebendiger, abwechslungsreicher Rhythmus. Und vollendete Proportionen. Welche Musikalität! Wir sind nun also wieder dabei, wie mir scheint, die Stadt der Räume neu zu entdecken, uns dabei an die alten, immer noch gebrauchstüchtigen Ordnungshilfen zu halten, vor allem an den Block – so ist es damals in Manhattan geschehen, und man hat gemerkt, wie viele Deutungen der Block in der Waagerechten wie in der Senkrechten erträgt, und so ist ja auch das neue Barcelona geprägt worden, Paris und Berlin desgleichen. Im Grunde ist der Block nach wie vor das plausibelste städtebauliche Ordnungsmittel, sofern zweierlei vermieden wird: Erstens die Rechthaberei des Systems, die keine linearen Varianten zuliesse, keine Diagonalen, keine gekurvten Strassen – wer sagt denn, dass die Stadt aus Quadranten gebildet werden müsse? Zweitens der spekulative Missbrauch von Grund und Boden, der beispielsweise Barcelona das ganze sympathische Konzept verdorben hat – und das nun am Alexanderplatz in Berlin eine seltsame Steigerung erfährt mit einem Dutzend siebenstöckiger Blocks, aus denen Hochhäuser in die Höhe schiessen sollen. Denn wichtig für Städte wie Berlin oder Madrid, wie Barcelona und Paris ebenso übrigens wie für Washington ist doch: die relative Homogenität der Stadtsilhouette. Das heisst, es werden keine Hochhäuser hier und da im Zentrum erlaubt, sondern erst am Rande der Innenstadt, an ganz bestimmten Partien konzentriert, und am besten da, wo Entwicklungs- oder Verkehrsachsen beginnen – und wo eines Tages die Parkhäuser platziert sein werden, um den Innenstadt-Privatverkehr abzufangen. In Berlin ist der Alexanderplatz so dicht neben der historischen Mitte der falsche Hochhausort, er gehörte viel weiter weg an den Rand des Stadtbahnringes. Nicht zufällig hat Paris alle seine Hochhäuser in den Stadtteil La Defense abgeschoben, um die Homogenität der klassischen Innenstadt zu bewahren.

Hochhäuser, willkürlich hier und da im Stadtgebiet zugelassen, haben ja eine enorm raumzerstörerische Kraft. Hochhäuser sind immer nur in Pulks erträglich, weil sie allein in ihrer Ballung Stadtraum bilden. Das ist wichtig für die Silhouette der Stadt. So geschieht es in Frankfurt am Main mit jedem Hochhaus mehr, und so hat es zum Beispiel Minneapolis im Norden der Vereinigten Staaten gemacht: Es hat das Dutzend seiner erstaunlich adretten Wolkenkratzer in der City dicht aneinander gedrängt und so der historischen City nebenan die Chance gelassen, ihr eigenes Bild zu kultivieren, ihr altes räumliches Gefüge. Und so entstand aus den prinzipiell disparaten Teilen der Stadt eine neue Identität, ein neues, eigenartiges, imaginär gerahmtes Bild.

Denken wir noch einmal an das Elementare der Stadtbaukunst. Ihre ewigen Figuren sind der Platz, die Strasse, der Hof und der Durchgang, sind der Block und auch der Baum. Sie alle sind oder bilden Räume, deren Fassung Fassaden sind, aber auch Mauern und Bäume und Hecken. Doch die Fassung bekommt erst Leben durch alles das, was sie bildet. Zählen wir auf: offene, blitzblanke und blinde Fenster, Gesimse, gebrannten, geschlagenen, gegossenen oder imitierten Stein, den Putz und die Ziegel, Stahl wie Glas, die Türen, Tore, Portale, die mit Treppen inszenierten Eingänge. Und das sind weiter: die Bord- und die Prellsteine, das Strassenpflaster und der Asphalt, das Kleinpflaster und die Platten, die Regenrinnen, die Lampen, Ampeln, Briefkästen – Elemente lebhafter oder langweiliger Bilder, mit denen der Stadtraum umgeben ist, durch all das aber erst seine farbige Lebendigkeit erhält. Meistens sieht man dergleichen gar nicht wirklich, meist wirkt es nur auf unser Unterbewusstsein, es sei denn, wir warten in der Stadt auf jemanden, der sich verspätet, oder auf den Bus, der immer noch nicht kommt, man langweilt sich und lässt das Auge schweifen – und macht plötzlich ganz erstaunliche Entdeckungen: Oft gesehene, in Wahrheit nie gesehene Dinge tun sich auf, obwohl wir täglich an ihnen vorübergehen, aufregende Giebel, hüpfende Fensterreihen, Gesichter von Gebäuden, die architektonischen Dekorationen der Stadt, die doch zu nichts anderem gedacht sind, als dass sie zu ihren Benutzern sprechen, und das nicht selten mit grossem Stolz.

Nun habe ich nicht davon gesprochen, dass ein Hochhaus wie der Sears Tower in Chicago täglich mehr Energie verbraucht als eine mittelamerikanische Grossstadt oder eine indische Millionenstadt. Ich habe den Verkehr, den Auto- und den öffentlichen Verkehr kaum gestreift, nicht den sogenannten ruhenden sowie den lärmenden, stinkenden, lebensgefährlichen Strassenverkehr. Ich habe die täglich erzeugten Mittelgebirge an Müll ausser Acht gelassen und die Seen reinen Wassers, die täglich durch Bäder und Toiletten gespült werden. Ich habe nur von den sympathischen Seiten der Stadt gesprochen – manche werden sie zum Luxus rechnen, ich jedoch halte sie für menschenlebensnotwendig. Und deshalb ist es notwendig, dann und wann auch daran zu erinnern.

Ich fand für den Schluss einen langen Gedanken des Amerikaners Bob Frommes, und der lautet so: «Erst wenn uns plötzlich auffällt, dass der Mensch in den Städten zuschanden geht, besinnen wir uns darauf, dass letzten Endes die Stadt eigentlich für den Menschen da sein sollte und nicht der Mensch für die Stadt. Für den Menschen in all seinen Aktivitäten: Arbeit, Erholung, Ruhe. Für den Menschen in seinen verschiedenen Gruppierungen: Individuum, Familie, Berufsgruppe. Für den Menschen in seinen verschiedenen Stufen: Kindheit, Jugend, Reife, Alter. Jene Stadt kann nicht die wohlgelungene Stadt sein, die mit würgender Hand nach der Gesundheit von Mensch und Gesellschaft greift, nach der Gesundheit im weitesten Sinne: physisch, psychisch, moralisch, sozial. Jene Stadt kann nicht unser Traumbild sein, in der das wirtschaftliche, kommerzielle und technische Leben nur auf Kosten höchsten Verschleisses in Gang zu halten ist.»

Ich füge hinzu: Wir sollten bei alledem nicht unterschlagen, dass der Mensch Sinne hat und sie gebrauchen sollte, wenn er seine Stadt gebraucht. Wer's nicht glaubt oder eine Anleitung dafür nötig hat, sollte in der Bibliothek übrigens nach August Endell fragen, dem Jugendstilarchitekten, und nach seinem Buch, das den Titel hat: «Die Schönheit der grossen Stadt». Es ist vor allem ein Lehrbuch zum Gebrauch der Sinne.

Schreiben über Architektur
Literaturpreis und Baukultur – Eine Dankesrede (1997)

Ich danke Ihnen sehr für diesen schönen, sehr ungewöhnlichen Preis. Und natürlich bin ich ein wenig gerührt über diese Ehre, die Sie mir haben zuteil werden lassen. Was mich daran vor allem freut – und was mir, selbstverständlich, auch schmeichelt –, ist die Bezeichnung dieser Auszeichnung: Literaturpreis für Baukultur. Darin ist ja zweierlei versammelt, das einen grossen Anspruch hat: es ist die Literatur, und es ist die Baukultur, gemeint ist wohl die nach Kräften literarische Bemühung eines Journalisten um die Beförderung der Kultur des Bauens und des Gebauten um uns herum. Aber wie tröstlich, dass *Sie* die Charakteristika des Preises formuliert haben. Denn natürlich erschauert man immer ein bisschen vor so grossen, mit Inhalt und Anspruch hoch beladenen Wörtern – auch wenn unsereiner beim Schreiben von Aufsätzen, Artikeln, Glossen, Reportagen, aber auch der scheinbar nebensächlichsten Dreissig-Zeilen-Notiz jedes Mal versucht, es so treffend, trotz aller Kürze so inhaltsreich, sprachlich rein und klar und farbig, womöglich elegant zu formulieren, als hinge davon das Wohl der lesenden Menschheit ab.

Übertrieben? Nicht ganz, aber manche glauben es. Dieser Tage bat mich ein wohlangesehener Münchner Kunstbuchverlag um den Einleitungs-Essay zu einer Aufsatzsammlung über ein berühmtes Automobil. Als ich dem Anrufenden erzählte, es könne damit vielleicht nichts werden, weil die Autofirma nicht das kleinste Interesse daran zeige, mir mit diesbezüglichem Informationsmaterial behilflich zu sein, antwortete sie: Ach, darauf komme es doch nicht so an, ich schaffte das schon mit meinem «Stil» so wie in dem Büchlein – und dann nannte sie eine Serie von Feuilletons über wohlgeformte Gebrauchsgegenstände des Alltags: jawohl, so hätten sie's gerne, so frisch und so flott, und so leicht zu lesen. Sie dachten sich wohl, ich schaute aus dem Fenster, dächte ein wenig nach, und dann flösse mir die Tinte aus dem Ärmel aufs Papier. Sie konnten sich nicht vorstellen, dass alle diese sogenannten kleinen Feuilletons Arbeit gemacht haben; für manche dauerten die Recherchen in Bibliotheken, Archiven, in wissenschaftlichen und anderen Instituten, in Museen, bei Händlern, Entwerfern, Herstellern, Benutzern vier Wochen – für einen Artikel von lächerlichen 80 Zeitungszeilen. Doch erst nachdem genügend «Material» vorgelegen hatte, war es mit der eigentlichen Arbeit, dem Schreiben, losgegangen – hoffend, dass dann keiner beim Lesen die Plackerei merkte, die darin steckt. Es wollte so geschrieben sein, dass die sogenannten Laien unter den Lesern alles verstehen, obendrein vielleicht etwas lernen – und dass die sogenannten Experten hinwiederum sich bei der Lektüre nicht langweilen, sondern die Botschaft für neu, jedenfalls für lesenswert halten.

Das ist ja die eigentliche Arbeit eines Journalisten, dessen Beruf es ist, ein allgemeines, jedenfalls interessiertes, hoffentlich grosses Publikum, das er Gott sei Dank nicht kennt, mit den Gegenständen der Architektur, der Stadt- und Landschaftsplanung, der Baupolitik oder des Designs und dergleichen kritisch bekannt zu machen, vor allem: ihre Wissbegier zu wecken – und ihnen das Gefühl zu geben, sie hätten ihre Lesezeit nützlich verbracht.

Auch Geschriebenes hat Dramaturgie, einen Aufbau, einen Anfang und ein Ende, dazwischen wie im Drama einen oder mehrere Höhepunkte, also eine innere, aus dem Inhalt und seiner Darstellung abgeleitete Spannung. Es hat also einen Bau mit einem Eingang und einem Ausgang, mit mehreren Etagen und einem Dach. Man könnte hochgemut auch sagen: eine Architektur. Aber ich scheue mich, ausgerechnet dieses Wort zu gebrauchen, weil es als Metapher unaufhörlich verbraucht wird. Wer alles in den Zeitungen, in Radio- und Fernsehnachrichten und Kommentaren Architekt genannt wird! Um nur die letzten sogenannten Architekten zu nennen: Da war Egon Bahr der «Architekt der Ost- und Deutschlandpolitik» (etwas, das man zu Lebzeiten schon Willy Brandt nachgesagt hatte). General Lucius Clay wiederum galt als «Architekt der Luftbrücke» (nach Berlin 1948/49). Oder der Pianist Igor Pogorelich präsentiere die in sich ungemein logischen Werkanalysen beim Klavierspiel «wie ein Architekt» und der Bandleader John Russel sei «einer der grössten Klangarchitekten des Bigband-Sounds». Und, ach, in der *Süddeutschen Zeitung* las man, dass Brahms, Johannes Brahms «ein sorgfältiger Architekt der Form» gewesen sei. In derselben Zeitung suchte dann eine Rückversicherungsfirma einen «Netzwerk-Architekten», auch weiblichen Geschlechts. Die *Tages-Zeitung*, die wiederum sprach von Alexander Kluges «Werkarchitektur», womit sie aber keine Fabriken, sondern seine Filme meinte. Am schönsten war eine Notiz, derzufolge der Student von heute «nicht nur der Maurer seiner Hausarbeit» sei, sondern «auch ihr Architekt».

Na so was! Wenn man an die Pöbeleien denkt, denen Architekten im gewöhnlichen Leben ausgesetzt sind und deren Werke dann, um sie besonders hart zu treffen, wütend und meist blind Betonmonster, Betonblöcke, Betonkisten und -kästen genannt werden, dann müsste man annehmen, dass es besonders schön sei, ein Architekt zu sein, wenn man keiner ist. Interessant ist dabei aber auch, dass für derlei Klassifikationen immer nur der Architekt herhalten muss, nie der Baumeister, erst recht nicht der Bau-Ingenieur oder der Konstrukteur. Wenigstens kommt der Maurer einmal vor.

Nun denn, ich hatte ja auch einmal mit dem Gedanken gespielt, ein Architekt zu werden. Als ich im letzten Schuljahr, von meinem Kunstlehrer wegen der 1 im Zeichnen dazu angeregt, nebenbei Stunden in diesem Fach nahm, sah ich zum erstenmal einen leibhaftig vor mir: gross und schlank, lockig das silberne Haar; er war angetan mit einem weissen Kittel, am Hals trug er eine grosse Fliege. Und in seinem Wohnzimmer, das er sein Atelier nannte, stand ein richtiges Reissbrett mit einer Reissbrettschiene. Und wenn er das Haus verliess, dann, das vermutete ich, würde er wahrscheinlich einen Trenchcoat anziehen, ihn nur locker mit dem Gürtel schliessen, eine Baskenmütze aufsetzen und eine Pfeife in den Mundwinkel stecken. Der Architekt – mit seinem den Künsten zuzurechnenden Beruf – ausstaffiert wie ein Bohemien.

Nun gibt es ja tatsächlich gewisse metaphorische Verwandtschaftsbeziehungen zwischen den Architekten und den Journalisten, zwischen den Bauenden und den Schreibenden, aber doch nicht nur. Man findet sie auf allen Gebieten, die etwas mit Kreativität zu tun haben und jedenfalls unter das Rubrum der Kultur gehören. Wie nahe liegen zum Beispiel Vergleiche zwischen Architektur und Musik, und wie oft haben Architekten gehofft, aus den Regeln der Musik Regeln für ihre Gesellschaftsarbeit ableiten zu können. Und so wandern auch die Begriffe hin und her. Bau, Rhythmus und Reihung, Farbe, Form und Symmetrie, Haupt- und Nebenthemen, Proportionen, also Massverhältnisse lassen sich ebenso auf Literatur, auch das Theater, auf Bilder und Skulpturen anwenden wie auf Miets- und Reihenhäuser oder auf Landschaftsparks. Der weiland Oberbaudirektor Fritz Schumacher in Hamburg, ein Mann von Schinkelschen Qualitäten, war ein ungewöhnlich gebildeter Mann.

Er hat nicht nur einen Aufsatz über «Goethe und die Architektur» geschrieben, sondern ein ganzes Buch über «Die Sprache der Kunst», worin er das erstaunliche Thema auf allen Gebieten untersucht hat: Sprache und Sprachkunst, Bühne, Tanz, Musik, Bildkunst und Plastik – nicht zuletzt wandte er sich der Denkmalkunst, dem Gestaltungswillen im Städtebau, in der Technik und im Bauen zu.

Es gibt überraschende Parallelen, und manchmal fallen sie einem im alltäglichen Leben auf. Gerade las ich über Rudolf Schwarz, dem zum hundertsten Geburtstag in Köln zum erstenmal eine monographische Ausstellung und endlich auch – von Wolfgang Pehnt, einem meiner Vorgänger hier – eine Monographie gewidmet ist, ein brillantes Buch, da las ich also über Rudolf Schwarz, dass er mit der kleinen Kapelle in Leversbach bei Düren 1932 das Kirchenvolk des Dorfes bis zum Entsetzen düpiert habe: Sie hätten seine ziemlich ruppige, eine knarrend karge Feldstein- und Holzkirche nicht gemocht; sie hätten den Eindruck gehabt, er verhöhne sie, nämlich ihr elementares Schönheitsbedürfnis. Schwarz ist dieses Verdikt nahe gegangen, und er hat es fürderhin beherzigt. Das ist so wie mit einem ehrgeizigen Artikel, der so hochgestochen ist und sich so rücksichtslos in den Jargon der Experten verrennt, dass er von denen, an die er adressiert ist, die aber dieses Jägerlateins nicht mächtig sind, nicht verstanden wird, sie müssten sich ausgeschlossen fühlen. Der ästhetische Hochmut dort und der geistige Hochmut hier führen meistens gleichermassen in die Irre. Eine Kirche, die sich den Seelen verschliesst, stellt womöglich eine ausserordentliche Architektur dar, aber sie ist keine wirklich gute Kirche; ein Aufsatz, dessen Botschaft nicht verstanden wird, ist ein schlechter Aufsatz.

Beides aber, ein wohlgeratener Artikel und viel mehr noch ein geglücktes Bauwerk entstehen allerdings fast niemals von selber, sondern auf Bestellung oder, wie bei der Zeitung, durch Mitteilungspflicht. Beider Qualitäten aber hängen fast unmittelbar mit der Qualität ihrer Auftraggeber zusammen, und die nimmt, darüber gibt es leider keinen Zweifel, rapide ab. Zeitungen, die man ernst nehmen muss, werden seltener – und selbst die sogenannten Qualitätszeitungen schweben latent in der Gefahr, von neuen alerten Managern beschädigt, und das heisst auch: im Wesen nicht verstanden zu werden. Denn deren Erfolgsauftrag bestimmt ihr Denken, und das ist nicht in erster Linie auf die Qualität des Geschriebenen, des Inhalts gerichtet, geschweige auf Besonderheiten der Redaktion, die solche Qualität erst möglich macht, sondern auf die nachzählbare Qualität der wirtschaftlichen Ausbeute. Der Geschäftsführer eines sehr grossen Zeitungskonzerns in Stuttgart ist ein gelernter Naturwissenschaftler; in seinen Adern wird niemals, wie man sagt, Druckerschwärze fliessen; er gehört nicht zu den Verlagsmenschen alter Beschaffenheit, die den Moment kaum erwarten können, da ihnen ihr Produkt druckfrisch in die Hände kommt – und die nun nichts anderes im Sinn haben, als «ihre» Zeitung zu verschlingen. Und der Geschäftsführer, dem man eine sehr berühmte Zeitung anvertraut hat, hat sie erst in dem Augenblick kennen gelernt, da er mit ihr befasst worden ist – wie soll er ein Gefühl für den empfindlichen Gegenstand entwickeln, ein Gefühl für den besonderen, den eigenwilligen Charakter des Blattes, seinen journalistischen Anspruch, für sein kluges, mitunter eigenwilliges Personal? Ein Mann, der mit derselben Leidenschaft, sofern man es ihm anböte, auch Margarine oder Erdöl oder Fernsehapparate verkaufen würde? Aber eine Zeitung mit einer ausgeprägten Tradition?

Zurzeit haben wir im Lande eine Handvoll erstklassiger überregionaler Tages- und Wochenblätter, jede von ihnen unverwechselbar, die letzten Reservate für einen anspruchsvollen Journalismus. Und sie haben, gottlob, gerade eben noch einen in Heller und Pfennig nachzählbaren Erfolg – vom Ruf nicht zu reden. Aber die Gefahren, die durch die verlockenden Erwartungen des Internets drohen, machen ihnen schon zu schaffen.

Und in dem Metier, das mit dem Planen und Bauen zu tun hat? Nicht anders! Der Bauherr, der sich einen Architekten sucht oder sich empfehlen lässt, auf welche Weise auch immer, der ein Vertrauen zu ihm hat oder es entstehen lässt und der sich, um es zu wiederholen: der *sich* ein Wohnhaus, eine Fabrik, ein Verwaltungsgebäude, eine Konzernzentrale, eine Bäckerei, ein Theater bauen lassen möchte und der darauf besteht, dass es so gut, so einzigartig, so schön werden soll, dass er damit nicht nur zurechtkommt und sich darin wohlfühlt, sondern auch stolz darauf sein kann – Bauherren dieser Qualität sind so selten geworden wie Verleger von Zeitungen oder Büchern, Leute, die ein kulturelles Gewissen haben. Neulich, zu einem Vortrag nach Bad Camberg am Taunus-Rand verschlagen, las ich im Giebelfeld eines Gründerzeithauses von 1888 – und Sie sollten dabei die Reihenfolge beachten:
Der Stadt zur Würde,/dem Platz zur Zierde,/mir zur Freude/schmück ich dies Gebäude.

Genauso hatte der Warenhaus-Kaufmann Frank Woolworth gedacht, als er sich seinen neugotischen Wolkenkratzer, den höchsten damals, wie eine Kathedrale hatte entwerfen und errichten lassen, um damit nicht zuletzt Ehre bei seiner Stadt New York einzulegen. Nicht anders der Verleger der Chicago Tribune in den zwanziger Jahren, als er um eines neuen Verlagsgebäudes willen den wohl berühmtesten internationalen Architektenwettbewerb ausrief, an dem damals denn auch alle namhaften Architekten der Welt teilnahmen, Traditionalisten wie Moderne – nicht zuletzt um seinen Landsleuten damit zu einem besseren Geschmack zu verhelfen. Und was waren das noch für Industrielle, wie Walther Rathenau etwa, der sich den Künstler und Architekten Peter Behrens in die AEG holte, nicht bloss für eine aufregend mutige neue Architektur, sondern auch für die Gestaltung der Produkte, sogar der Plakate, Druckwerk und Geschäftspapiere, für alles das, was heute etwas gezwungen *Corporate Identity* genannt wird. Und denken Sie an Olivetti, eine Firma, die mit ihrem berühmt gewordenen «Stile Olivetti» nicht nur die Produkte gemeint hatte, sondern auch die erlesene Architektur der Werke, sogar das interne soziale System.

Allesamt waren das Bauherren wie aus dem Bilderbuch: Leute mit Ausdruckswillen, mit einem kulturellen Anspruch – aber eben auch mit einer heute oft schon für überflüssig oder sentimental gehaltenen Menschenfreundlichkeit, einfacher: mit Gemeinsinn, mit einer sozialen Verantwortung für die eigenen Leute ebenso wie für die Gesellschaft. Nun denn, es gibt auch heutzutage, hier und da, noch solche wunderbaren Auftraggeber. Mir fällt da ein Hamburger aus der sonst eher mit Zweifeln zu betrachtenden Spezies der Investoren ein, der mit einem jungen Berliner Architekturbüro ein Wagnis einging – und sich dafür den Lorbeer geholt hat. Oder an einen Heizungsfabrikanten in der Kleinstadt Schwendi bei Ulm, der sich weit draussen auf dem Lande etwas von dem amerikanischen Architekten Richard Meier geleistet hat. An so architekturverliebte Industrielle wie den Herrn Fehlbaum von Vitra am Rhein oder den Herrn Hahne von der Firma Wilkhahn im Münsterland, die obendrein auch den Mumm hatten, neuen Ansprüchen an Technik, Konstruktion, Energiesparsamkeit und ökologische Verträglichkeit nachzugeben. Allesamt sind es Bauherren mit einem Ausdruckswillen, mit einem ästhetischen Gewissen, kurzum, mit Verantwortungsbewusstsein. Wie hiess der zauberhafte Spruch in Bad

Camberg? Der Stadt zur Würde, dem Platz zur Zierde, sich selbst zur Freude – und den Menschen, die in diesem oder ähnlich anspruchsvoll gemachten Bauwerk leben, wohnen oder arbeiten, zum Wohlgefallen. Wie wunderbar, wie selten! Längst sind auch die Grossbauherren zu Investoren, zu Geldanlegern und -vermehrern geworden, die nicht mehr für sich bauen, also gar kein Bedürfnis mehr spüren, Stolz für das Gebaute zu empfinden, und Anerkennung zu kassieren, sondern die sich nur noch eine Architektur wünschen, die sich umgehend und umstandslos weiter verkaufen oder sich sonstwie vermarkten lässt, die sich jedenfalls so schnell wie nur möglich lohnt: jeder Quadratmeter ist da auf Rendite abgeklopft. Und heissen ihre Partner nicht ausdrücklich Generalunter- oder -übernehmer, weil es ihnen mehr auf Termine und Preisgarantien ankommt als auf die architektonische Leistung?

Ach, die alten Warenhäuser mit ihren prächtigen, mit gläsernen Dächern und Kuppeln, überwölbten Lichthöfen und -hallen, vor allem in Paris und in Chicago – im neuen Centro von Oberhausen hingegen entfaltet nicht mehr die Architektur ehrgeiziger Architekten einen eigenen Anspruch, sie folgt nur noch den banalen Ansprüchen des Investors, der nicht weiter als nette, verkaufsfördernde, schicke Atmosphäre will, die dem Geschmack der Menge frönt und damit den Griff ins Portemonnaie beschleunigt. Man schaue sich nur die vielen, vielen neuen Bürogebäude an! Bauherren-Ehrgeiz? Irgendein epochales Werk darunter? Sagen wir: so eines wie das Shellhaus in Berlin oder das Chilehaus in Hamburg? Doch, das gibt es manchmal schon noch, natürlich, aber ganz selten.

Nun daraus zu schliessen, es stünde um die Architektur in unseren Tagen schlecht, wäre nicht ganz richtig, man muss schon genauer hinsehen. Mir scheint, als seien zurzeit etliche Architekten, namentlich der mittleren Generation zwischen dreissig und fünfzig dabei, zu einem neuen, lang vermissten Selbstbewusstsein zurückzufinden und damit zu überzeugen. Lange habe ich nicht so schöne, klare, einfallsreiche Gebäude gesehen wie in diesen Jahren, von Architekten, die ihren Gestaltungsreichtum teils aus der Einfachheit, teils aus einer enormen technisch-konstruktiven Neugier ziehen. Vielleicht war es also doch notwendig gewesen, die heruntergekommene, zuletzt korrumpierte und degenerierte, schliesslich Bauwirtschaftsfunktionalismus genannte Moderne zu überwinden und sich ein paar Jahre lang in der Postmoderne zu lockern – aber rechtzeitig zu erkennen, dass dieser neckische Formalismus des Gefälligen, oft Zufälligen, aus der Geschichte Hervorgekramten, sich verdammt schnell abnutzt und verbraucht: Oberflächenkram, nichts dahinter.

Doch auf einmal tauchte die Moderne, die klassische wieder auf, nun aber unserer Gegenwart anverwandelt und mit den Geschenken neuer Techniken, neuer Konstruktionen weiter entwickelt. Und es gibt interessanterweise einen neuen Hang zu äusserster Kargheit, wenngleich bei uns nicht so ausgeprägt wie beispielsweise in der Schweiz. Mir imponiert der gewandte Umgang mit allen möglichen Materialien, mit Glas, mit Holz, mit Stahl, nicht zuletzt die virtuose Beherrschung des Betons. Diese Sorgfalt! Ich glaube nicht, dass sich darin so etwas wie ein neuer Stil ankündigt, ich halte es auch für überflüssig, nach einem neuen Stil zu fahnden. Stile nimmt man sich nicht vor, Stil kann sich nur aus dem Übereinkommen der meisten entwickeln, unter der Hand. Aber das ist schwer; wie wollte man all die Personalstile unter einen international gültigen Begriff bringen? Alles nebeneinander und gleichzeitig, nur mit ein paar Namen skizziert: Gottfried Böhm, Günter Behnisch, Frank O. Gehry, Thomas Herzog, Richard Meier, Herzog und de Meuron, Peichl, Krischanitz, Kollhoff, Piano, Foster, Zumthor ... lauter Individualstile – aber kein Gegenwartsstil, es sei denn, man begriffe darunter die Vielfalt konträrer, subjektiver Ausdrucksweisen in unserem Jahrhundert.

Fast könnte es nun scheinen, als befänden sich die Architekten unserer Tage auf der Schwelle ins Sonnenland. Ich fürchte eher, dass sie sich, um im Bilde zu bleiben, nach einem Regenschirm umsehen sollten. Denn ausgerechnet im gemeinsamen Europa beginnt ihnen allmählich ein immer beissenderer Wind um die Ohren zu pfeifen. Nicht, dass es an Wettbewerben mangeln werde; aber die werden immer grösser, immer flüchtiger, auch willkürlicher, und man muss damit auch Erscheinungen fürchten, in denen nun das gleiche droht wie den Journalisten in den besseren Tages- und Wochenzeitungen. Wir werden sehen, wie lange man es ihnen, den Architekten wie den Journalisten, erlauben wird, auf Qualität zu bestehen – in dieser elektronisch vernetzten, mit Computern verseuchten Welt, in der alles immer schneller, atemloser, immer billiger, oberflächiger, geldgieriger vonstatten gehen soll.

Verleger? Fragte der grossartige Buchgestalter Hans Peter Willberg. Verleger? Es gebe immer weniger, stattdessen immer mehr abhängige Geschäftsführer, denen die Schönheit des Buches gleichgültig ist, wenn es nur ein Bestseller wird. Tatsächlich drohen grosse kulturelle Gefahren – die eine kommt von den eiskalten Managern, die andern von den Bürokraten. Am gefährlichsten aber ist die Bürokratie, weil sie die Demokratie zu erwürgen droht.

Aber: Wir sässen ja nicht hier, Sie tagten hier nicht, ich spräche nicht zu Ihnen, Sie setzten mit Ihrem Preis doch auch kein Zeichen, wenn wir nicht alle immer die Hoffnung behielten – und trotzig daran weiter arbeiteten.

Ich erinnere mich an meine ersten Gehversuche in meinem Beruf, das war als Volontär in der Lokalredaktion einer sogenannten Heimatzeitung tief in der niedersächsischen Provinz. Ich denke zum Beispiel an meine Pflichtbesuche auf der Polizeiwache, um mir die Unfälle des Tages abzuholen. Als ich an der Schreibmaschine sass und die Nachricht schrieb, bildete ich mir ein, dass alle, die von dem tödlich ausgegangenen Unglück gestern an der Kreuzung läsen, sich morgen doppelt vorsähen, damit es ihnen und anderen nicht widerfahre. Man muss wohl glauben, man könne durch sein Tun die Welt verbessern, zum Beispiel durch kritische Artikel die Architektur – und durch Bauten die Welt und das Leben der Menschen.

Jetzt rede ich schon wie ein Pastor, und deswegen ende ich und sage Ihnen noch einmal: vielen Dank.

Peter Zumthor, Atelierhaus, Haldenstein CH (1986)

Es gibt keine Idee, ausser in den Dingen
Oder: Peter Zumthors Art zu entwerfen, also zu denken (1997)

Es sind meistens die besseren Architekten, die über das, was sie tun, nicht zuletzt darüber, wie sie es «richtig» machen können, nachdenken. Die einen suchen sich dafür Hilfe in der Musiktheorie. Das ist seit Vitruv, der unter anderem von den Architekten ja auch Kenntnisse in diesem Metier verlangt hatte, doch erst recht seit den theoretisierenden Architekten der Renaissance wie Palladio nicht ungewöhnlich: Erkundigungen bei Pythagoras und den Intervallverhältniszahlen einzuholen. Theodor Fischer glaubte dann sogar, dass Räume musikalisch wirken, sagen wir: beim Betrachten und Benutzen klingen müssten, wenn er Länge, Breite, Höhe beispielsweise nach der Oktave (1:2), nach Quinte (2:3) oder Quarte (3:4) bemässe. Andere wie der Kölner Architekt Oswald Mathias Ungers haben sich das Quadrat als Ordnungsmittel ausgesucht, aber niemand hat sich dieser geometrischen Figur und ihrem Gesetz so radikal unterworfen wie er.

Immer steckt das Bedürfnis darin, eine Rechtfertigung dafür zu finden, warum man ein Gebäude so und nicht anders entwirft, um dabei einen Formwillen erkennen zu lassen und dem Vorwurf zu entgehen, man sei ein Funktionalist, der nichts anderes könne, als der Gebrauchstüchtigkeit eines Grundrisses zu folgen. In Wahrheit ist das Entwerfen ohne eine in die Mathematik langende Theorie, nur dem Ort und dem Zweck eines Gebäudes verpflichtet, am allerschwersten und verlangt der Raumphantasie das meiste ab.

Zu dieser Spezies von Architekten jedenfalls scheint mir Peter Zumthor zu gehören. Er stellt seine Fragen, ehe er zu entwerfen beginnt, in ganz andere Richtungen, weil es ihm, sagen wir, mehr um die Philosophie seiner Architektur, ihrer Struktur, überhaupt ihrer Ordnung und ihrer Beschaffenheit geht, auch der haptischen, auch der visuellen.

Folgende Doppelseite: Peter Zumthor, Wohnheim für Betagte, Chur-Masans (1993)

Sitzt man ihm in seinem schönen, seine Kraft aus seiner intelligenten Einfachheit gewinnenden Architektenhaus gegenüber, das aussieht, als stünde es dort schon über hundert Jahre, sieht man hinter ihm reihenweise CDs: lauter Musik. Er ist ein musikalischer Mensch, der einem am Ende eines langen Gesprächs dann auch erzählt, dass er, wenn er es sich nur zugetraut hätte, gern Jazzmusiker geworden wäre. Mitternächtens, auf der Eröffnungsfeier für sein Thermalbad im bündnerischen Dorf Vals in einem grossen blauen Zirkuszelt, hatte er ja auch als Musiker einen Auftritt, in einem Kontrabass-Duo mit seinem Sohn und dem Jazz-Schlagzeuger Fritz Hauser.

Nichts Besonderes also, dass er bei seiner Entwurfsarbeit in seinem Atelier Musik hört: John Coltrane, von Mozart am liebsten die langsamen Sätze seiner Klavierkonzerte. Er liebt den Klang der Stimme in bestimmten Liedern – und Miles Davis. Musik macht gleichsam den Boden fruchtbar, aus dem Kreativität spriesst. Sie regt ihn an, sie lockert und wirkt beflügelnd. Aber eigentlich sucht er, wenn er über seine Aufgabe nachdenkt und dabei dann auch in den anderen Künsten nach analogischen Erleuchtungen fahndet, nicht nach Wohlklang, nicht nach betörenden oder packenden Melodien, sondern nach Strukturen, nach Kompositions-, also Bauprinzipien.

In einem Aufsatz über «den harten Kern der Schönheit» (1992) nannte er Schriftsteller, William Carlos Williams beispielsweise (von dem er die Überschrift hat), Italo Calvino und Giacomo Leopardi, Wallace Stevens, auch Heidegger, auch Handke, nicht zuletzt John Berger und Winfried Georg Sebald. Den Schatz, den er mit deren Hilfe für sich gefunden hat, ist dieser Satz: Es gibt keine Idee, ausser in den Dingen. Entscheidend ist für ihn «das Ding selbst», ohne (dekorative) Zutat. So wie die Maschine ein Ding ist, das keine überflüssigen Teile hat, so möchte er, dass seine Bauwerke seien: entwickelt aus der Aufgabe, ihrem Zweck, konzipiert für den Ort, an dem sie stehen und in dessen Umgebung sie sich pointierend einordnen und allmählich eins mit ihr werden, errichtet aus den Materialien, die die Aufgabe, manchmal der Ort nahelegen – sie sind es dann selbstverständlich auch, aus denen die Konstruktion des Gebäudes abgeleitet wird.

Was dann aber das Wichtigste ist: «Gute Architektur sollte den Menschen aufnehmen, ihn erleben und wohnen lassen.» Das bedeutet nichts anderes, als ihm die Chance zu geben, sich das (für ihn) gebaute Hau anzuverwandeln. Die Architektur soll ihn «nicht beschwatzen», es sol mit keinem aufgesetzten Zierrat mehr von sich hermachen, als ihm an räumlicher und ästhetischer Kraft innewohnt. Und so versteht man auch, dass Peter Zumthor den Komponisten John Cage nannte, der ja, wie man weiss, eine besonders eigenwillige Avantgarde anführt und wie ein Pendant zu Joseph Beuys in der bildenden Kunst wirkt. Aber es ist nicht seine Musik, die ihn hier reizte, sondern seine Haltung zu ihr, und die ist in dem Satz versammelt: Man solle «sich an die Dinge halten», solle die Dinge selber sprechen lassen.

Ich werde nie den Blick auf die blitzende Maschine vergessen, die einen dieser alten Raddampfer auf dem Vierwaldstättersee antreibt: eine Art von Bewegungsbauwerk, dessen Gestalt sich aus dem Zweck «ergeben hat». Anders gesagt: es zeigt sich, wie es ist, und entwickelt dabei etwas, das der Konstrukteur zwar nicht erstrebt, aber selbstverständlich mitbedacht hatte, nämlich dass es auch dem Auge gefalle – und der Hand des Maschinisten. Und so habe ich auch das Thermalbad in Vals verstanden, selbst wenn dabei etwas ganz Wesentliches hinzukommt: der unbedingte Gestaltungs-, der Kunstwille.

Das Bad ist nun in Gebrauch, es ist landauf, landab bestaunt und gepriesen worden, ein grosser, breit gelagerter, schön gegliederter Quader, zusammengefügt hauptsächlich aus übereinander geschichteten, präzis geschnittenen Platten des graugrünen Gneises, der nur wenige hundert Meter entfernt aus dem Berg gebrochen wird. Man kommt gar nicht darum herum, die Philosophie des Architekten dafür wie ein Gedicht zu zitieren: «Berg, Stein, Wasser – Bauen in Stein, Bauen mit Stein, in den Berg hineinbauen, aus dem Berg herausbauen, im Berg drinnen sein» – ein Gebäude wie ein ausgehöhlter Stein. Zumthor hat es auch einmal mit einem anderen Bild beschrieben, es sei so gebaut wie eine Jacke gewebt ist, ohne Zutaten.

Das zweite Bauwerk ist das neue Kunsthaus an der Uferpromenade von Bregenz am Bodensee, ein aufrecht stehender Quader, konstruktiv aus drei senkrechten Scheiben aus Stahlbeton gebildet, rings umgeben von Glas wie von einer Haut. Dem im Dunkeln leuchtenden Solitär, der sich hier in der gereihten Gesellschaft anderer Solitäre befindet, ist auf der Stadtseite ein Bibliotheks- und Verwaltungsgebäude beigefügt, nicht zuletzt, um damit einen Platz zu formulieren. Der führt nun auf den Eingang zu und dient zugleich als Ausstellungsort.

Schliesslich gehört das langgestreckte, fast 130 Meter messende Gebäude in diese Trias, das Peter Zumthor für einen der wüstesten Orte

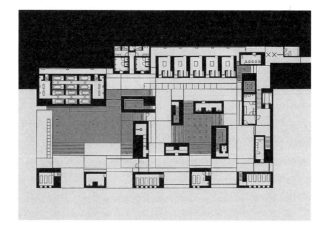

Peter Zumthor, Thermalbad, Vals CH (1996)

Berlins entworfen hat: um darin die «Topographie des Terrors» sichtbar zu machen. Hier hatten die Nationalsozialisten, in Sonderheit ss und Gestapo, ihre Vernichtungsstrategie zur Ausrottung der Juden geplant und dirigiert. Tatsächlich wirkt dieses lange, kantige Bauwerk fast wie seine eigene Abstraktion. Es sollte an dieser Schrecken verbreitenden Adresse nichts als eine «Gebäudehülle» aus dicht aneinandergereihten vorgefertigten Betonstäben als Stützen und Balken in einem gebrochenen Weiss entstehen. Sie soll «keine andere Sprache sprechen als die ihres Baumaterials, ihrer Konstruktion und ihrer einmaligen Funktion». Das dazwischen eingefügte Glas in zwei Schichten hält Wind und Wetter ab und lässt Licht ins Innere der Stabwerkhülle fallen.

Alle drei Gebäude liessen sich an anderen Orten als den ihren schwerlich denken. Und so ist alles auf sie und ihre Inhalte bezogen: auf das Labsal der Badenden in der Therme, auf die Bilder und Skulpturen der Gegenwart im Kunsthaus, auf die dokumentarischen Zeugnisse des Terrors und die Besucher, die hier, informiert nachdenkend, seiner Opfer gedenken. Man begreift auf Anhieb, was Peter Zumthor dazu selber sagt: dass das Gefühl des Architekten damit ebenso beschäftigt gewesen sei wie der Verstand.

Er nennt immer wieder die gleichen Quellen seines Entwerfens. Das ist jedesmal und zu allererst der Ort, sind seine Charakteristika, seine Empfehlungen, sind die unmittelbare sowie die mittelbare Umgebung, alles dies wirkt sich gleichermassen auf Material und Platzierung, letztlich auch auf die Gestalt aus. Das ist immer wieder «die Sinnlichkeit des Stofflichen», des Materials, wie es sich anfasst, wie es aussieht, ob es stumpf ist oder schimmert und glänzt, welchen Geruch es hat, ob es hart ist, weich, elastisch, kalt oder warm, glatt oder rauh, welches seine Farben sind und die an der Oberfläche preisgegebenen Strukturen. Wichtig ist aber auch seine Herkunft und seine Anwendung. Wahrscheinlich ist die Identität von Ort und Material, Bauaufgabe und Zweck nirgends so gross wie beim Thermalbad in Vals. «Ich glaube», sagte Peter Zumthor, «dass Materialien im Kontext eines architektonischen Objektes poetische Qualitäten annehmen können. Dazu ist es notwendig, im Objekt selbst einen entsprechenden Form- und Sinnzusammenhang zu generieren; denn Materialien an sich sind nicht poetisch.» Er

folgende Doppelseite: Peter Zumthor, Wohnsiedlung Spittelhof, Biel-Benken CH (1996)

spricht vom «Sinn, den es im Stofflichen zu stiften gilt», das heisst: man muss damit wie mit Wörtern eine Sprache finden. Und ihn beschäftigt es obendrein, wie sich Material «zum Klingen und Strahlen» bringen lasse. Und so kommt er plötzlich auf Johann Sebastian Bach zu sprechen, auf die «Architektur», auf den «konstruktiven, den klaren, durchsichtigen Aufbau seiner Musik», der sich doch verfolgen und entschlüsseln lasse. Zwar spricht Zumthor in seinem Metier von der Kunst der Konstruktion, aus vielen Einzelheiten ein sinnvolles Ganzes zu formen – aber er hätte ebenso von einer architektonischen Komposition sprechen können: von der Kunst des Fügens.

So stösst man auf der Suche nach den Beweggründen des Entwerfens bestimmter Gebäude auf immer dieselben Begriffe bei ihm: auf Ort, städtebauliches oder landschaftliches Beziehungsgefüge, auf Umgebung, auf Zweck, Aufgabe, Funktion, den Baustoff, auf Gestalt, Ausdrucksform, nicht zuletzt auf das Bild, das das Bauwerk abgibt. Nichts davon ist zufällig, nichts davon en vogue, alles gedacht und nachgedacht, alles hat eine innere Begründung.

Die zu finden ist für den Architekten jedesmal eine Anstrengung, aber natürlich auch ein stilles Vergnügen. Aber es gibt immer diesen langen geduldigen Denkprozess vor dem Entwurfsprozess, und manchmal ist der erste viel aufregender als der zweite. Das ist vermutlich in allen auf Kreativität beruhenden Berufen so.

Sobald es konkret ans Entwerfen geht, tauchen in Zumthors Kopf stets dieselben Begriffe auf (wie Volumen, Oberflächen, Abfolge von Räumen, Übergänge, Material). Dann träumt er weiter: wie man in das zu planende Gebäude hineingeht, darin wohnt, sich bewegt, arbeitet, sich belustigt, ruht. Er schwelgt in Assoziationen – bis er «das erste Bild mit stimmigen Inhalten» zu Papier bringt, erst unscharf, natürlich allmählich klarer; er präzisiert, montiert, schneidet, sieht Verästelungen und Verschwisterungen, Zusammenhänge – das Ganze. Er entwirft – eigentlich ist man versucht zu sagen: er beschwört den Bau, den er entwerfen, schliesslich bauen möchte. Und dann begegnet man einem scheinbar altmodischen, allerdings lebensnotwendigen Wort: dem der Seele. Er möchte seinen Gebäuden «eine Seele einhauchen». Weniger feierlich gesagt, möchte er, dass man sich gern darin aufhalte, dass sie eine angenehme Stimmung entfalten und zulassen, dass sie die Sinne berühren. Denn natürlich spricht aus der Qualität und der Eindrücklichkeit jeder guten Architektur die sinnliche Begegnung mit ihr. Peter

Zumthor nannte einmal als Schlüsselerlebnis dafür den Aufenthalt im Hause einer Tante. Seitdem beschäftigt ihn: wie sich etwas anfasst (die Türklinken), was man sieht («den milden Glanz des gewachsten Eichenholzes»), was man hört (das «Geräusch der Kieselsteine unter den Füssen», wie «eine Tür ins Schloss fällt»), was einen anstrengt («die schwere Haustür»), was man riecht (das Holz), wie etwas sich anfühlt (ein Handlauf, ein Wasserhahn, der von der Sonne erwärmte weiche Asphalt), ob es hell (die Küche) oder düster ist (der Gang). Solche Erinnerungen bilden gleichsam den Grundstock seiner architektonischen Stimmungen und Bilder: das Haus als eine Schule der Sinne. Und so gehört der graugrün geflammte Gneis aus Vals zum Thermalbad in Vals; so gehören die nahezu weissen, dicht aneinandergereihten Stahlbetonstäbe und die dazwischenliegenden, mit Glas geschlossenen Schlitze zum archaischen Bau in Berlin; und so ist die leuchtende Glashaut das Charakteristikum des Bregenzer Kunsthauses: lauter Botschaften an die Sinne, Hinweise auf die Orte und auf die Inhalte, die so verschieden wie ihre Gehäuse sind: Heilwasser, Gegenstände der bildenden Kunst, Zeugnisse eines Mörderregimes.

Wie das also entworfen worden ist? Wenn das so einfach zu sagen und zu schildern wäre! Also, sagt Peter Zumthor, das Entwerfen sei kein linearer Vorgang, der logisch und schnurgerade auf das Ziel zuführe. Es ist ein von rationalen, zugleich von irrationalen Eingebungen unterbrochener, beförderter, gestörter, beflügelter Prozess und beileibe nicht nur das, was man Kopfarbeit nennt. Entwerfen sei das «ständige Zusammenspiel von Gefühl und Verstand», und zwar in genau dieser Reihenfolge. Das «Eigentliche» entstehe durch Emotion und Eingebung oder, etwas salopper gesagt: es kommt aus dem Bauch, dann wird es vom Kopf kontrolliert, «aufwendig intellektuell» erwogen, verworfen, korrigiert, verbessert, komplettiert.

Beim Stichentscheid am Schluss entscheide freilich «immer wieder der Bauch». Wie tröstlich, dass das alte Spiel zwischen Intuition und Verstand funktioniert und dass am Ende, allen intellektuellen Verausgabungen zum Trotz, das Gefühl entscheidet. Das Gefühl – aber das ist eben vieles, ist Erfahrung, Vorstellungskraft, ist der Gebrauch der Sinne, ist ein trainiertes Sensorium – und auch die Fähigkeit, Stimmungen zu empfinden, mithin ein sicheres Gespür. Denn, nicht wahr, «Architektur muss glücken» – und die Menschen berühren, mehr: ihr Wohlgefallen finden.

Ludwig Mies van der Rohe, Villa Tugendhat, Eingangspassage, Brünn (1930)

Innen – aussen, aussen – innen
Oder: Das Innere von Häusern, Hallen, Waggons und Schiffen –
Über Entwicklung und Zukunft der Innenarchitektur (1997)

Ich werde jetzt nicht darüber spekulieren, wohin sich die Innenarchitektur entwickelt, kaum von Tendenzen und Moden reden, dazu wäre ich gar nicht wirklich imstande. Ich werde stattdessen erzählen, was mir beim Nachsinnen über dieses Fach eingefallen ist, was ich darüber an mir erfahren, was ich gehört, gelesen, beobachtet habe und welche Schlüsse ich glaube daraus ziehen zu können – und alles das nicht als einer der Ihren, sondern als einer, der Ihnen, lauter Innenarchitekten, zuschaut.

«Bauen war schon immer komplex, nur inzwischen ist es auch kompliziert geworden.» Das ist ein Satz, den ich gerade im Deutschen Architekturblatt gefunden habe – über den Beruf des Architekten, also auch den Ihren. Er kam mir nicht ungelegen; denn dass Sie sich hier versammelt haben, der Bund Deutscher *Innen*-Architekten, deutet doch darauf hin, da es längst zu einer Aufteilung der Aufgaben gekommen ist, spätestens seit die Stuttgarter Innenarchitekturlehrer es 1976 endlich durchgesetzt hatten, ihre Adepten als Diplom-Ingenieure in den Beruf zu entlassen, als anerkannte Architekten für das Inwendige. Doch selbst wenn der Titel Diplom-Ingenieur wie ein weiter Mantel um sie alle geschlagen wird, um Maschinenbauer, Elektro- und Elektronik-Fachleute, um Tunnel- und Raumschiffkonstrukteure, Ingenieure also aller Art, nicht zuletzt doch auch die Stadtplaner, die Architekten, die Landschafts- und die Innenarchitekten – sie sind sich trotzdem untereinander ziemlich fremd. Vielleicht drückt sich in der Bezeichnung Diplom-Ingenieur bloss die immer noch empfundene Sehnsucht nach etwas Ganzem aus, nach etwas, das das Metier umgreift. Schöner Traum. Wie schade, dass das wüste Zeitalter der Industrialisierung umgehend zu einer der auseinanderdriftenden Spezialisierung geworden ist und den ursprünglichen Zusammenhang bald auch im Denken, im Zusammendenken, zerstört hat.

Es fällt nicht wenigen noch schon schwer, beim Arbeiten an die nächsten Verwandten ihres Fachs zu denken. Wie schwer tun sie sich schon an unseren hohen Schulen, wo sie doch alle noch beieinander sind und lernen; wie schwer tun sich da die Architekten mit dem Konstruieren und Berechnen von Gebäuden, das viel zu schnell den Bauingenieuren, den Statikern zugeschoben wird. Und wie schwer tun sich die Bauingenieure, bei ihrer Arbeit daran zu denken, dass das, was sie hervorbringen, immer auch etwas mit Gestaltung zu tun hat. Wie selten die Architekten, die beim Entwerfen nicht nur funktional, sondern konstruktiv denken; wie selten die Bauingenieure, die sich beim Konstruieren auch der Form, der Gestalt, des ästhetischen Gebrauchswertes von Bauwerken bewusst sind, seien es Häuser oder Hallen, Sprungschanzen oder Brücken, Kühltürme oder die Beleuchtung ausladender, mehrstöckig ineinander verschlungener Strassenkreuzungen – oder das «Technische» im Architektonischen gewaltiger Innenräume. Immer wieder gab es Versuche, die feindlichen Brüder wenigstens an den Hochschulen zusammenzubringen, immer wieder endeten sie mit den Protagonisten, sobald sie emeritiert waren.

Es kommt erschwerend hinzu, dass ja auch handwerkliche Fertigkeiten, die namentlich bei Innenarchitekten von grosser Wichtigkeit wären, kaum noch vorhanden, selten erstrebt, geschweige gelernt, als eine wünschenswerte Voraussetzung ernst genommen werden. Dass die Hand also und das in ihr entwickelte Fingerspitzengefühl für Proportionen ebenso wie für Materialien oft schon lange nicht mehr zu prüfen in der Lage ist, was mit dem Kopf entworfen wird. Manchmal gibt es tröstliche, leider Gottes aber auch gern für altmodisch oder atypisch gehaltene Gegenbeispiele. Jedoch: es hat Architekten wie Mies van der Rohe oder Peter Zumthor gut getan, dass sie, ehe sie zu Architekten wurden, Stuck- und Bauzeichner oder Tischler gewesen waren. Und so ist der Rat, den der Hamburger Innenarchitekt Wilfried Köhnemann einer jungen, mit seinem Beruf liebäugelnden Abiturientin gab, ermutigend, nämlich, desgleichen zu tun, also tischlernd die Hand für das zu trainieren, was sie später mit ihrem Intellekt zu schaffen hat, für das Entwerfen und Gestalten von Räumen und Interieurs: um die Hand klug zu machen.

Da ich selber einmal gemauert habe, weiss ich, wie wichtig derlei Erfahrungen im Umgang mit Materialien und im Erlernen solcher Fertigkeiten sind. Denn das, was die Hand übt, lernt ja doch zugleich das Auge – und bildet somit unter der Hand auch den Geschmack.

Nun werde ich nicht behaupten, allein durch handwerkliches Training entwickle sich aus jemandem ein guter Architekt, von welcher speziellen Profession auch immer. Dass es aber, wie ich glaube, eine nicht hoch genug zu veranschlagende Vorübung ist, wird niemand in den Wind schlagen – zumal in unseren Tagen, da ein grosser Teil der Papierarbeit zur Bildschirmarbeit geworden ist, der Bewegungsreichtum der Hand infolgedessen in Tasten-Tippbewegungen entschwindet. Nun werde ich nicht behaupten, unter dem Gebrauch von Computern leide von vornherein die Qualität der Architektur. Aber wir müssen uns klar darüber sein, dass sich die Art des körperlichen und des geistigen Ausdrucks ändert – und damit in gewisser Weise auch Art und Beschaffenheit der Architektur, gleich ob aussen oder innen.

Letztlich aber entscheidet immer das entwerfende Individuum, gleich, auf welchem praktischen oder geistigen Fundament es sich entwickelt hat. Auch der Wiener Josef Hofmann, der ja nicht nur mit seinen Häusern, sondern viel mehr mit seinen Möbeln und Interieurs berühmt geworden ist, war kein Tischler, kein Töpfer und kein Weber. Und dennoch überkommen uns Schauer von Bewunderung, wenn wir diese eigenartige Vollkommenheit des Palais', das er dem Industriellen Stoclet in Brüssel gebaut hat, betrachten, wo das Äussere und das Innere eins sind, vom Schornstein auf dem Dach bis zum Kamin im Salon, von der Eingangspforte bis zum Handlauf. Auch wenn der Begriff des Gesamtkunstwerks eigentlich das Miteinander aller Künste meint, möchte man hier davon sprechen: Das Haus Stoclet ist geprägt durch einen alles durchdringenden Gestaltungs- und Formwillen, der noch in den kleinsten Winkel im Klo reicht.

Das aber gehört eigentlich zu den elementarsten Lüsten eines jeden guten Architekten: nicht nur das von Fassaden eingefasste Gehäuse zu entwerfen, auch nicht nur seine inwendige dreidimensionale Raum-Organisation, nicht nur Grund- und Aufriss, sondern auch das Innere selbst zu gestalten. Und so lässt sich die leichte Schwermut verstehen, die besonders Hotelarchitekten beschleicht – weil man sie meistens nur das Hotel als Bauwerk schaffen lässt, für das Innere aber allein den eigenen Innenarchitekten vertraut – in der Annahme, sie kennten das

folgende Doppelseite: Ludwig Mies van der Rohe, Villa Tugendhat, Brünn (1930)

Ludwig Mies van der Rohe, Haus Tugendhat, Treppe ins Wohngeschoss, Brünn (1930)

Publikum genau, das man vorübergehend zu behausen wünscht, wohingegen die eitlen Architekten dabei doch immer nur an sich selbst und ihren Ruhm dächten. Also kann man verstehen, dass alle diese am Letzten verhinderten Hotelarchitekten – aber nicht nur sie – auf ihre Berufsgenossen schauen, die das in vielen Landhäusern haben tun dürfen, nämlich alles daran und darin zu gestalten. Viele Namen, viele Beispiele, fallen einem dazu ein, Häuser von Peter Behrens, Hans Poelzig, Hermann Muthesius und Richard Riemerschmied, von Egon Eiermann, Eero Saarinen, Arne Jacobsen und Alvar Aalto, Frank Lloyd Wright sowieso, und dann Walter Gropius, der am Bauhaus ausdrücklich die Gemeinsamkeit der Künste gepredigt hat.

Ich möchte auch das Hill-Haus in Helensburgh von Charles Rennie Mackintosh nennen, der zudem das Glück eines, wie ich las, willensstarken, klar denkenden, wunderbarerweise geschmackssicheren Bauherrn hatte. Der beeinflusste den Entwurf der Architektur, die Wahl der Materialien, die Gestaltung der Grundrisse und des Interieurs. Über seinen Architekten notierte er etwas ganz Überraschendes. «Es dauerte nicht lange», so schrieb er, «bis er (Mackintosh) seinen ersten Entwurf für das *Innere* unseres Hauses vorlegte. Erst als wir uns für die innenräumlichen Dispositionen entschieden hatten, legte er Zeichnungen für die Fassade vor. Anfang 1904 übergab uns Mackintosh das Haus mit den wenigen Worten: Hier ist das Haus. Es ist keine italienische Villa, kein englisches Herrenhaus, kein Schweizer Chalet, keine schottische Burg. Es ist ein Wohnhaus.»

Das ist, bei einem so betuchten Bauherrn, ein bemerkenswertes Ergebnis. Es spiegelt auch eine Lebensweise wider. Denn der Mittelpunkt dieses «Hauses zum Wohnen» ist die Halle, die dem Eingang folgt, eine Halle für familiäre Begegnungen und für Tanzfeste, Raum zum Atmen, darin als wichtigstes raumbildendes Element die Treppe. Muthesius, der das Bauwerk in seinem dreibändigen Bericht über «Das englische Haus» ausführlich erwähnt, empfand darin wie in andern Häusern des Architekten eine «Atmosphäre mystischer und symbolischer Art». Vielleicht, merkte jemand an, «war (darin) ein Raum nicht mehr als dies; andererseits aber war er möglicherweise doch etwas mehr».

Mich erinnert diese Geschichte an eine, die sich gegen Ende der fünziger Jahre zugetragen hatte, in einer Zeit also, da Frauenzeitschriften wie *Constanze* und *Brigitte* oder *Annabelle* in jeder Nummer mit einem von Innenarchitekten gestalteten *Constanze*- oder *Brigitte*-Zimmer den

Geschmack der Allgemeinheit in die Moderne zu richten versuchten und die 1959 gegründete Zeitschrift *Schöner Wohnen* sich das gleiche vorgenommen hatte, nämlich die Erziehung zur vernünftigen Moderne, und weg vom schwülstigen Wohnschott, der vom 19. Jahrhundert übrig geblieben war. Ein wohlhabender Mann, dessen Name ich vergessen habe, hatte damals der Empfehlung kenntnisreicher Freunde nachgegeben und einen bekannten Innenarchitekten gebeten, seine Wohnung neu und modern einzurichten. Er selbst kannte sich in derlei Angelegenheiten überhaupt nicht aus. Der Innenarchitekt entwarf, besprach es mit seinem aufgeschlossenen, lernbegierigen, aber geschmacksunsicheren Auftraggeber, suchte Stühle, Sessel, Couch und Tische aus, Schränke, die Beleuchtung, Teppiche und so weiter. Dem Herrn und seiner Frau gefiel das alles sehr, denn sie glaubten ihrem Innenarchitekten aufs Wort: so sei es richtig. Der Mann bemerkte nicht, dass er jetzt gleichsam bei sich selber nur noch zu Besuch war. Er setzte sich, um zu lesen, nicht einfach in einen bequemen Stuhl, sondern «in den Eames»; er platzierte seine Gäste nicht in schwarze Sessel, sondern «in Le Corbusiers». Die eigene Unsicherheit hatte ihm alle Unbefangenheit genommen, so dass er sich auch kaum getraute, etwas zu verändern – nicht einmal, sich in eines seiner schönen bequemen Fauteuils zu flezen, Beine über die Lehne.

Er erinnerte mich an die berühmte Frage an Frau Tugendhat, ob man in ihrem schon vor der Fertigstellung berühmt gewesenen Haus, das Ludwig Mies van der Rohe ihnen gegen Ende der zwanziger Jahre in Brünn entworfen, aber eben auch vollständig eingerichtet hatte, denn auch tatsächlich wohnen könne. Das wirklich schöne Haus (in dem ich einmal eine ganze Woche habe zubringen dürfen) war in allem das Werk *eines* Menschen, des Architekten. So war es von vornherein abgemacht. Hätten die Bauherren Nein gesagt oder eigene Möblierungswünsche durchzusetzen versucht, wäre der Architekt ohne Murren, aber radikal von seinem Auftrag zurückgetreten. Doch die Tugendhats wollten sich in das ästhetische Abenteuer begeben, das ihnen ihr Architekt angelegt hatte, bis ins Detail; sogar den Stuhl, der bald der Brünn-Stuhl hiess, hatte er für diese Wohnstatt entworfen. Kein Haus zum Wohnen also? Doch! Herr und Frau Tugendhat haben es unabhängig voneinander und ohne Umschweife in Briefen an die Zeitschrift *Form* bejaht: Doch, doch, sie hätten es so gewollt, sie hätten sich natürlich gewöhnen müssen, und nun liebten sie es schon. Obwohl Frau Tugendhat ihr Klavier, das der Architekt nicht leiden konnte und nirgends im Haus hatte sehen wollen, in ihr Zimmer hatte stellen müssen.

Beispiele so konsequenter und auch so unerbittlicher Durch-und-durch-Gestaltung von Häusern sind Gott sei Dank selten. Auch wenn sie die Kulturgeschichte bereichern, muss man die Bewohner solcher Kunstwerke nicht durchweg beneiden, eher bemitleiden – weniger ihrer bestimmenden Architekten als ihrer eigenen Zagheit wegen, zumal wenn man bedenkt, dass sie die Räume, in denen sie wohnen, schlafen, baden, spielen, tanzen, Musik machen und hören, lesen, geniessen und sich gehen lassen dürfen, in denen sie so wie nirgendwo sonst auf der Welt vollständig unter sich sein dürfen, vollständig privat, anderen nur zu öffnen brauchen, wenn sie es wollen.

Der Ehrgeiz, Bauwerke durch und durch zu gestalten, ist unter Architekten jeder Profession so ewig wie natürlich, das betrifft beileibe nicht nur Wohnhäuser, sondern ebenso Kirchen, Kunst-, Theater- und Opernhäuser, Hallen jedweder Art, manchmal auch Schiffe. Und es geschieht nach wie vor und heute nicht zuletzt auch deswegen, weil das, was wir gewöhnlich als Architektur bezeichnen, oft bis in die inneren Räume sichtbar vordringt, wo die «Architektur» mit ihren Materialien, ihrer noch im Inneren allgegenwärtigen Konstruktion auch das Interieur mitprägt, sein Bild, seine Atmosphäre. Darin drückt sich wohl nicht einfach ein Allmachtstrieb von Architekten aus, sondern eher die Logik eines Entwurfs, und das Vergnügen daran, vielleicht die Konstruktionsidee, die auch Gestaltungsidee ist: Das Äussere reicht bis ins Innere und will keinen krassen Unterschied machen. Aussen – innen, innen – aussen: als *eine* Sache. Man möchte nur hoffen, dass der Architekt dann auch das gleiche Faible für das eine wie das andere hat, und manchmal auch die Phantasie, Talente benachbarter Professionen in seine Arbeit einzubeziehen, seien es Innenarchitekten, seien es Künstler: um der Raumkunst willen.

Tatsächlich sind es ja immer Räume, um die es geht, ob in der Stadt, die von Strassen, Plätzen, Parks, Gewässern gegliedert, rhythmisiert und letztlich geprägt wird, mehr als von der Architektur der Gebäude, die alle diese öffentlichen Räume fassen – oder ob in der Architektur, die zum allergrössten Teil wiederum Innenarchitektur, also gestalteten Raum darstellt. Und deshalb ist es tunlich, dann und wann danach zu

Ludwig Mies van der Rohe, Haus Tugendhat, Esszimmer, Brünn (1930)

fragen, was das sei: Raum, wie er funktioniere, wie er auf uns wirke. Nirgendwo bin ich damit origineller bekannt gemacht worden als durch den Photographen Reinhard Matz. In seinem bei Du Mont erschienenen schönen grossen Buch mit dem Titel «Räume oder das museale Zeitalter» führt er Aufnahmen von knapp zwei Dutzend sehr grossen Räumen vor Augen. Alle sind von geheimnisvollem, gedämpftem Licht durchdrungen; man sieht, wie im Sonnenstrahl der Staub seine Bahn hat, bemerkt eigenartige Reflexe in den durchweg menschenleeren alten, grossen Hallen, den Lokschuppen, Palastsälen, Reit- und Schlachthofhallen, Badeanstalten, der Ruine einer Botschaft. Dazu beschrieb der Photograph, wie es sei, wenn er einen Raum betrete. «Wenn ich einen Raum betrete», lesen wir also, «schaue ich mich um und schnuppere. Ist es hier gefährlich? Ist der Ausgang gesichert? Wer ist noch im Raum ... Welche Atmosphäre strahlt der Raum aus? Wie ist er proportioniert? Von wo kommt wieviel Licht? Wie ist der Raum eingerichtet? Und, ganz wichtig: Was sehe ich durchs Fenster?»

Viele Räume üben ja eine eigenartige Faszination auf uns aus. Es gibt wohl keinen, den man nicht empfände, seine Enge oder seine Weite, Höhe, Volumen, Dekor und, selbstverständlich, das Licht, das Raffinement der Proportionen. Räume können bedrücken, aber einen auch lachen machen, so wie eine pompös, irgendwie historisch, sehr kostbar überladene Wohnung, die ich in Berlin einmal für überraschend wenig Geld zu mieten bekam; manche Räume wecken in einem eine merkwürdig stark wirkende Raumlust, wirken beflügelnd, andere regen zum Ausschreiten oder zum Zusammenkuscheln an; raffiniert inszenierte Räume wecken die Neugier oder lassen einen, wie die Villa Hügel, ganz klein vorkommen.

Jeder von uns hat Räume, deren er sich leibhaftig erinnert. Mir zum Beispiel fällt dabei stets die Wallfahrtskirche ein, die Gottfried Böhm in Neviges errichtet hat. Unter dem gewaltigen zeltartig gefalteten Stahlbetondach ein Raum für fünftausend Gläubige, trotzdem verblüffend intim. Das macht die Architektur, selbstverständlich, aber es macht eben auch die innere Gestaltung, machen die Farben, der schöne Beton, die Lebendigkeit des räumlichen Arrangements.

Mir fällt die sogenannte Jahrhunderthalle in Bochum ein, eine gewaltige Industriehalle, die heute Raum, nichts als umhüllten Raum bietet – und nach und nach für kulturelle Ereignisse von vielerlei Art entdeckt wird. Neulich bin ich in einem Nachtzug, der CityNightLine, von Ham-

Jahrhunderthalle, Bochum (1902)

burg nach Basel und zurück gefahren, in der Economy-Klasse, und war erstaunt über die ungemein gescheit organisierte Enge. Für zwei Personen ist es wahrlich kompliziert, sich darin, wie vorsichtig auch, zu bewegen; aber aus diesem Minimum an Raum haben die Gestalter sich bemüht, ein Maximum an Platz herauszuholen. Es gibt darin so gut wie keine Stelle, die nicht irgendeinen Gestaltungsgedanken erkennen liesse. Dass ich schlecht geschlafen habe, lag mehr an mir und meinen Gewohnheiten als an der engen Kabine. Aber dass der Waschbecken-Schiebedeckel geklemmt hat, hat mich geärgert, denn man brauchte ihn doch auch als Tisch.

In Neviges ist der Wallfahrts-Kirchenraum das Werk eines bedeutenden Architekten. Die Halle in Bochum hat zweifellos einen Ingenieur zum Autor, einen Konstrukteur, der freilich ein ästhetisch geschultes Auge hatte, also einen Gestaltungstrieb in sich fühlte und wusste, wieviel Eleganz sich dem Stahl und dem Glas abgewinnen lasse. Das Schlafabteil in der CityNightLine hat, wie ich vermute, keinen Architekten zum Verfasser, und der Ingenieur hatte seine Arbeit damit erledigt, dass er die Hülle, das fahrende Gebäude, den Waggon schuf. Wem immer der Grundriss und die räumliche Gliederung in zwei Stockwerken zuzuschreiben ist: in der Kabine selber erkennt man einen des Designs kundigen Innenarchitekten oder einen innenarchitektonisch denkenden Designer.

Und schliesslich möchte ich noch von der Orangerie im Moskauer Park des Fürsten Pückler schwärmen, zweier Beobachtungen wegen. Die eine betrifft den überaus sorgfältigen Umgang mit dem derangierten Baudenkmal, das nicht nur in den Umrissen seinen Charakter behalten sollte, die andere betrifft die Gestaltung des Innenraumes, zugleich die neue Ausstattung. Hier nämlich zeigen sich die Anregungen, die vom Bauwerk ausgegangen sind. Man spürt die architektonisch erzeugte neue Stimmung, und nimmt zufrieden Kenntnis vom Selbstbewusstsein der Gegenwart, das sich in einer stählernen Treppe und einer langen schmalen Galerie bekannt gibt. Vor allem dieses Beispiel aus der Denkmalpflege ist mir wichtig, weil sich daran die Rolle studieren lässt, die explizit die Innenarchitektur zu spielen vermag.

Wie Sie bemerkt haben, war bisher viel von Architekten die Rede, nebenbei von Ingenieuren und Designern, kaum von Innenarchitekten. Was sind sie nun eigentlich: Architekten? Raumgestalter? Einrichter? Ach: Dekorateure? Als ich nämlich einen Ihrer Kollegen aufsuchte, der sich in fast allen diesen Metiers auskennt, bat er drei junge Mitglieder seines Büros hinzu. Die junge Frau hatte Architektur studiert, aber bald ihr Interesse an Innenräumen entdeckt. Die beiden jungen Männer waren diplomierte Innenarchitekten. Ihnen war etwas offenbar immer noch nicht Unübliches widerfahren: hochmütig temperierter Spott der Architekturprofessoren über ihr halbes Fach. Ich erinnerte mich dabei einer vor fast zwei Jahrzehnten erfahrenen Zurechtweisung durch einen Professor, der darauf bestand, dass es nur Architekten gebe. Sie erhöben den Gestaltungsanspruch auf alles, auf das Gehäuse wie auf das Interieur. Innenarchitekten seien infolgedessen Pseudoarchitekten, Viertelarchitekten, in Wahrheit nichts weiter als Raumausstatter. Die grösste Verachtung aber legte er in das Wort «Einrichter».

Ich gebe zu, dass mich das damals beeindruckt hat. Klang es denn nicht plausibel? Alle lernen demzufolge das Entwerfen von Architektur – danach darf dann jeder entscheiden, worauf er sich konzentrieren möchte, jeder nach seiner Begabung, nach seinen Vorlieben, nach seinen Berufserwartungen. Unterdessen bin ich davon überzeugt, dass der Unterschied in Wahrheit nicht in dem liegt, was einer macht, als darin, wie er es angeht und wie er es macht. Auch das Können eines Raumausstatters zeigt sich in der Qualität seiner mitunter hoch zu schätzenden Arbeit.

Ich werde mich nicht weiter dabei aufhalten. Mir ist die Frage, wie einer sich bezeichne, wer was sei oder als was fungiere, ziemlich gleichgültig. Mir ist viel wichtiger zu sehen, welche Ergebnisse des einen wie des anderen Tun hat, ob es sich um eine Wohnung handelt oder um den Umbau eines Theaters, um die Innenraum-Komposition eines Wohnwagens, die Räume einer Krankenkasse, die Verwandlung einer Lagerhalle in ein Büro, um den Entwurf eines Stuhles oder den nicht zuletzt städtebaulich zu denkenden Um- und Ausbau eines Kreuzfahrtschiffes, um Bau oder Umbau von Restaurants, Frisiersalons, Anwaltspraxis, Apotheken, Arztpraxen. Unter innenarchitektonischen Werken sind, verständlicherweise, Umbauten und Umnutzungen grösser an Zahl als alles andere, und es ist klar, dass nicht die eine oder andere Ambition, die eine oder andere Aufgabe die wichtigere ist, sondern das architektonische Denken, das Können, die Raumphantasie, in der alle eingeschlossen ist. Konstruktion, Proportion, die Musikalität von Räumen, Fülle und Leere, Klarheit und Verwirrung, Akustik, Farben, das

Klima, nicht zuletzt das Licht, ob es von draussen hereingeholt oder im Innern erzeugt wird. Letztlich ist es die Atmosphäre, die Stimmung, infolgedessen das Wohlgefühl der Benutzer, Bewohner, Besucher – oder das frösteln machende Gegenteil. Und, nicht zu vergessen, die Gebrauchstüchtigkeit.

Als kürzlich in Bregenz das von Peter Zumthor entworfene sehr eigenwillige Kunsthaus eröffnet wurde, hatten sich die geladenen Gäste der Information wegen in der auch für Vorträge gedachten Erdgeschosshalle niedergelassen, vorn am Tisch sassen zehn Leute, die Auskunft gaben. Und auf einmal stellte sich heraus, dass trotz Mikrophonen und Lautsprechern die Wörter verschwanden, ehe sie das Ohr erreichten. Alles nicht oder nur schwer zu verstehen, weil der Hall sich die Wörter einverleibte. Natürlich: Boden, Wände, Decke – betonharte Umgebung, gnadenlose Schallreflektoren. Wird man nun hier, solchermassen belehrt, bei anderen Veranstaltungen Teppiche auszurollen? Vorhänge anzubringen? Schallsegel unter die Decke zu schrauben? Oder – einen gewieften Innenarchitekten zu Rate ziehen? Ganz gewiss nichts dergleichen. Und so wird man, genau so wie in dem hübschen Dreihundert-Leute-Saal, den der Architekt Richard Meier in seinem schönen Ulmer Stadthaus angelegt hat und in dem man sich schon vier Reihen vom Podium entfernt nicht mehr natürlich verständigen kann, in die Mikrophone brüllen und manchmal denken, dass zur inneren Architektur eigentlich auch die Akustik gehöre. Natürlich, es gibt auch Architekten, die das können – und Innenarchitekten, die daran scheitern.

Nur sollten sie, die Innenarchitekten, nicht der Warnung folgen, die gerade einer der ihren, ein Professor, gegeben hat, ihren Beruf lediglich als «dienenden», als Dienstleistungen zu erbringenden Beruf zu verstehen und demzufolge «eigene Profilierungssucht» zu meiden. Nein, nein, so einfach ist das nicht. Und der Schuss kann ganz plötzlich nach hinten losgehen. Es verhält sich damit so wie mit dem gut gemeinten, aber bösen und blöden Verdikt, von Ehrgeiz zerfressene Architekten wollten sich mit dem Geld ihrer Bauherren doch nur ihre eigenen Denkmäler bauen. Denen, die das behaupten, kann man nur entgegnen: Gottlob tun sie das!

Es wäre schlimm um unsere gebaute Welt bestellt, strengten sie sich nicht so an, als gelte es jedesmal, ein Jahrhundertwerk zu vollbringen, und verstünden sich stattdessen als blosse Dienstleistende. Trostlose

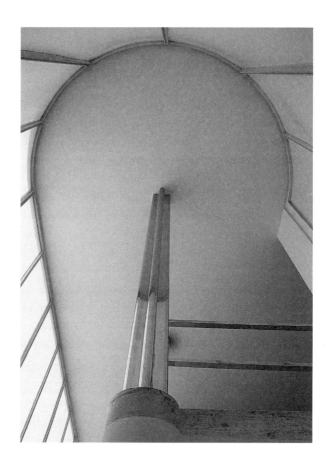

Ludwig Mies van der Rohe, Haus Tugendhat, Treppe ins Hauptgeschoss, Brünn (1930)

Vorstellung, von Gestalten umgeben zu sein, die ihren Gestaltungsehrgeiz unterdrücken und sich als blosse Erfüllungshilfen ihrer Auftraggeber verstehen.
Wie tröstlich war deshalb die Lektüre eines anderen Satzes, den ich in Ihrem letzten Jahrbuch gefunden habe: «Der Innenarchitekt ist der Bau- und Raum*kunst* verpflichtet.» So soll es sein.
Wie in allen Berufen, erst recht dem meinen, gibt es, wie man salopp zu sagen pflegt, so'ne und solche. Es gibt die Könner, die einem den Atem rauben, und es gibt die Netten, die es einem gemütlich machen wollen, und die Unbegabten, die einen entsetzen. Es gibt die Modernen, sagen wir: diejenigen, die die Gegenwart begriffen haben, auch die Traditionalisten, die auf Nummer Sicher gehen und sich lieber Rat im Vergangenen holen, die fürchterlichen Populisten und die Folkloristen. Es gibt die Stümper und die Virtuosen. Also: kein Wort weiter darüber. Diejenigen jedenfalls, die in dem Wettbewerb, den sie unter sich veranstaltet haben, preisgekrönt werden, haben unsere Sympathie. Dabei ist es ganz gleich, ob ihre Aufgabe klein oder komplex gewesen ist, am Ende entschied nichts anderes als die Qualität des Ergebnisses.
Üblicherweise erscheint hier, wenn auch unausgesprochen, die Frage, welcher Schluss sich aus den ausgezeichneten Arbeiten ziehen lasse, wie es also «weitergehe», wohin sich das Metier entwickeln werde, ob eine Tendenz sich erkennen oder vermuten lasse, ganz direkt: in welchem «Stil» könnte oder sollte heutzutage entworfen werden. Die einzige Antwort, die ich darauf habe, lautet: Jeder wie er kann, wie es ihm als notwendig und triftig erscheint, wie seine Vorlieben es ihm nahe legen, wie der Bauherr es sich erhofft und wie der Gegenstand, auf den der Entwurf gerichtet ist, es verlangt, gleich, ob es sich um ein Kontaktlinsen-Studio oder eine Ausstellungshalle, eine Arztpraxis oder ein Seminargebäude, ein Badehaus oder eine Goldschmiede oder eine Jacht oder die Ausstellungsarchitektur in einem Gasometer handelt.
In der Innenarchitektur gibt es zurzeit so wenig wie in der Architektur einen verbindlichen, allgemein akzeptierten, allerorten von mehr oder weniger allen befolgten «Stil», es sind eher Moden, von vermutlich flüchtiger Beschaffenheit, und es sind subjektive Ausdrucksweisen. Und so zeigt sich die Gegenwart Ihres Metiers im wesentlichen nicht anders als von Architekten vor zwanzig Jahren in einer Ausstellung des Museums of Modern Art in New York. Sie hiess «Transformation in Modern Architecture» und zeigte Beispiele der Nachkriegsmoderne. Sie waren

so vielfältig und so verwirrend, aber auch so unvergleichlich wie die Architekten, die sie entworfen haben. Da gab es erstens die skulpturale Richtung, unterteilt in *Brutalism, Imagery, Black Boxes, Planes* und *Volumes, Expressionism* und *Organic forms*. Da gab es zweitens die Abteilung Struktur mit *Cages, Cantilevers, Design by System, Glass, Skins, Greenhouses*. Drittens waren «hybride» Formen genannt. Aus alledem war zu schliessen, dass es auch nicht andeutungsweise den einen, alles irgendwie prägenden Gegenwartsstil gab, sondern so viele Stile wie es interessante Architekten gibt. Lauter individuelle Ausdrucksweisen. Und heutzutage? In Europa jedenfalls, vor allem bei uns zulande und rings um uns herum spürt man, dass die Tendenzen der Gegenwart tatsächlich zu einer Art von stilistischem Übereinkommen geführt haben, wie exaltiert bisweilen auch. Es lässt sich vor allem eine Besinnung auf die Prinzipien der klassischen Moderne aus dem ersten Drittel unseres Jahrhunderts ausmachen, nun aber freier als je behandelt, neu interpretiert, durch vervollkommnete Materialien mit überraschend neuen Eigenschaften, beeinflusst von innovativen Techniken geprägt. Beinahe gehört es schon zu den Selbstverständlichkeiten, sparsam mit dem Material zu wirtschaften und Energie zu sparen und bei alledem auch die Ökologie im Kopf zu haben. Mir fiel auch ein Streben nicht nur nach mehr Transparenz auf, so wie man sie aus der lichtbesessenen Moderne kennt, auch das Streben nach mehr Leichtigkeit, zugleich ein Zug in den Minimalismus. Vielleicht geht das mit einer neuen, optimistischen Baumeisterlichkeit einher, die man vor allem in der intensiven, klugen Durcharbeitung der Einzelheiten bemerkt, der Details.

Mit blosser Raumausstattung und mit Raumdekoration hat das alles wenig zu tun, manchmal aber etwas mit Industrie-Design. Nicht wahr: Baukastenmöbel, nach dem Zweiten Weltkrieg im zerstörten Land entworfen, oder so etwas wie die Frankfurter Küche nach dem Ersten, waren innenarchitektonische Taten. Und womöglich haben der kleine, zum Sitzen und zum Tragen eingerichtete Holzhocker von Max Bill also: eine Designer-, nicht zuletzt eine Tischlerleistung, und das String-Regal-System der fünfziger Jahre dem Fach mehr Ehre und Plausibilität verschafft als so mancher aufgedonnerte Messestand. Hocker und String sind mir deswegen so erinnerlich, weil in ihnen ein unter Innen und anderen Architekten noch immer fruchtbar gewesenes Prinzip steckt: das der Reduzierung, der Nützlichkeit und der ästhetischen Voll endung, kurzum: das der ansehnlichen Gebrauchstüchtigkeit – so wie ich sie auch in Böhms Wallfahrtskirche zu Neviges und meinem Abteil in der CityNightLine nach Basel und zurück erfahren habe.

Darin zeigt sich eine anrührende Menschenfreundlichkeit, auch eine schöne Sinneskultur, und im Wohllaut der Gestaltung doch auch: Würde.

Das wichtigste aber, das ich Innenarchitekten wünsche, ist nichts weiter als Raumgefühl, wenn nicht sogar Raumlust. In einem der berühmten Blauen Bücher, dem 1924 erschienenen Band über «Deutsche Innenräume», las ich den schönen Satz: «Ein wirklicher Innenraum ist wie ein erweiterter Leib, ein erweitertes Kleid des Menschen» – ob das ein Nomadenzelt ist, eine Urzeitjäger-Höhle, ein mittelmeerisches Atrium, ob getäfelte Renaissance oder eine Biedermeier-Stube mit ihrer ausgeklügelten Bescheidenheit, ob das Refektorium der Lutherhalle in Wittenburg oder das Schiff «Europa», das Hotel «domicil» in Bonn oder der Raum unter dem Dach des Reihenhauses in Hamburg, in dem ich mir alles dies ausgedacht habe.

Volkwin Marg und Jörg Schlaich, Klappbrücke, Kiel (1998)

Intellekt und Intuition
Über den scheinbaren Gegensatz zwischen Entwerfen und Konstruieren.
Oder: Der überflüssige Zwist unter Architekten und Ingenieuren (1998)

Ich bin kein Fachmann aus dem einen oder anderen Metier, kein Bauingenieur und auch kein Architekt welcher Spezialität auch, sondern nur einer, der über die einen wie die anderen schreibt und ihre Werke betrachtet, sich dabei so seine Gedanken macht, also: ein Journalist. Ich erwähne das nicht, um damit zu kokettieren; denn natürlich wird einer, der sich jahre-, sogar jahrzehntelang mit derlei Themen beschäftigt, ganz von alleine zu einer Art von Fachmann, wenn auch einer von anderer Bauart. Ich erzähle es vor allem deswegen, um gleich klarzumachen, dass es mein Ehrgeiz nicht sein kann, Neuigkeiten mitzuteilen, sondern nichts weiter als eine Art des Betrachtens zu üben, gleichsam den Blick von der Seite oder über die Schulter zu werfen – bei meinen Überlegungen über den Intellekt einerseits und die Phantasie andererseits, oder: über Ratio hier und Poesie dort, also über den scheinbaren Gegensatz von Entwerfen und Konstruieren oder von Gestalten und Berechnen, kurzum: über den immer noch nicht wieder überwundenen Zwist unter den Architekten und den Bauingenieuren. Und deshalb wird, weil sich das daran so gut explizieren lässt, auch viel von Brücken die Rede sein und von Kunst und von Schönheit. Oft ist es gar kein Zwist, sondern nur die Ignoranz der anderen Disziplin gegenüber, auch Hochmut, wohl auch phlegmatisches Denken. Dabei wissen doch alle, wenigstens ahnen sie es, dass Intuition und Verstand im ganzen Fach gebraucht werden, von den einen wie den anderen, von den Architekten ebenso wie von den Ingenieuren, welcher speziellen Profession auch immer.
Neulich kam mir dazu ein Satz wieder vor die Augen, den ich von dem Kölner Architekten Gerd Lohmer kannte, der, wie er mir einmal erzählt hatte, als sogenannter «Brückenfritze» im Büro seines berühmten Berufskollegen Paul Bonatz in Stuttgart noch das tiefe Misstrauen zwischen den beiden Disziplinen miterlebt hatte. Der Architekt Bonatz und sein Büro waren damals gemeinsam mit den Ingenieuren Leonhardt

und Schächterle mit Entwurf und Konstruktion der Rodenkirchener Brücke über den Rhein in Köln beschäftigt. Und für den jungen Lohmer gab es nicht den leisesten Zweifel daran, dass der Brückenbau eine Kunst sei, woraus er schloss: «Brücken gehören zur Baukunst.» So wie der Kölner Dom, wie die Jahrhunderthalle in Breslau, das Corbusier-Haus am Zürichsee und das Shell-Haus in Berlin, wie die Pyramiden und das Pantheon in Rom.

Denn um Brücken über Flüsse, Schluchten, Eisenbahnen, Abgründe zu schlagen, genüge bei weitem nicht der «rechnende und mit schöpferischer Phantasie konstruierende Verstand», es verlange vielmehr das «mit schöpferischer Phantasie künstlerisch gestaltende Gefühl». Für ihn war das schon deswegen wichtig, weil Brücken wie viele andere technischen Bauwerke niemals für sich allein stünden, sondern stets in einer Umgebung, die der Entwerfer im Entwurf zu reflektieren, also zu würdigen habe.

Das hervorzukehren ist immer wieder notwendig – und so kreist auch meine Erörterung unentwegt um dieses alte, ewige Thema –, es ist notwendig, seit sich im vorigen Jahrhundert die Baumeisterschaft in die Architekten einerseits und andererseits in die Bauingenieure gespalten hat. Und wie meistens nach solchen gewöhnlich erst viel später bemerkten Berufs-Dramen ging es erst einmal mit einem Missverständnis weiter. Bis ins zweite Jahrzehnt des vergangenen Jahrhunderts, sagen wir bis gegen 1914, waren ja die Architekten noch aufgerufen, der zwar stürmisch eroberten, aber immer noch als brutal empfundenen Technik behübschende Hüllen überzustreifen, also zum Beispiel stählernen Brücken ornamentbeladene Steinportale vorzufügen oder Gebäude wie die unerhört elegante, unmerklich die Biegung der Gleise nachzeichnende Halle des Hamburger Hauptbahnhofes am Kopfende in eine gewaltige Natursteinfassung mit zwei Türmen zu verpacken. Nur innen wo die Technik gleichsam vonstatten geht, wo die Eisenbahn allerneuester Konstruktion ein- und ausfährt, zeigt man die Stahlarchitektur als ein technisches Bauwerk: nackt und klar. Nach aussen, ins Stadtbild hinein aber spielte man das alte Theater weiter.

Eigentlich war die Allgemeinheit der bauenden Fachleute erst von der dreissiger Jahren unseres Jahrhunderts an imstande, waren ihre Bauherren auch mutig genug, die raffinierte Schönheit konstruierter Bauwerke zu begreifen und zu empfinden, aber eben auch zu zeigen. Jetzt erst begann die wunderbare, von Leuten wie Bonatz, Lohmer, Finsterwalder, Leonhardt, Schlaich, Dietrich und anderen erstrittene Symbiose zum Beispiel von Brückenbau und Baukunst.

«Die ästhetische Seite einer Brücke», so hatte doch der hoch gerühmte Schweizer Brückenbaukünstler Robert Maillart notiert, «überwiegt gegenüber der technischen, weil wir der Konstruktion als ästhetischem Resultat im Raum gegenübertreten und nicht dem technischen Meisterwerk, das sie gleichermassen sind.» Und der amerikanische Ingenieur David Steinman fügte dem hinzu: «Kein Brückenbauer verdient diesen Namen, solange er nicht von Leidenschaft erfüllt ist, seine Werke schön zu bauen.»

Bei dem Architekten Hermann Muthesius, der zu den Wegbereitern unserer klassischen Moderne zu Anfang des Jahrhunderts gehörte, fand ich den Satz: «Die Vorstellung, es genüge für den Ingenieur völlig, dass ein Bauwerk, ein Gerät, eine Maschine, die er schafft, einen Zweck erfülle, ist irrig.» Noch irriger sei der Satz, dass, wenn sie einen Zweck erfüllten, sie zugleich auch schön seien, gewissermassen wie von selber. Nun kann ich gleich mit dem Wiener Otto Wagner fortfahren, der in seinem epochalen, 1895 zum ersten Mal erschienenen, übrigens auch heute noch sehr lesenswerten Buch über «Die Baukunst unserer Zeit» die Moderne zum ersten Mal durchdacht und formuliert hatte, und den Satz daraus zitieren, demzufolge «jeder Baukünstler ... sich endlich zu der Erkenntnis werde bequemen müssen: ‹Etwas Unpraktisches kann nicht schön sein.›» Egal, was es ist, ein Haus, eine Wohnung, darin ein Schlafzimmer, das nicht genug Platz für den Kleiderschrank lässt, ein Balkon, auf dem man sich nicht bewegen kann, ein Turm, aus dem man nicht blicken kann, weil die Fenster zu hoch sitzen, ob eine Brücke, ein Kindergarten, ein Bahnhof, eine Messehalle, ein Pissoir, eine Schule, eine Zeche, was auch immer. Noch einmal Otto Wagner: «Das Einfache, Praktische, das – beinahe möchte man sagen – Militärische unserer Anschauungsweise muss, wenn das entstehende Werk ein getreues Spiegelbild unserer Zeit werden soll, voll und ganz zum Ausdruck kommen, und schon deshalb ist alles Outrierte zu vermeiden.»

Tja aber, könnte man hier einwerfen: ergibt sich dergleichen denn nicht geradezu zwangsläufig? Zum Beispiel aus einer exakten Konstruktion? Ganz von alleine? Äusserste Schönheit durch äusserste Funktions- und Gebrauchstüchtigkeit, sei es die einer Brücke, eines Wohnhauses, eines

Wasserkessels, eines Türgriffs? «Es ist leider nicht so», sagt nun Fritz Leonhardt, weiland einer unserer grossen Bauingenieure. Es sei eben leider nicht so, «dass die technisch richtige und logisch auf den Naturgesetzen aufgebaute Lösung einer Bauaufgabe gleichzeitig schön werden» müsse.

Ich habe neulich seine Klage über die von ihm beobachtete «Unzufriedenheit im Berufsstand des Bauingenieurs» wieder gelesen, die er 1990 auf dem Bauingenieurstag in Stuttgart vorgetragen hat. Er beschwor darin «ein neues Denken». Das aber vermutet er nicht in allerneuesten Computerfinessen, nicht in angestrengten Rechenoperationen, sondern in einer wieder zu entdeckenden Universalität des Denkens beim Konstruieren, beim Entwerfen. Genau die aber sei seinem Beruf mehr als dem des Architekten abhanden gekommen, schlimmer noch: die meisten seinesgleichen bemerkten nicht einmal, dass sie etwas eingebüsst haben. Zum Beispiel bei Grossprojekten, wie sie etwa das europäische Hochgeschwindigkeitsnetz der Eisenbahn darstelle, «um Strasse und Luft zu entlasten». Dort hätte der Bauingenieur die Aufgabe, grundsätzlich «gesamtheitlich» zu sehen und obendrein «zu koordinierender Integration aller betroffenen Fachsparten fähig zu sein», noch einmal: alle Fachsparten.

Um aber solche komplexen Aufgaben zu bewältigen, genüge es für den «Bauingenieur der Zukunft nicht mehr, als Fachidiot ausgebildet» zu werden. Und abgesehen von der Erkundung aller Disziplinen seines eigenen Faches gehöre es prinzipiell dazu, sich «die Zusammenarbeit mit anderen Fachrichtungen» angelegen sein zu lassen – mithin sei schon auf der Fachhochschule wie auf der Universität «das Einüben bei Entwurfsübungen und eine Lehre für schönheitliche Gestaltung» auch bei Ingenieurbauten von grosser Bedeutung.

Das gilt umgekehrt natürlich genauso. Denn wenn ich richtig unterrichtet bin, kranken doch auch die Architekten in ihrem Studium meistens immer noch daran, bestimmte Wissens- und Denkerfahrungen schnell abzuhaken, die ihnen lästig sind, seien es Statik und Konstruktion, Bauphysik oder Baustoffkunde oder Kostenberechnung und derlei Spezifika mehr, um sie später im Berufsleben einfach ihren Hilfsfachleuten zuzuschreiben. Was daraus folgt, können Sie jeden Monat in einer der appetitlichen Fachzeitschriften verfolgen, in einer offensichtlich regelmässig notwendigen Folge über Bauschäden. Ich hatte den Eindruck, dass der Erfinder dieser Rubrik, wie des Themas, Raimund Probst, de die Aufmerksamkeit wie kein anderer auf diese leidige Mangelerscheinung gelenkt hat, dafür zwar hoch geehrt, aber heimlich als Eiferer viel bespöttelt worden ist.

Das alles seien doch aber Binsenwahrheiten? Ganz richtig, es sind Binsenwahrheiten, allgemein bekannte Wahrheiten. Nur haben es derlei Selbstverständlichkeiten so an sich, alsbald und vergessen zu werden – weshalb es von Zeit zu Zeit notwendig ist, sie sich, bisweilen unter neuen Aspekten, in den Kopf zurückzuholen. Und es beispielsweise als normal zu begreifen, dass Bauingenieure sich unter Architekten Verbündete gleichen Sinnes suchen, von welchen wiederum verlangt werden muss, dass sie ihrerseits eine konstruktive Neugier empfinden und zu nutzen sich bemühen, ihre Kompagnons von nebenan rechtzeitig, offen und geduldig zu konsultieren. Dass ich hier so heftig darauf bestehe, liegt an meiner Überzeugung, dass sich dies nicht früh genug und nirgendwo besser als an unseren hohen Schulen trainieren lasse. Man kann das ja nicht oft genug sagen. Und so schlug Frei Otto in dieselbe Kerbe, als er bei der Emeritierung seines Architekturkollegen Kurt Ackermann, eines ausdrücklich konstruktiv denkenden Architekturlehrers, zur nämlichen Klage ausholte. Konstruieren? Gar keine Frage, ganz wichtig! Und deshalb stehe ja bei den Ingenieuren «die Förderung für das Konstruieren» im Mittelpunkt der Lehre. «Hier aber», sagt er, «ist viel zu tun.» Sogenannte Ingenieurbauwerke entstünden überall in so grosser Zahl wie noch nie und so hässlich und umweltschädigend wie noch nie. «Dass beispielsweise bei den Millionen von Hochspannungsleitungsmasten das ästhetische und ökologische Moment ganz fehlt, wird nicht einmal wahrgenommen.» Und weiter sagt er: «Bemerkt wird auch kaum, dass Tausende von Brücken, die heute jährlich gebaut werden, fast ausschliesslich von Büros der Baufirmen geplant werden, deren Chefs sich manchmal gestaltend einmischen, aber dabei oft ihre Fähigkeiten überschätzen.» Manchmal würden zwar auch freie Architekten hinzugezogen, um ästhetische Mängel zu tarnen, doch nur deswegen. Dann wäre ihm «ehrliches Unvermögen ... oft akzeptabler als geschminkte Hässlichkeit».

Geschminkte Bauwerke – solche also, die eigentlich fertig sind, aber bloss noch ein bisschen zurechtgemacht werden sollen – die meinte der kluge alte Leonhardt jedenfalls nicht, als er das Folgende dozierte: Schönheit folgt eigenen Gesetzen, die nicht von selbst sich einbauen, sich aber wohl mit der technisch richtigen Lösung vereinbaren lassen».

Da nun aber beim Bauingenieur künstlerische und konstruktive Begabung selten miteinander vereint seien, dem Ingenieur sogar, sagt Leonhardt, «meist jede Ausbildung und Schulung in künstlerischer Hinsicht» fehle – und bei Architekten wiederum ein Mangel, wenn nicht sogar eine Unlust an konstruktivem Denken wie an bauphysikalischen Kenntnissen zu bemerken seien –, deswegen bleibe nur die Empfehlung für beide, sich gegenseitig zu suchen und hoffentlich zu finden und zu vertragen – sich also zu Bündnispartnern zu machen.

Es ist leicht zu bemerken, dass ich hier oft und insistierend das Verlangen nach Schönheit für unsere gebaute Welt nenne. Dafür gibt es eine ganz elementare Erklärung: Menschen haben von Natur aus ein fortwährendes Verlangen nach Schönheit. Das fängt bei der Pflege des Körpers an und setzt sich fort bei der Frisur, ganz besonders bei der Kleidung, natürlich bei ihren Automobilen, die zu wienern und im Inneren zu schmücken sie nicht müde werden. Sie bemerken es auch bei allen ehrgeizigen Köchen vor allem in Restaurants, die einen oder zwei (oder drei) Sterne tragen dürfen. Sie begnügen sich ja nicht mit ihrer Könnerschaft beim Zubereiten, beim Braten und Kochen der Speisen, nicht mit dem exzellenten Geschmack, sondern sie richten am Schluss alle Aufmerksamkeit auf die Präsentation ihrer Köstlichkeiten, wenn sie sie mit äusserstem ästhetischem Anspruch auf den Tellern arrangieren und servieren. So kann einen mitunter eine heitere Melancholie befallen, weil man von diesem Augenblick an aufgerufen ist, ein Kunstwerk speisend zu demolieren und Schluck auf Schluck verschwinden zu lassen. Sehr wohl: das Auge isst mit. Aber noch der albernste Gartenzwerg, noch die am putzigsten geraffte Gardine, der absonderlichste Schriftzug auf der selbst gemalten Hausnummer bezeugen, dass das Auge offensichtlich unser anspruchsvollstes Sinnesorgan ist.

Dass die Anstrengung, dem Auge ein Wohlgefallen zu tun, oft so komische Züge annimmt, liegt hauptsächlich am Irrglauben, guten Geschmack habe jedermann und jeder auf seine Weise, guter Geschmack sei jedem angeboren, guten Geschmack könne man lehren Schönheit nicht dekretieren. In den späten sechziger Jahren musste sich ausgerechnet der kämpferische, um die vernünftige Form unsere Daseinswelt bemühte Deutsche Werkbund heftige Kritik gefallen lasse – weil er die Leute zu bevormunden versucht hätte und ihnen seine elitären Geschmack habe oktroyieren wollen. Dass man Geschmack nicht lehren, infolgedessen auch nicht darüber streiten könne, ist ei beliebter Irrtum. Denn dass unsere Umwelt durch Bauwerke aufs Schauerlichste entstellt und nun auch Ostdeutschland mit dem entsetzlich beliebten Einfamilien-Krüppelwalmdachhaus verseucht wird, liegt doch hauptsächlich am mangelnden Anspruch der Gebraucher und an der Cleverness der Häuserfabrikanten und -decker. Geschmack, das sollte jedenfalls klar sein, ist ein Gefühl, das möglicherweise in jedermanns Bauch wohnt, aber nicht in jedermanns Kopf. Urteilsfähig aber wird man erst durch Kenntnis – erst recht im Gefilde des Schönen.

Oft scheitert der Anspruch des Schönen am Geld, weil das Schöne angeblich, selten jedoch wirklich mehr kostet als das Gewöhnliche und das Hässliche. Und so war dort Mitte der neunziger Jahre ein Wunder zu beobachten. Das eindrucksvolle Ereignis, das ich meine, war die Erasmus-Brücke, die der niederländische Architekt Ben van Berkel in Rotterdam über die Mass geschlagen hat. Sie hat nicht 320, sondern 350 Millionen Gulden gekostet. So teuer, nämlich die 30 Millionen Gulden mehr, war der Knick, den der Architekt dem 140 Meter hohen Pylon in der Mitte gegeben hat. Natürlich gab es sofort ein Riesengeschrei darum, die Zeitungen wühlten wollüstig in dem Haufen Geld herum – doch interessanterweise beharrten ausgerechnet die Stadtverordneten Rotterdams darauf, sich die Mehrausgabe zu leisten, sie hatten sogar auf dem «gewissen Kniff» ihrer Brücke bestanden – zum Wohle ihres Gemeinwesens, das sich damit nicht irgendeine neue Brücke, sondern ein unverwechselbares, einprägsames Wahrzeichen geleistet hat. Und nicht genug, verliehen die Politiker dem Architekten dafür obendrein einen ehrenvollen Preis.

Wie kompliziert, wie mühsam aber ist es, im weniger prominenten Baualltag das Bessere, von dem man immer wünscht, es sei das Ansehnlichere, das Schönere, durchzusetzen, mithin plausibel zu begründen. Was ist denn schön, und wenn, warum ist es eigentlich schön? In dieser Beziehung haben es die Architekten den Ingenieuren gegenüber – namentlich dann, wenn sie tatsächlich bei einem Projekt einander inspirierend zusammengearbeitet haben – deswegen so schwer, weil sie nun mal «den ewigen Kampf mit dem Unbeweisbaren» führen. Architekten, sagte mir einer einmal, haben weder Formeln noch Rechenergebnisse, sondern nichts weiter als: ihr Gefühl, ihren trainierten Geschmack und die wörterreiche Umschreibung dessen, was sie für schön halten – ohne es hieb- und stichfest beweisen zu können. Und so waren für diesen Architekten, wie gesagt, Brücken ebensolche Gegenstände der Baukunst wie Kathedralen, oder Zechen. Man glaubt seinen Augen nicht, wenn man diesen unerwarteten ästhetischen Ehrgeiz bei der wunderbaren Anordnung und Führung der gewaltigen Rohre bemerkt, die verblüffend feine Zeichnung der Öfen, die Anmut der Türme.

Nun wäre es leichtsinnig, den Dritten in dieser Runde der Baufachleute ausser Acht zu lassen: den Bauherrn. Denn für ihn drücken sich die schlagkräftigsten Argumente hauptsächlich in der Nützlichkeit, also im Gebrauchswert eines Bauwerks aus – und im Geld, das seine Herstellung und sein Betrieb kosten. Alle Architekten und Ingenieure haben mit ihren Bauherren meist dieselbe Not, nämlich ihnen klar zu machen, dass am Ende niemals die rein rechnerische, sondern allein die ästhetische Rentabilität entscheidend ist, die Qualität der Gestaltung. Nun hatten die Niederländer mit ihrem demokratischen Bauherrn Rotterdam gerade grosses Glück gehabt. Die Münchner hingegen haben Jahre gebraucht, bis sie damit aufhörten, sich die Zungen über das teure Olympiadach zu zerreissen. Welch ein Geschrei damals, 1972! Kaum noch jemand empfand das Glück darüber, dass sich die berühmte Devise dieser ausdrücklich so gewollten «heiteren Spiele» in der Architektur des Stadions symbolisiert fand, fast alle stiessen sich an den Millionen, die der Bau angeblich zu teuer war. Günter Behnisch, der Architekt neben dem Ingenieur Leonhardt, dem Konstrukteur Frei Otto und dem Landschaftsarchitekten Günter Grzimek, sagte damals trotzig: Hätten die Stadt München, das Land Bayern, der Bund das, was das Olympiadach mehr als ein konventionelles Stadion gekostet hat, irgendwo anders für irgendetwas anderes ausgegeben, hätte kein Hahn danach gekräht, schlimmer, es hätte nicht einmal jemand zu wissen verlangt, wo es verbaut worden wäre und ob es auch notwendig gewesen sei.

Schon fünf Jahre nach den Olympischen Spielen interessierten niemanden mehr die Mehrkosten; jetzt waren alle nur noch mächtig stolz, stolz auf ein ausserordentliches Bauwerk, das den Ruhm der Stadt, Bayerns, des ganzen Landes so unglaublich vermehrt und Besucher aus der ganzen Welt in Scharen herbeigelockt hat, so dass die Mehrausgabe längst aufgewogen war – aus der Architektur mithin sogar ein Geschäft für die Allgemeinheit geworden war. Dass den Fussball-Plutokraten alles dies heute gleichgültig ist, ist allein ein Problem ihrer Erziehung. «Gestaltung» kam darin offenbar nicht vor.

Ben van Berkel übrigens war später dann ein wenig stolz darauf, dass jemand seinen geknickten, unten gespreizten Pylon «die Beine vor

Marlene» genannt hat; aber er zögerte, allzu direkt von Schönheit zu sprechen. Das, meinte er, wäre ihm ein bisschen zu populär, eigentlich habe er ja ganz etwas anderes im Sinn gehabt: Er habe mit seiner Brücke den «Ausdruck der Zeit» treffen wollen, einer Zeit, die ebenso komplex wie instabil «in ihrem kulturellen Nebeneinander» sei. Deshalb sollte seine Brücke ausdrücklich «diese Instabilität als etwas Positives» zeigen. Das ist ein schönes Ansinnen – mit einer mutigen Hoffnung. Tatsächlich unterscheidet den Brückenbaukünstler nichts vom Dombaukünstler. Man sollte eine elegante, kühne Brücke getrost in einem Atemzug mit den bewunderten Tempeln nennen, es ist da ziemlich gleich, an welchen man denkt, an die Hagia Sophia, an den grandiosen Bau von Sankt Paul vor den Mauern in Rom, an die Kapelle der Colonía Güell von Gaudí in der Nähe Barcelonas oder an die erstaunliche, erstaunlich wenig bekannte Wallfahrtskirche in Neviges von Gottfried Böhm, dieses unglaublich raffiniert und kühn konstruierte Stahlbeton-Bauwerk.

«Selbst wenn an einem Dom nur ein Teil fertig geworden ist», schrieb Bruno Taut in seiner bemerkenswert unbekannten, von mir geradezu begeistert gelesenen «Architekturlehre», «so waren diese Kräfte bereits vollständig zum Ausdruck gebracht. Ihr Weisen war das einer universellen Strahlung, vergleichbar den Ätherwellen.» Er meinte die statischen Kräfte, die, wie er fand, «selber lebendig geworden» seien. Und weiter lesen wir bei ihm: «Ohne den Elan der Ingenieure wären diese Werke nicht möglich gewesen.» Man bemerkt, er spricht nicht vom Sachverstand der Ingenieure, von ihrer Berechnungsbesessenheit, sondern von ihrem Elan, ihrer forschenden Leidenschaft, ihrer konstruktiven Neugier, ihrer Probierlust.

Jedoch, setzte er dann hinzu, sei dieser Elan «etwas mehr» gewesen als der, den man, sagen wir, bei einem Durchschnittsingenieur vermuten dürfe. Denn damals seien in den Köpfen Verstand und Gefühl, Intellekt und Intuition noch beieinander gewesen, das Konstruktive, aber eben auch das daraus hervorzukitzelnde Ästhetische, der Sinn für das technische Detail, nicht zuletzt der Sinn für Proportionen – und ein guter Geschmack. Deshalb gab es für Bruno Taut keinen Zweifel dran, dass von der blanken Technik kein Weg zur Proportion führe, so einfach sei es nicht. Und so war es für ihn auch klar, dass zu einem begabten, anspruchsvollen Bauingenieur nicht anders als für einen begabten, anspruchsvollen Architekten neben grossen Kenntnissen auch Phantasie und Erfahrung, vor allem aber die Intuition gehöre. Bei all dem aber gab es für Taut, der zu den grossartigsten, anregendsten Erscheinungen der architektonischen Moderne gehört hatte, nicht den kleinsten Zweifel daran, dass «alles, was der Mensch baut, auch das Einfachste und Primitivste, ... mit der Konstruktion» beginne.

Dann fügt er bewundernd noch eine kleine Beobachtung hinzu: «Die genialsten Konstruktionen scheinen zu schweben» – scheinen also der Schwerkraft zu entwischen oder ihr selbstbewusst eine lange Nase zu machen bei Türmen, Dächern, Hallen, vor allem bei Brücken. Immer besser, immer feiner, dünner, schlanker, kühner, immer höher, immer weiter, und dabei immer eleganter – es hat bisweilen den Anschein, als wimmele es in diesem angeblich stocknüchternen Beruf nur so von heimlichen Jongleuren und Äquilibristen. Denn überall, wo die Intelligenz der beiden Fächer, der Entwerfenden und der Konstruierenden, am Werk sind, begegnet man in diesen, von naiven Betrachtern für rein ästhetisch gehaltenen Anstrengungen lauter merkwürdigen Eigenschaften der Leichtigkeit, des Schwebens, der Grazie: Spitzentänzen. Es ist wie ein verführerisches Verstellungsspiel: Was in Wirklichkeit Tausende von Tonnen schwer ist und bei der kleinsten fehlerhaften Berechnung tosend in sich zusammenstürzt, so darzustellen, als mache es sich über die Erdanziehungskraft, über die Statik lustig. Ich glaube, es ist tatsächlich eine Art von Spiel, ein sehr raffiniertes, Courage verlangendes, aber Verantwortung voraussetzendes Spiel. Es zu spielen verlangt die äusserste Virtuosität des Denkens wie des Machens, um die Physik mit sich selbst zu überspielen, mit einer ausgeklügelten, skelettierten, nach Kräften schönen Konstruktion zu überlisten. Und natürlich steckt darin immer auch der wirtschaftliche Aspekt, es so wenig Geld wie irgend möglich kosten zu lassen – so dass die Eleganz zu guter Letzt nichts anderes als Ausdruck von Sparsamkeit ist. Deshalb hat es zum Beispiel nicht genügt, die Kölner Zoobrücke, eine Balkenbrücke aus Stahl, über den Rhein «wie einen Säbel» zu formen, sondern: wie ein Florett. Aber die Devise lautet da genauso, wie sie Otto Wagner über die Jahrhundertwende resümiert hatte: Der Architekt habe die Kunstform stets aus der Konstruktion zu entwickeln.

Wie mir scheint, ist die Praxis des jeweils einen Baumetiers, beim jeweils anderen nach Verbündeten für eine Aufgabe zu suchen, lang nicht so oft und so intensiv geübt worden wie heute. Mich deucht aber auch, dass Otto Wagners Vorsatz heute nicht selten umgekehrt wird: de

Architekt entwirft, der Bauingenieur soll eine Konstruktion dafür finden. Ein bisschen von diesem Gedanken findet man aber auch bei Wagner. «Der Urgedanke jeder Konstruktion», schrieb er, «ist aber nicht in der rechnungsmässigen Entwicklung, der statischen Berechnung zu suchen, sondern in einer gewissen natürlichen Findigkeit: er» – das heisst; der Urgedanke jeder Konstruktion – «ist etwas Erfundenes».
Genauso war es doch, als der Londoner Architekt Norman Foster sein imposantes Bankhochhaus für Hongkong entwarf, aber davon besessen war, Tageslicht ins Gebäude hineinzuschaufeln, es hineinzuspiegeln, etwas, an das vorher noch nie jemand gedacht, geschweige erstrebt hatte. Ich wette, dass es auch da zuerst geheissen hatte, das sei unmöglich – bis die penetrante Intuition des Architekten, gepaart mit konstruktivem Spürsinn und mit Wissen, allmählich auch die Skeptiker davon überzeugte, dass sich das, was man sich denken könne, vielleicht auch tatsächlich machen lasse.
Und wohl keiner reizt das Thema so virtuos, so eigenwillig, so frech aus wie der auf einmal so schrecklich populär gewordene Frank O. Gehry. Man kann heftig darüber streiten, ob das Architektur oder Bildhauerei sei, was er treibe – aber es sind Räume, die er schafft, abenteuerlich gebrochene Räume, Bilder von Räumen – und jedenfalls so waghalsig wie kompetent konstruiert. Zauberhallen der Statik. Das hätte, heutzutage, wohl auch Otto Wagner gefallen. Er schrieb: «Der nicht auf die werdende Kunstform, sondern nur auf die statische Berechnung und auf den Kostenpunkt Rücksicht nehmende Ingenieur» spreche daher «eine für die Menschheit unsympathische Sprache – während andererseits die Ausdrucksmittel des Architekten, wenn er bei Schaffung der Kunstform nicht von der Konstruktion ausgeht, unverständlich bleibt.» Fosters Bau ist ein kunstvoll gestalteter Bau, wenngleich sehr teuer geworden, und er ist, wenn man genau hinschaut, verständlich.
War das denn bei Antoni Gaudí anders? Hatte dieser Katalane nicht die Stirn gehabt, die Meister der Gotik konstruktiv zu korrigieren? Und wandte er, um für seine Kathedralpläne die richtige, eine vollkommen logisch funktionierende, infolgedessen Strebepfeiler überflüssig machende Statik herauszufinden, nicht eine unglaublich intelligente Methode an, die Kraftlinien der Konstruktion mit hängenden Ketten und Gewichten herauszufinden? Eine Methode, die dann lange vergessen war, bis Frei Otto sie sich wieder zunutze gemacht hat? Kluge Ingenieure, wenn sie im Nebenfach der Architektur zu dilet-

Mutschler/Langner mit Otto Frei, Multihalle der Bundesgartenschau, Mannheim (1975)

tieren glaubten (oder es wussten), verbündeten sich deshalb stets und offenbar gern mit Architekten – und kluge Architekten, wenn sie wie meist vom Nebenfach zu wenig wissen, taten sich mit Ingenieuren zusammen. So ist die Bundesrepublik Deutschland einst zu ihrem ausserordentlich intelligenten Weltausstellungspavillon in Montreal von Frei Otto, Rolf Gutbrod und Fritz Leonhardt gekommen; so kam Mannheim zu seiner einzigartigen, immer noch ein wenig exotisch wirkenden Multihalle, einer abenteuerlichen Konstruktion aus Kistenholz von Frei Otto und den Architekten Langner und Mutschler. Und welch ein Glück für Hamburg, dass das Bündnis zwischen den beiden Sparten des Bauens das fliegende Dach der Empfangshalle am Flughafen und auch das zauberhafte Glasdach über dem L-förmigen Hof von Schumachers Museum für Hamburgische Geschichte hervorgebracht haben, und den Bau der neuen Leipziger Messe, und die Weltpremiere einer Zug-Klapp-Brücke in Kiel, für die sich der Architekt Volkwin Marg mit dem Ingenieur Jörg Schlaich zusammengetan hatte – oder die auf mich jedesmal ganz poetisch wirkenden Bahnsteigdächer auf dem Kölner Hauptbahnhof, die den Architekten Busmann und Haberer, aber eben auch dem Konstrukteur Stefan Polónyi eingefallen sind. Ein merkwürdiger Zauber steckt in diesem geschwungenen Dächer-Dach draussen vor der Haupthalle. Am Ende ist es gleich, wer die Idee hatte und wer die Initiative ergriff.

Da sollte man auch Hans Scharoun nennen, der die Berliner Philharmonie ja auch nicht nach Hausmannsart entworfen, sondern weniger als Gebäude denn als Raumerlebnis konzipiert hatte. Und was das Dach und die Saaldecke angeht, war sein Formwille, seine Raumvorstellung und die alte Idee von einem Volkshaus so stark und verführerisch, dass Ingenieure wie Akustiker Feuer an dieser ausserordentlichen Idee fingen und das Werk vollbrachten. Nicht anders war es mit den Foyerhallen, die dem Berliner Architektenduo Hermann Fehling und Daniel Gogel in den Sinn gekommen waren für zwei Max-Planck-Institute, deren eines für Astrophysik in München-Garching den Polier dermassen entsetzt hatte, dass er es für unbaubar hielt. Daniel Gogel, vormals ein gelernter Schiffsbauer, redete geduldig mit ihm, erklärte, schickte ihn, wie er sagte, «mit den Plänen ins Bett». Und dann geschah es, das heisst: es glückte. Die Skepsis, sogar die Abwehr waren gross: doch die Begeisterung aller, die an diesem Gebäude mitgebaut und überflüssigerweise mitgebangt hatten, wuchs mit den Schwierigkeiten. Zuletzt

Busmann & Haberer mit Stefan Polónyi, Hauptbahnhof, Bahnsteigüberdachung, Köln (1990)

zeigte sich ihre Hochachtung vor dem Architekten, den sie «Meister» nannten, in der Mauer, die zum Eingang führt. Dort haben die Bauarbeiter, um ihren Architekten zu feiern und ihm für die Aufgabe zu danken, heimlich den Grundriss als Relief in den Beton geprägt, wie eine Ehrenmedaille.

Es kommt, so wie hier, immer auf die Korrespondenz zwischen den Professionen an, auf die Achtung füreinander und das Vertrauen zueinander. Als ich in Hamburg zum allerersten Male über ein Bauwerk schrieb, ein Studentenheim, beschwor mich der Architekt, unbedingt Herrn Steiner zu nennen. Wieso Herr Steiner? Wer ist Herrn Steiner? «Herr Steiner», sagte der Architekt, «war mein Bauleiter hier.» Ohne ihn, versicherte er, wäre das Gebäude niemals bis ins Detail derart wohlgeraten, nicht ohne diesen fachmännischen Blick und diese Sorgfalt – und auch nicht ohne den Mumm, den Architekten hier und da zu Korrekturen zu ermuntern. Herr Steiner gehörte zu der inzwischen fast ausgestorbenen Spezies von Bauingenieuren, die vor dem Abitur aufgegeben, in diesem Falle stattdessen mauern gelernt hatten und die Gesellenprüfung schliesslich als Eintrittsbillett zur Höheren Fachschule benutzten, wo sie in sechs Semestern stramm gedrillt wurden zu Experten eigener, ziemlich begrenzter Art, freilich zu unerhört versierten Baupraktikern.

Ich erinnere mich, um noch ein anderes Beispiel unüblicher Kooperation zu nennen, an die Vorarlberger Cooperative Dornbirn, fünf junge ungeduldige Wiener Architekten, die sich sehr plötzlich einen Namen mit einer sturzmodernen Holzarchitektur gemacht hatten. Sie konsultierten, ehe sie die Entscheidung über die Konstruktion eines Hauses trafen, den Zimmermann der Gegend, auf dessen Dienst sie angewiesen waren – um von ihm zu erfahren, wessen er fähig sei, welche Erfahrungen er gemacht habe. Sie hielten sich an seine Vorschläge. Wer nun vermutet, sie hätten damit allzu willfährig ihren architektonischen Ehrgeiz preisgegeben und sich dem Handwerker gefügig gemacht, irrt. Durch die Zusammenarbeit mit ihm sind sie sich nicht nur treu geblieben, sondern haben ihren Gestaltungswillen konstruktiv sogar noch ein wenig präziser weiterspinnen können.

Bauingenieure, die auf die Einfälle von Architekten nicht reagieren, sind eher bedauernswert und gehören in die Klasse derjenigen, die sich leicht fügen, die sich manchmal in einer Art von wohlgefälliger Resignation in die Vorstellungen des Architekten schicken und sich klagend

Hermann Fehling und Daniel Gogel, Max-Planck-Institut für Bildungsforschung, Berlin-Dahlem (1974)

als «Rechenknechte» deklassiert fühlen. Hilfspersonal für Architekten, nicht einmal immer so geachtet wie Bauleiter, obwohl es unter dem einen wie dem anderen zweifellos bemerkenswerte Talente gibt.
Ich weiss, wovon ich spreche, weil ich es bei einer verhältnismässig harmlosen Bauaufgabe erlebt habe. Es ging darum, das Satteldach eines Reihenhauses für einen Arbeitsraum mit sehr vielen Büchern nutzbar zu machen, dabei aber die Statik zu überlisten. Denn die war, wie bei Häusern um 1960 herum üblich, schwächlich ausgebildet. Das Allernötigste. Dann geschah es wie in tausend Fällen: Der Architekt hatte sich etwas ausgedacht, der Statiker berechnete es unter minimalen Korrekturen. Es war nicht umgekehrt, dass der Bauingenieur sich herausgefordert fühlte und seine technisch trainierte Phantasie spielen liess und, sagen wir, distinguiert donnernd einen Geistesblitz aussandte, den Architekten also mit einem rasanten Gestaltungsvorschlag überzeugte – oder matt setzte. Es kam nichts von ihm, alles verschüttet, alles eigene architektonische Denken gelähmt, ein Kleinexperte, liebenswert und trostlos; aller Erfindergeist: erloschen. Sein einziger Gesprächspartner: der Computer und die Tabellen.
Manchmal habe ich die Befürchtung, als würde die Fährte dieser Verirrung in die gestaltlose Banalität unserer nützlichen Statiker schon in den meisten unserer Hochschulen mit angelegt.
Ich zweifele nur daran, dass die Erklärung der Gegensätze in den angeblich zwei Typen zu finden sei, in dem «romantischen» und dem «klassischen» Typus, und dass die Architekten dabei die «Romantiker» seien, Augenmenschen, denen, wie der hochgeachtete Engländer Ted Happold einmal geschrieben hat, die Maschine selber viel mehr imponiere als die technische Zeichnung oder ihre Berechnung – wo hingegen die Ingenieure die «Klassiker» seien, die sich von Zahlen und Zeichnungen entzücken liessen, unsinnliche Leute, erzogen nicht zu vagabundierendem Phantasieren, sondern zum Beherrschen einer Materie.
Selbst wenn es so wäre, müsste ihnen jemand während ihres Studiums diese Art zu denken nahegelegt haben. Es leuchtet mir kein bisschen ein, dass die einen offenbar nicht genug konstruktiv denken lernen, die anderen nicht ins Entwerfen und Gestalten eingeführt werden – auch wenn sich Fritz Leonhardts Beobachtungen aus seiner langen Stuttgarter Zeit als Hochschullehrer enttäuschend lesen und die beschwörende Hoffnung seines ehemaligen Kollegen Fritz Wenzel auf eine sich

Hermann Fehling und Daniel Gogel, Max-Planck-Institut für Bildungsforschung, Berlin-Dahlem (1974)

überlappende, sich womöglich durchdringende Ausbildung an der Karlsruher Hochschule nicht besonders optimistisch klingt. Beider Erfahrungen finden sich in einem Satz wieder, den Wenzel zu Papier gebracht hat: «Die ... kritiklose Abhängigkeit des Ingenieurs, der zu wenig von Funktion und Gestalt eines Bauwerks versteht, vom Architekten, der nicht genug von Konstruktion versteht, ist leider nach wie vor trauriger Alltag.» Dieser Satz ist erst ein paar Jahre alt.

Wer sich durch die diesbezügliche Literatur hindurchliest, erfährt, dass das Thema offenbar ein Dauerbrenner ist. Das war es jedenfalls schon 1931, als der Berliner TH-Professor Friedrich Seesselberg darüber in einer erstaunlichen Broschüre mit dem Titel «Die Totalität des baulichen Gestaltens» befand: «Bei dieser Lage drängt sich die weitere Frage auf, ob der Bauingenieur nur noch, wie früher, in der Rolle des Konstrukteurs und Rechners – also des ‹Helfers› – verharren wird, den Architekten als privilegierten Gestalter anerkennend? Schwerlich!» Seesselberg glaubte damals zu bemerken, «dass der Bauingenieur sich – mit Recht – anschickt, den Werken, die schon im konstruktiven Kern sein Geisteseigentum sind, selbst auch in die Form zu geben», und dass der Architekt sich, um erwerbsfähig zu bleiben, weit stärker als bisher zum Ingenieur werde «wandeln müssen». So ist es, wie mich dünkt, tatsächlich beim einen oder anderen geschehen, schon weil die Notwendigkeit der Aufgaben, nicht zuletzt die enorm fortschreitende Entwicklung von neuen, anders als früher reagierenden Materialien und damit die Entwicklung neuer Techniken, nicht zuletzt neuer, zum Beispiel ökologischer Ansprüche es verlangen. Da hört es sich symptomatisch an, was der Schweizer Architekt Alain Tschumi bekannte, nämlich dass er «die Strenge des Stahls» liebe, «die Disziplin, die er verlangt, die Ordnung, die er mitbringt ..., die Qualität der Details, die er zu zeichnen verpflichtet ..., die Geometrie». Und folgerichtig nahm er sich den Bauingenieur zum Partner, machte ihn zu seinem Komplizen, so dass ich beider Urheberschaft in allem findet. So klingt sein Fazit ziemlich ermutigend, nämlich, dass es ihm auf diese Weise gelinge, «die starre Logik der Konstruktion zu einem lebendigen Organismus umzuschaffen». Das ist wohl ziemlich genau das Empfinden, das uns packt, wenn wir die raffinierte Schönheit einer Brücke von Maillant oder Gehrys Museum in Bilbao bewundern oder von einem Haus sagen, es atme, es ohne ihm eine poetische Stimmung inne, es lüfte den Geist mit seiner Klarheit.

Unterdessen stürzt sich die Architektur in lauter Extreme. Abenteuerliche Gegensätze! Auf der einen Seite zeigt sie sich mit so elementaren, kantigen, so klaren und kargen Formen, wie sie vorher kaum gewagt wurden. Auf der anderen bricht sie in bizarren Konvulsionen mit allen traditionellen Vorstellungen. Ein wenig versimpelnd könnte man sagen, dass die eine Architektur vermutlich wie bisher in Skizzen auf dem Zeichenblock und dann auf dem Reissbrett entsteht, dass die andere freilich ohne den Computer völlig undenkbar wäre – Gehry, Libeskind, Calatrava, Hadid – die längst tun, wovon unsere Expressionisten einst nur haben phantasieren können. Und unversehens finden wir Architekten und Ingenieure in neuen Rollenspielen.

Aber vielleicht sollte ich nicht damit allmählich zu Ende kommen, sondern mit einem Satz von Immanuel Kant, den ich ausgerechnet in einer 1929 gedruckten Broschüre der hochgerühmten, leider nicht sehr bekannten Industriearchitekten Fritz Schupp und Martin Kremmer fand, und der Satz lautet so: «Schönheit ist Form der Zweckmässigkeit eines Gegenstandes, sofern sie ohne Vorstellung eines Zweckes an ihm wahrgenommen wird.» Anders gesagt: Jemand, der ein Bauwerk betrachtet, sollte davon, ohne zu wissen, was darin vor sich geht, überzeugt sein, dass es so sein müsse, wie es ist, und nicht anders – weil im Rhythmus der Baukörper und Baumassen der Rhythmus der Funktion zum Ausdruck kommt. Das, genau das sei die Aufgabe von Baukunst.

Ich lange doch noch einmal zu dem wirklich erstaunlichen Buch des Professors und Geheimen Regierungsrates Doktor Friedrich Seesselberg in Berlin, darin er 1931 seine damals sehr kessen «Gedanken zur Reform der Preussischen Technischen Hochschulen» ausgebreitet hat. Wie erwähnt, forderte er darin die «Totalität des baulichen Gestaltens». Ich zitiere daraus, was kein Geringerer als der damals als Mentor der Architektenschaft gepriesene Theodor Fischer in seinem Vorwort dazu geschrieben hat. Also: «Die Vorzüge unserer Technischen Hochschule ausländischen Einrichtungen gegenüber», so lesen wir, «seien unangetastet; wir Architekten sind aber in einer etwas unsicheren Lage, waren es innerhalb der Technischen Hochschulen eigentlich jeher. Das Künstlerische machte uns verdächtig. Da wir das Irrationale in diesem rationalen Teich vertraten, waren wir ein wenig unbeliebte Hechte. Diese unbehagliche Stimmung äussert sich auf unserer Seite immer wieder in Liebäugeln mit den Kunstakademien. Dort, heisst es, sei unser eigentliches Rhodus. Der Jungbrunnen für unsere Kunst … Als ob die Kunst

akademien selbst so beneidenswerte gesunde Institutionen wären! Nun kam aber die böse, die ornamentslose Zeit. Sie musste wohl kommen im Überdruss der Reaktion gegen ein verlogenes Übermass. Sie wird auch wieder verschwinden, wenn es an der Zeit ist; nur wünschte ich sehr, dass das abgewartet werden könnte. Vorläufig aber gebe ich Geheimrat Seesselberg Recht, der nicht den Anschluss der Architekten an Maler und Bildhauer, sondern den an die Bauingenieure für richtig hält. Damit gewinnen wir wieder festen Boden in den Technischen Hochschulen. Ich denke, dass da noch für lange Zeit unsere Heimat ist.»
Aber nein, warf Seesselberg sofort ein, nicht bloss für lange Zeit, nicht nur einstweilen, sondern «für immer».

Woran er damals noch nicht gedacht hatte, war eine andere Besonderheit, die bei den Raumplanern der Dortmunder Universität erstrebt wird, nämlich nicht nur die Architekten und Bauingenieure, sondern auch die Stadtplaner in ihr komplexes Ganzheits-Projekt einzubeziehen, das heisst: jedermann so zu trainieren, dass er imstande ist, mit den anderen zu denken, produktiv, zugleich kritisch.

Und jetzt ende ich, wie es gewöhnlich von Feuilletonisten erhofft oder befürchtet wird, einigermassen lyrisch, mit einem Zitat des Historikers Heinrich von Treitschke, in das sich offenbar auch Herr Seesselberg verliebt hat, jedenfalls kam es ihm sehr zupass. Treitschke also rühmte den Rechtsgelehrten Savigny, den Theologen Niebuhr, den Naturforscher und den Sprachforscher Wilhelm von Humboldt und ihre beflügelnde Zeit. Und nun wörtlich: «Mit freigebigem Wurfe streute der gelehrte Sämann damals seine Samenkörner auch über den Acker des Nachbarn aus. Fast alle bedeutenden Gelehrten gehörten mehreren Fächern zugleich an, und jeder hielt, indem er sich in das Einzelne versenkte, den Blick immer fest auf die grossen Zusammenhänge gerichtet».

Römisches Kapitell, Ostia-Antica I

Das Grosse im Kleinen, das Kleine im Grossen
Oder: Das Urbedürfnis des Wohlgestaltens und die (Un-)fähigkeit zu sehen (1998)

Sie werden bemerken, dass ich hier – wie man im Rheinland sagen würde – von Hölzgen auf Stöcksgen komme, dass ich über Architektur spreche, über Gegenstände des Designs, aber auch über den Zustand der Höflichkeit. Eine Art von Qualität also. Immer ist es Einzelnes, sind es Details, man wird auch sagen können: lauter Kleinigkeiten, die zwar am Ganzen nicht rütteln, es aber beschädigen – oder fördern, manchmal erhöhen. Da das ein Thema ist, das ich eher bildlich erzählen als in Bildern an die Wand werfen kann, rede ich nur darüber. Ich hoffe, dass Ihre Phantasie reicht, sich alles auszumalen; ich wiederum versuche, es Ihnen leicht zu machen.

Ich beginne mit der Beobachtung, dass Menschen ein nahezu unstillbares Bedürfnis nach Vollkommenheit, sagen wir bescheidener: nach Schönheit haben. Sie machen sich hübsch, wenn sie das Haus verlassen, und machen es sich hübsch darin, wenn sie zu Hause sind. Wenn ich auch nicht immer sagen kann, sie hätten sich hübsch, sondern eher geschmacklos gekleidet und ebenso eingerichtet, so steckt dennoch bei allen ein ästhetischer Vorsatz darin: Sie glauben, sie machten auf die richtige Weise etwas von sich her. Mitunter ist es heute ganz langweilig, sich auf der Strasse Menschen anzusehen, weil es so oft nur trübe Farben in der Kleidung zu sehen gibt, von Jeansblau über Schwarz zu Grau und Braun – kaum noch leuchtende Farben, es sei denn eine kurze Periode lang im Hochsommer, wenn die Frauen sich ihrer bunten Röcke erinnern und die Männer sich in ihre Freizeitkleidung werfen, womit nicht mehr nur immer sogenannte Freizeithemden und Freizeithosen gemeint sind, sondern Jogginganzüge, kreischend bunt, zumindest im öffentlichen Leben eine geradezu bösartige Erfindung. Man bemerkt, dass ganz offenbar das Bewusstsein für Konventionen verlorengegangen ist, der zufolge jedermann wüsste, dass das gesellschaftliche Miteinander eine gewisse Haltung erfordert.

Das ist offensichtlich passé. Es gibt so gut wie keine Kleidervorschriften mehr, jeder darf sich anziehen, wie er will, wie es seiner Bequemlich-

Fritz Schupp, Zentralkokerei Zollverein, Essen-Katernberg (1962)

keit frommt. Und tatsächlich ist das Wort «bequem» zu einem Hauptwort unseres Lebens geworden. Die eigene Bequemlichkeit ist bedeutender geworden als die Rücksicht auf andere. Damit haben wir unter der Hand freilich ein anderes Lustgefühl eingebüsst, das man empfindet, wenn man sich zu bestimmten Anlässen «schön macht», also Spass daran hat, sich zu präsentieren, die Konkurrenz der anderen zu geniessen – ein uraltes Spiel. Eigentlich findet es nur noch selten statt, zu Hochzeiten beispielsweise, zu grossen Bällen, aber schon lange nicht mehr für Theater-, Opern- oder Konzertbesuche, bei denen man früher mit der besonderen Kleidung bekannte, etwas Festliches zu erleben.

Nun aber anzunehmen, es zeige sich darin eine allgemein zunehmende Verkümmerung des Schönheitsbedürfnisses, wäre ein Irrtum. Der menschliche Drang nach Gestaltung ist elementar, er ist nahezu unstillbar. Ich erinnere mich einer Reihenhaussiedlung, deren Bewohnern es eine Satzung auferlegt hatte, den Rasen hinter ihren Häusern als Gemeinschafts-Grünanlage zu verstehen und zu pflegen, sein Bild infolgedessen unangetastet zu lassen. Schon im ersten Sommer nach dem Einzug begannen die ersten, ihre rechteckigen Rosenbeete in den Rasen zu erweitern. Und bald uferten sie aus; die verbissene Lust, es sich mit Blumen immer noch schöner zu machen, war grösser als der Gehorsam, den die Satzung verlangte. Die Blumenrabatten wurden stetig weiter in den Rasen getrieben, bald wurden die ersten Hecken gepflanzt, dann die ersten Zäune gegeneinander aufgerichtet. Der Trieb, in seinen selbst gezogenen Grenzen zu brillieren, war unübersehbar – sich gegen die anderen zu profilieren.

Tatsächlich gibt es nicht den kleinsten Zweifel daran, dass Menschen es nicht nur schön haben, sondern die Welt unaufhörlich verschönert wissen wollten, sie verlangen ja auch nach der schönen Stadt. Dass der Begriff des Schönen dabei die absonderlichsten Auslegungen erfährt, muss ich nicht hervorkehren: dass also der Schönheitstrieb auch eine Menge Scheusslichkeiten hervorbringt. Wie denn auch anders, da doch so gut wie niemand zu definieren gelernt hat, was schön ist, mehr, warum etwas schön oder hässlich ist. Denn leider wird in den meisten unserer Schulen nicht oder nicht mehr gelehrt, genau hinzuschauen, unterscheiden zu lernen, Gesetzmässigkeiten des Schönen zu erfahren und zu erproben.

Neulich, im Norden der Stadt Essen, auf der berühmten Zeche Zollverein XII, einem strengen, kantigen Meisterwerk der Moderne, entworfen von den Architekten Schupp und Kremmer Ende der zwanziger Jahre: Der grosse, majestätisch angelegte Komplex ist unterdessen pfleglich und einfallreich restauriert und neuen Nutzungen zugänglich gemacht worden. Was mich dort am heftigsten bewegt hat, war nicht der Umbau des Kesselhauses in ein Designzentrum durch Norman Foster, sondern war ein Treppengeländer, das neu in ein Nachbargebäude gebaut worden ist: aus Stahl und Holz, kongenial im Geiste unserer Zeit, dem Geist der klassischen Moderne gewidmet, ein Werk der Essener Architekten Heinrich Böll und Hans Krabel. Ein Blick darauf – und ich wusste, dass diese Sorgfalt im Umgang mit einem alten Bauwerk für alle Erneuerungen daran und darin Geltung hatte.

Dann fragte mich dort jemand, ob ich die gewaltige Kokerei kenne, die dazu gehört habe. Nein, kannte ich noch nicht. Was mich nun reizt, Ihnen hier von meinem Besuch dort zu erzählen, ist *auch* eine Detailerscheinung. Ich bin überzeugt davon, dass sie kaum jemandem, der diese gigantische, Hunderte von Metern lange, von sechs hohen Schornsteinen in einer Reihe hintereinander gesäumte Industrieanlage einmal entlanggewandert ist, aufgefallen wäre. Ich bemerkte sie eher beiläufig, schon auf dem Weg zurück zum Ausgang: In einer etwa zwanzig Meter langen Nische am Ende der langen Kohlen-Ofen-Batterie leuchtete eine gelb gestrichene Stahltür. Vor ihr ist ein nahezu quadratisches Betonpodest von etwa anderthalb mal anderthalb Metern angebracht, vorn in der Mitte führen drei schmale Stufen zu ihm hinauf. Das Podest ist von einem Stahlgeländer umgeben, das an den drei Stufen entlang abwärts führt. Es ist wie die Tür gelb gestrichen, nur der Handlauf hat einen schwarzen Belag, er ist zum Wohlgefallen der Hände leicht gerundet.

Das ist schon alles: Ein Nebeneingang, mit dem der Bauherr womöglich nur einer Vorschrift genüge hatte – im Ganzen jedoch eine kleine wohlproportionierte Bau-Skulptur von merkwürdiger Vollkommenheit Ein harmonisches Bild. Ich hatte eine ganze Weile innegehalten und diesen ästhetischen Glücksfall angucken müssen. Ein verschwindende Detail in einer gigantischen Maschine zur Gewinnung von Koks durch die Verschwefelung von Steinkohle – aber eben ein Detail, das *pars pr toto* das ganze Industriebauwerk repräsentiert – zugleich den Stil, de die Epoche, in diesem Fall die späten fünfziger Jahre, bestimmt ha Ich musste fast automatisch dabei an ganz andere Treppen denken, di sich mir eingeprägt haben und denen man im Gegensatz dazu de

Kunstanspruch auf den ersten Blick ansieht. Mir fielen drei Treppen ein, die der Architekt Karljosef Schattner entworfen hat, eine in der Journalistik-Fakultät der katholischen Universität zu Eichstatt, zwei im restaurierten, umgebauten und erweiterten Schloss Hirschberg unweit davon. Alle drei in ihren Einzelheiten perfekt, Gestalt, Stufen, Materialien, Geländer, alle drei von skulpturaler Kraft, dabei ausserordentlich gebrauchstüchtig, aber eben auch anspruchsvoll. Da sie eine bestimmte Haltung beim Entwurf erkennen lassen, empfehlen sie auch den Benutzern eine Haltung. Und was für die drei gleichermassen gilt: in ihnen ist der Charakter der Bauwerke versammelt, in denen sie sich befinden. Das Grosse steckt im Kleinen – das Kleine *ist* das Grosse.

Anders als der bischöfliche Baumeister a. D. Schattner – und, natürlich viele andere seines Kalibers – hatte der Seiteneingangs-Architekt der Kokerei Zollverein XII vermutlich keinen Moment daran gedacht, ein Kunstwerk zu schaffen, er wollte es, wie man so sagt, nur anständig machen. Dennoch ist es kein Zufallswerk; denn es entstand wie der Entwurf der Zeche im Büro der Industrie-Architekten Schupp und Kremmer; und so bemerkt man hier den gleichen ästhetischen Ehrgeiz im Umgang mit Nebensachen, selbst in der imponierenden Ordnung des monumentalen Rohrleitungssystems, das nicht irgendwie irgendwohin führt, sondern einer elementareren, dem rechten Winkel verpflichtenden Geometrie gehorcht. Tatsächlich herrscht in dieser gewaltigen, derben, längst mit einer grauschwarzen Patina aus Kohlenstaub und Russ bedeckten, leicht beklemmend wirkenden Zentralkokerei dieser offensichtlich selbstverständliche konstruktive Elan, der gewöhnlichsten Funktion eine technisch wie architektonisch einwandfreie, ansehnliche Gestalt zu geben. Die Fähigkeit dazu beruht, wie man weiss, auf einem gewöhnlich im Unterbewusstsein deponierten, abrufbereiten ästhetischen Gewissen, das nach einer schönen Ordnung verlangt – aber eben immer auch nach Schönheit.

Wie beruhigend die Erfahrung, dass dieser Anspruch bisweilen auch dort beherzigt wird, wo man Schönheit am wenigsten erwartet und wo er offenbar nur selten verlangt wird. Ich bin bei meinem Besuch in Essen-Katernberg auch auf eine zwischen Zeche und Kokerei liegende Fläche gekommen, die, von wild sich ansiedelndem Grün umrandet und durchwachsen, durch sogenanntes Berge-Material gebildet wird, durch raues, von Kohlenresten geschwärztes kleines Gestein, und die eine unmerklich geordnete Verwilderung zeigt. Sie sieht nicht mehr aus «wie

Fritz Schupp, Zentralkokerei Zollverein, Essen-Katernberg (1962)

zufällig entstanden» oder bloss «liegengelassen», obwohl sie das auch ist, sondern wie von einem Landschaftsarchitekten vorsichtig arrangiert: mit Birken pointiert, die sich auf so kargen Böden immer rasch einfinden, und durch kleine, gelb blühende Pflanzen, die manche Biologen ihrer Seltenheit wegen jauchzen lassen. Vor allem jedoch ist diese flache weite Haldenebene durch ein paar strategisch raffiniert platzierte Steinplastiken des Bildhauers Ulrich Rückriem in Form gebracht worden. So bekam ein willkürliches Gelände auf einmal eine Struktur, eine Fassung, eine Gestalt, zu der die seltene gelbe, von irgendwoher zugeflogene Pflanze ebenso gehört wie auch der Blick von hier auf die grandiose Kulisse der sechs fernen Kokerei-Schlote. Das ist eine Art von Schönheit, die sich einem erst auf den zweiten Blick zu eröffnen pflegt, die man erst sehen lernen muss. Lauter Kleinigkeiten, allesamt gestaltet; aber erst diese Details sind es, die dem Ganzen Gestalt geben.

Ebenso wenig wie in solchen ungemütlichen, von der Industrie ruinierten Landschaften vermutet man Schönheit an jenen Orten, für die das Lexikon diese Wörter nennt: Abort, Abtritt, Klosett, Latrine, Toilette. Es gibt Leute, die sich um diese Bezeichnung drücken und zum wc ausweichen, oder sie fragen lieber, wo sie hier mal verschwinden können, oder, wie in England, wo sie sich die Nase pudern könnten: Orte also, die man notgedrungen aufsuchen muss, um sie so rasch wie möglich wieder zu fliehen. Nirgendwo anders lässt sich so präzise ablesen, ob der Architekt es gut mit uns meint, ob er in Wahrheit ein Menschenverächter ist, ob er in diesem Thema eine Gestaltungsaufgabe erkennt, oder ob er nur einen Pflichtauftrag erfüllt. Mir ist diese leider seltene Kultur der verschwiegenen Orte nirgends so aufgefallen wie auf Lanzarote, wo der oft und hoch geehrte Maler, Bildhauer, Denkmal- sowie Landschaftspfleger und Architekt César Manrique jahrzehntelang mit der behutsamen Modernisierung der Insel für einen behutsamen Tourismus beschäftigt war. Und nirgendwo habe ich sein menschenfreundliches Bestreben verblüffender empfunden als an seiner Detailarbeit. Zum Beispiel in den Toiletten, zum Beispiel denen im Kastell der Insel-Hauptstadt Arrecife, einem trutzigen Bauwerk am Hafen, das er mit feinem Raffinement in ein Museum für moderne Kunst verwandelt und auch mit einem Restaurant versehen hat, und mit Toiletten ganz unten, fast auf einer Ebene mit dem Hafenbecken. Den sitzenden Damen eröffnete er durch ein wandhohes Fenster den Blick auf den

César Manrique, Castillo S. José, Eingang, Türgriff, Arrecife

Hafen, den Herren verschaffte er reichlich Helligkeit durch ein grosses Oberlicht. In beiden Etablissements hatte Manrique ganz selbstverständlich grosse duftende Pflanzen platziert. Und dann könnte man noch die erlesenen Kacheln und ihr elegantes Dekor nennen, die Wahl der Becken, der Armaturen, der Beschläge.

Mich hatte diese unerwartete Kultur des Notwendigen sehr überrascht – und so war ich denn auch einigermassen angewidert, als ich den nämlichen Ort im Institut du Monde Arabe in Paris aufsuchte, ein enges, schlecht riechendes, routiniert abgeliefertes Etablissement, das nur den Wunsch weckte, es niemals wieder aufsuchen zu müssen. Für den berühmten Architekten Jean Nouvel war das sichtbar eine zu vernachlässigende Pflichtarbeit von minderem Interesse – die einen aber fragen lässt, was der Baukünstler selber an solchen Orten erwartet, empfindet. Und wer in der den Künsten gewidmeten Hochschule in Hamburg nach diesem Ort sucht, wird tief erschrecken über die ästhetische Verwahrlosung, zu der die im Namen der Ästhetik geschulten Studenten und Professoren dort allesamt beigetragen haben: herumliegendes Papier, eine ausgehängte Tür, beschmierte Wände, überquellende Papierkörbe, verschmutzte Becken, zerbrochene oder fehlende Sitze. Der Zufallsgast: angewidert, ratlos.

Man kann im Kastell von Arrecife auch etliche andere kluge und schöne Details beobachten, im Restaurant zum Beispiel eine lange gerundete Rinne hinter der Bar, in der meterlang schräg die Flaschen ihre Hälse griffbereit der Hand entgegenstrecken; oder das Dekor des Holzfussbodens, der seine strukturale Entsprechung in der Decke findet; oder im zauberhaften Edelstahlgriff der gläsernen Eingangstür, in den das königliche Symbol, die Krone, in die Skulptur des Knaufes übertragen ist. Der Griff – nun obendrein ein Bild.

Nächst Toiletten erfährt man von den Handläufen an Treppengeländern, was dem Architekten wichtig war: seine Menschenfreundlichkeit? Oder sein unerbittlicher Kunstanspruch? Drei Beispiele dafür.

Man kennt die monumentalen, oft über eine Handspanne breiten, geraden, kalten, aus Stein gehauenen Handläufe, die der Hand gar keinen Halt geben, sondern nur der Bekräftigung der Treppenarchitektur dienen. Sie repräsentieren das Bauwerk, das Monument, so wie ich es aus dem Palast der Republik in Ost-Berlin in Erinnerung habe – aber sie dienen nicht den Menschen, die die Treppe besteigen. Diese Handläufe sind eigentlich gar keine, sie gehorchen nur der Architektur.

Da sind zweitens die Treppengeländer, die die Modernität der Architektur zu beweisen haben, meist in Stahl oder Bronze. Die Form der Handläufe ist der Gestaltungsdoktrin des Architekten unterworfen. Sie schneiden in die Hand, sowohl diejenigen, die im Querschnitt ein Quadrat bilden, als auch die flachen Stahlbänder. Ich erlaube mir, stattdessen die dritte Variante des Handlaufs zu preisen. Sie ist meist aus Holz, auch aus Stahl, und ganz einfach rund. Sie schmiegt sich in die Hand – mehr als die Hand sich um sie schmiegt. Aber auch ihr Querschnitt wird, wenn er von architektonischer Qualität ist, nicht allein der Hand wohlgefällig sein, sondern sich als präzise dem Ganzen zugeordneter Teil erweisen. Um es zu wiederholen: Die Kunst des Kleinen verlangt einen gestalteten Zusammenhang mit dem Grossen, selbst wenn derlei Details aus irgendeinem Baumarkt-Katalog stammen.

Diesen Anspruch müssen wir prinzipiell an unsere gestaltete Umwelt stellen, allen deprimierenden Erfahrungen zum Trotz, die uns zum Beispiel eröffnen, dass diese Anstrengungen von Architekten und Designern im Kleinen von der Allgemeinheit oft gar nicht zur Kenntnis genommen werden.

Das Auge ist weder geschult, das Grosse mit seinen Details und die Details im grossen Zusammenhang des Ganzen zu bemerken und zu würdigen. Wie denn auch anders, da es uns nirgends gelehrt wird und also nicht gelernt werden kann. Denn um wirklich zu sehen, was zu sehen wert oder notwendig wäre, fehlt den meisten unseresgleichen das elementarste Training. Eigentlich empfehlen sich dafür zu allererst unsere allgemeinbildenden, namentlich die höheren Schulen. Den daraufhin zu erwartenden Seufzer der Lehrer, nun dränge schon wieder jemand der Schule sein Spezialthema auf, muss man freilich korrigieren. Es geht um die Vermittlung von Selbstverständlichem, wenn man all die Scheusslichkeiten vor Augen hat, die Stadt und Land ertragen müssen. Denn über das Bauen und über Gebautes lernen die Gymnasiasten – ich vermute: in den meisten mitteleuropäischen Ländern – meist noch weniger als über die bildenden Künste und die Musik, nämlich ebenso wenig wie über Typographie und Buchkunst. Darüber sollte niemand achselzuckend hinweggehen, sondern zum Beispiel bedenken, dass sich unter den Schulabsolventen ja lauter potentiell Bauherren befinden, die niemals gelernt haben, was gute und schlechte Architektur ist, welche Ansprüche sie an die Baumeister stellen sollten, die den kritischen Blick nicht gelernt haben.

ein, so weit gehe ich schon gar nicht mehr, weil ich die Not der Lehr mit zunehmender Wissensmenge kenne. Aber: *Gestaltung* wäre doch n Thema. Ich meine damit die Unterrichtung in den ästhetischen enso wie in den funktionalen Gesetzmässigkeiten, denen alles Geachte, alles Gestaltete unterliegt, gleichgültig, ob sich die so geweckte eugier einer Türklinke, einem Weinglas, einem Stuhl, dem Handlauf nes Treppengeländers zuwendet oder einem Gebäude mitsamt seiner eziehung zur unmittelbaren Umgebung, seinem ökologischen Effekt, m vernünftigen Umgang mit Energie beim Bauen und danach. Ausngspunkt einer solchen Gestalt und Gestaltungslehre liessen sich icht finden, immer noch am plausibelsten in den Gegenständen des ltags. Und immer wären dabei Intellekt und Gefühl gleichermassen fordert.

s ist ja beileibe nicht nur die sogenannte «gute Form», sondern auch r Gebrauch, sagen wir der eines Wasserkessels. Lauter Detailfragen: ie gut lässt sich der Kessel in der Hand halten, vor allem beim Giesn? Wird der Griff heiss? Tropft die Tülle? Fällt der Deckel beim Einessen in die Tasse? Ist er so eingepasst, dass einem der heisse Dampf cht die Hand verbrüht? Aber alles dies, denken die meisten, verstehe ch doch von selbst, die funktionale Logik, die Gebrauchstüchtigkeit. ein, tut es nicht! Allen Designern zum Trotz.

zwischen ist der Begriff Design ja auch wieder dorthin entglitten, wo nur noch in Anführungsstrichen zu ertragen ist. Wohin man schaut: esign. Der Friseur ist ein Haardesigner oder ein Hairdresser; die Bäerei nennt sich Brotboutique oder Back-Shop, darinnen Brot- und rötchendesigner hantieren. Junge Leute sind gierig auf sogenannte esigner-Klamotten. Und tatsächlich wollen auch die grossen Couturers nicht mehr Schneider oder Modeschöpfer genannt werden, sonrn Designer. Die Geschäfte werben mit Designermöbeln, Designerhnbürsten, Designer-Leuchten, -Flaschen, -Uhren. An der Ringstrasse Wien, las ich einmal, gebe es «Österreichs erstes Designerhotel», das er nicht für Designer reserviert ist, sondern nur mit Gegenständen assischen Designs vollgestopft ist. Und eines Tages wird man wohl ch nicht mehr vom lieben Gott, unserem Schöpfer, sprechen, sondern m Weltdesigner, oder vom Space-Stylisten, wer weiss.

utes Design, jedenfalls, ist wohlgeformt und funktioniert. Aber manchal eben nicht. Natürlich, ein winziges Detail! Zum Beispiel die Tülle ner Kaffeekanne. Ich erinnere mich eines vergnüglichen Tests, in dem die sieben Fabrik-Chefs, die sich in den sechziger Jahren zum sogenannten Verbundkreis der deutschen Industrie zusammengeschlossen hatten und mit einer jährlich neu bestückten gemeinsamen Wander-Ausstellung ihrer neuesten Produkte für gutes Design warben. Ihr Ehrgeiz entlud sich jährlich in einer Jury, in der sie gegenseitig über ihre Erzeugnisse zu Gericht sassen. Und auf einmal zeigte sich, dass die hochmoderne, strenge, zylindrisch geformte Kaffeekanne eines berühmten deutschen Designers der bauchigen, mit dem Biedermeier liebäugelnden Kaffeekanne eines berühmten dänischen Designers unterlegen war: Seine kurze Tülle tropfte nach dem Eingiessen – die altertümliche, elegant geschwungene lange Tülle hingegen funktionierte makellos.

Was natürlich nicht heisst, dass moderne Kaffeekannen prinzipiell schlecht, altmodische aber immer gut gössen – warum sonst wäre bei meiner Grossmutter der Tropfenfänger ein allgegenwärtiges Utensil gewesen – obwohl ein Löchlein in der Tülle das eigentlich von allein erledigen sollte. Und eben dieses kleine Loch in der Unterseite erinnerte mich an ein anderes, physikalisch ausserordentlich wirksames Detail, das ein Forscher entdeckt, eigentlich wiederentdeckt hat. Warum, fragte er sich, konnten die Clarin-Bläser des Barocks offenbar mühelos und rein bis ans hohe, von Bach geliebte C gelangen, obwohl die Ventiltrompete erst im 19. Jahrhundert erfunden worden ist? Er betrachtete immer wieder ein sehr bekanntes Bild, das den Stadtpfeiffer Gottfried Reiche mit seiner Trompete, einem Clarino, zeigt, einem ziemlich kleinen Instrument, dessen Röhre mehrmals kreisförmig gewunden war. Die eigenartige Handhaltung aber brachte den Forscher schliesslich auf die Spur: auf zwei winzige Löcher, mit denen sich die Naturtöne regulieren liessen. Das war das Geheimnis des hohen Cs: zwei Löchlein im Rohr, die den Luftstrom beeinflussen und die Tonbildung fördern. Eine Winzigkeit also, eine Kleinigkeit, ein mit blossem Auge kaum zu erkennendes, nicht einmal auf Anhieb zu bemerkendes Detail – aber von existentieller Bedeutung für das Ganze, für die Trompete ihren Bläser, für Bachs Musik, für den Genuss des Hörens.

Tatsächlich hängt die Qualität unseres dinglichen und geistigen Dasein von unzähligen Details ab – die des visuellen wie des auditiven Genusses, aber doch auch die unseres Umgangs miteinander. Dass wir hie darüber sprechen, beweist doch offenbar, dass es damit nicht zum Besten bestellt ist. Und warum ist es so?

Eine wichtige Ursache für den Verlust an visueller Gestaltung ist, glaube ich, die Reizüberflutung, die ihrerseits zur weiteren Vergröberung der Reize führt und letztlich die Vergröberung der Sinne im Gefolge hat – und das alles auch umgekehrt: die abstumpfende Reaktion von Menschen auf Reize führt zu deren Vergröberungen und deren Vermehrung. Vielleicht sollte ich das an zwei Beispielen erläutern.

In den sechziger Jahren war es auf einmal Mode geworden, in Automobilen eine dritte Rückleuchte zusätzlich anzubringen, befestigt an einem Gestell am Rückfenster ohne dass es vorgeschrieben war. Einmal abgesehen von der Deformation, die die Stellage für das ausgeklügelte Interieur eines Autos bedeutet, zeigte sich darin das plötzliche Misstrauen gegen die Reaktionsfähigkeit aller anderen Verkehrsteilnehmer. Also sagte sich jemand – vielleicht war das ein cleverer Rückleuchtenproduzent –, dreimal hinten rot sei besser als bloss zweimal, man muss die schwerfällig reagierenden Autofahrer blenden, damit sie merken, dass der Artgenosse vor ihnen auf die Bremse getreten hat.

Das andere Beispiel aus demselben Metier: Es braucht nicht einmal mehr nur leicht zu nieseln, damit viele Autofahrer am helllichten Tag ihr Licht anschalten, weil sie fürchten, von den abgestumpften anderen Autofahrern nicht mehr rechtzeitig gesehen zu werden. Fatal daran ist, dass, wenn auch nur einer oder ein paar Fahrer ihr Licht angeschaltet haben, man die ohne Licht fahrenden Wagen nun tatsächlich schwer erkennen kann, was wiederum bedeutet, dass alle das Licht am helllichten Tag anknipsen, um miteinander zurechtzukommen. Tatsächlich gibt es schon absurde Bestrebungen, das Licht am Tage grundsätzlich anzuordnen.

Kurzum, es wird wohl nicht nur den Autofahrern unterstellt, dass ihr Blick unaufmerksamer, oberflächlicher wird, dass sie immer träger reagieren, oder immer schneller und rücksichtsloser rasen. Das Auge verlernt den verlässlichen, den genauen Blick. Vielleicht hatten schon immer nur wenige das Talent zu sehen, was sie sehen, nur dass es heute vielen schwerer fällt. Es machen sich ohnehin wohl nur wenige Menschen die Mühe – oder: bereiten sich den Genuss – zweimal hinzugucken. Tatsächlich ist es, einerseits, oft erst der zweite Blick, der uns das Mysterium des Alltags und unserer gestalteten Welt eröffnet, der dinglichen wie der spirituellen. Und so nimmt andererseits zugleich die Neigung zu Vergröberungen, auch zu Grobheiten zu. Man bemerkt sie überall, auch in der Typographie und im Grafik-Design, auch in der

Seefeld Quai/Höschgasse, Zürich

Sprache, selbst im Umgang der Menschen miteinander, und damit meine ich gar nicht eines der ehemals entzückenden Details, den Handkuss, den die Damen inzwischen nur noch von feinen alten Herren oder von Gecken erwarten können.

Bleiben wir erst einmal beim Hinschauen. Jeder weiss, dass das Auge es nicht leicht hat, sich in unserem unbegrenzten Blickfeld auf das Besondere, das Einzige, das Bemerkenswerte zu konzentrieren, es überhaupt zu bemerken. Nicht leicht also, genau zu sehen, worauf es ankommt, die Lettnerfiguren ganz rechts hinter dem Pfeiler, eine Schornsteinhaube, die Anordnung der echten Sprossen in einem alten und der falschen in einem Neubau, die Farbnuancen einer Fassade, Gestalt und Ordnung von Namensschildern und Klingelknöpfen an der Haustür, das malerische Dekor der Kanaldeckel im Pflaster, ja das Pflaster selber und sein eigenwilliges Muster, den ungewöhnlichen Rhythmus der Fenster in einem Bürogebäude, Breite und Höhe eines Treppenaufgangs, das proportionale Gefüge eines Hauses, einer Strasse, eines Platzes oder, nicht wahr, die Taschenpatten eines Anzugs, seine Rückenschlitze, oder die Nähte eines Kleides, die ja das eigentliche Kunstwerk des Schneiders zu erkennen geben: das Raffinement des Schnittes – und so weiter. Nicht leicht, das tastende Auge auf genau das Wesentliche zu lenken und lange genug dort ruhen zu lassen.

Wie dankbar bin ich deshalb, dass es den Photoapparat gibt. Ich meine nicht die Verführung, alles zu fixieren, statt es, wenn man schon davorsteht, nur intensiv anzuschauen, sondern den Blick durch den Sucher auf die Welt, besser: auf die Ausschnitte, die Details zu richten. Es ist ein merkwürdig ordnender Blick. Der Sucher legt das Format fest, er bildet einen rechteckigen Rahmen und gibt somit dem, was man darin sieht, eine Fassung. Der Sucher fasst den Blick zusammen zu einem Bild und erleichtert es dem Auge, das Wesentliche zu finden. Vielleicht erinnert sich manch einer an den Film «Blow up», wo genau dies geschieht: ein geheimnisvolles Detail, das der Photograph erst beim Blick auf den Abzug bemerkt.

Nicht zuletzt deswegen habe ich es mir bei meinen architektonischen Erkundigungen angewöhnt, selber zu photographieren – und ein Bauwerk nicht wenig eben dadurch genauer kennen zu lernen. Deshalb begnügen sich professionelle Photographen auch niemals mit der Totalen, mit der Gesamtansicht, sondern sie ergeben sich fast wollüstig in die Darstellung der Ausschnitte. Fast ist es müssig auch noch hervorzukehren, dass die Meister dieses Faches zugleich Meister der Form sind: Sie gestalten Bilder, selbst in den Augenblicken, da sie ihre Kamera hastig vor die Augen reissen, um einen unwiederbringlichen Augenblick des Geschehens festzuhalten. Sie können sich – so wie alle Gestalter – auf ihr Unterbewusstsein verlassen, wo der Schatz ihrer ästhetischen Vorsätze und Erfahrungen auf Abruf bereitliegt.

Aber im allgemeinen? Im allgemeinen Alltag? Sehen wir wirklich noch genau hin, wenn wir zum Beispiel eine Strasse entlanggehen? Reagieren wir auf die impertinenten Beleidigungen des guten Geschmacks? Vielleicht muss man wirklich über eine visuelle Gehässigkeit stolpern, um zu sehen, was da so alles zu sehen ist. «Schön – aber verkommen» habe ich einmal einen Artikel über die Hamburger Mönckebergstrasse geschrieben, die vom Hauptbahnhof zum Rathaus führt und das Ergebnis einer einzigartigen konzentrierten Zusammenarbeit zwischen Beamten, Politikern und Bauherrn unter dem Vorsitz des enragierten Oberbaudirektors Fritz Schumacher ist. So wurde dank den gemeinsam ausgearbeiteten Gestaltungs-Grundsätzen von 1905 eine klug komponierte, überaus stattliche Architekturstrasse daraus, die trotz Bombenschäden ihr Bild bewahrt hat – jahrzehntelang freilich nicht die Strasse selber.

Kein Amt scherte sich um ihre sogenannte Möblierung, und so standen eines Tages dort nicht nur an die hundert modische Strassenlampen, nicht nur Strassen-, U-Bahn-, Bushaltestellen-, Hinweisschilder aller Art und über ein Dutzend Ampeln, sondern auf den etwa achthundert Metern über fünfzig manchmal die Rudel neben- und übereinander angebrachter Verkehrsschilder an Pfosten, Laternen- und Schilderpfählen, viele brusthohe Beton-Schaltkästen der abstossendsten Art, hässliche mostrichbraune Papierkörbe, frei herumstehend, ein halbes Hundert, dazu Dutzende von Beton-Blumenkübeln, grässliche grünlich-bräunliche Streusandkisten. Es gab Holzbänke, Fahrradständer mehrerer Sorten, meist demoliert, über sieben Bus-Wartehäuschen, neun übermannshohe Fahrkartenautomaten, Briefkastenstelen, Zeitungs-, Souvenir- und Würstchenkioske in abenteuerlichen Positionen Hinzu kamen alle die Reglementierungshilfen gegen Fussgänger, zum Beispiel Absperrgitter, über sechzig habe ich damals gezählt. Und traurig die Plätze seitab, denen einst so grosse städtebauliche Aufmerksamkeit zugewendet worden war – jetzt freilich vollgepflastert mi

Blech- und Granitpollern, Litfasssäulen, Fahnenstangen, Betonkübeln. Diese Plätze waren ehemals Stadtschmuckstücke – nun jedoch Abstellplätze für all den städtebaulichen Unrat, den Behörden sich so einfallen lassen. Vor ein paar Jahren ist die Mönckebergstrasse zwar endlich radikal gereinigt und neu gestaltet worden – aber es gibt in allen Städten und immerzu solche ramponierten Strassen. Regen sich die Stadtbewohner darüber auf? Sehen sie die Entstellungen überhaupt? Fallen sie ihnen auf – oder doch schon längst nicht mehr? Warum zum Beispiel nehmen sie es lammfromm hin, dass an Strassen und Kreuzungen ganze Batterien grobschlächtiger Container für Abfälle aller Art postiert werden, wo unsereiner brav alle seine wieder zu verwendenden Abfälle einfüllt, Zeitungen, Kartons, Glas, Textilien, Schuhe und anderes mehr? Klobige mannshohe Metallkisten in den übelsten Farben, längst verdreckt und beschmiert, und wenn sie am Wochenende überfüllt sind, weht der Wind den Unrat über Strassen und Kreuzungen. Es ist schon absurd: Wir besudeln die städtische Umwelt im Namen der Umweltschonung! Welch ein Widersinn, die Umwelt im Namen ihrer Schonung unwirtlich zu machen. Man will den Müll nutzen, nach Kräften wiederverwenden, will ihn nicht einfach verbrennen, um den Ausstoss an Kohlenoxyd zu vermindern, die Luft rein zu halten, will Deponien entlasten – und ramponiert dafür hemmungslos das Bild der Stadt, genauer: unsere Lebenswelt. Ich finde es schon sehr erstaunlich, dass noch keine Behörde, keine Bürgerinitiative alles dies bemerkt hat und nach Architekten und Designern gerufen hätte, dieser im Grunde löblichen Unternehmung endlich eine ansehnliche, der Stadt angemessene, ihren Bewohnern würdige Gestalt zu geben. Nicht einmal die Architekten haben darin ein dringliches Thema entdeckt.
Es hat wohl doch etwas mit der Vergröberung der Mittel, der Abstumpfung der Sinne und des kritischen Blicks, der nachlassenden Wahrnehmungsfähigkeit zu tun. Nuancen werden kaum wahrgenommen, nicht einmal visuelle Grobheiten, die Ekel erregen. Inzwischen ist zur visuellen ja auch noch die akustische Verschmutzung unserer Umwelt gekommen.
Beispiele? Sie fahren mit der Strassen-, U- oder S-Bahn und hören die dem Walkman entweichenden, diese zischelnden, schnarrenden Geräusche, sie durchdringen einen den ganzen Waggon. Sie fahren in der

Eisenbahn; in Ihrer Reihe nebenan sitzt ein Mensch und schreibt auf einem Laptop und erzeugt dieses enervierend flache Klappergeräusch, dem mit den Ohren auszuweichen unmöglich ist, es sei denn, Sie wechseln den Platz. Dort aber hören Sie mal vorn, mal hinten diese lächerlichen Melodiefloskeln piepen und wissen: Mobiltelefone. Nicht genug; nun sind Sie obendrein genötigt, alles mitzuhören, oft privateste Dinge. Ich habe schon an Börsenspekulations-Erörterungen teilgenommen und Empfehlungen eines Kaufmanns an einen anderen gehört, den Leuten mehr Geld aus der Tasche zu ziehen, ohne dass sie und die Steuerbehörde es merken.

Sie betreten einen Supermarkt und hören eine säuselnde Musik. Aber das widerfährt Ihnen längst auch in vielen Fahrstühlen, im Flugzeug vor dem Start und nach der Landung. Sie rufen irgendwo an, eine Stimme ruft «bitte warten», und Sie müssen, endlos wiederholt, eine Partie aus Mozarts g-Moll-Symphonie hören, ungefragt. Im Grunde sind das nur lauter Bemühungen, Sie bei der Stange zu halten, Sie nicht zu verlieren. Es ist wie im Fernsehen und im Rundfunk, wo Sie vor der Werbung der Imperativ erwischt «Bleiben Sie dran!» Nicht, weil man Sie erfreuen, sondern der «Quote» wegen halten will: Es geht nicht um Kultur, sondern um Geschäfte.

Und so ist es etlichen modischen Typographen nicht darum zu tun, Botschaften kunstvoll und überzeugend zu vermitteln, sondern nur alles anders zu machen, gegen alle Regeln zu verstossen, Erfahrungen zu missachten, visuell Krach zu machen – aber originell zu sein und aufzufallen. Die Darstellung ist ihnen wichtiger als der Inhalt, als der Text, dem sie dienlich sein sollte.

Unangenehm an alledem ist vor allem, dass es die Reizüberflutung und die Vergröberung fortsetzt und bekräftigt und damit Aversion hervorruft oder Abstumpfung. Ein bisschen erinnert es an die Futuristen und den wilden Herrn Marinetti, die in einer stürmischen Aufwallung gegen alles Gewohnte und alles gewöhnlich Gewordene gestritten haben. «Ich bin gegen alles», hatte Marinetti 1905 im «Futuristischen Manifest» getönt, «gegen alles, was als die Harmonie des Setzens bekannt ist ...» Er wollte, dass die Texte fortan inszeniert, wörtlich: in Szene gesetzt werden, wie zu einem Wörtertheater. Das ist ja auch ganz interessant: Ich kenne eine Auswahl von Büchern, in denen das virtuos vorgeführt wird – teils zum Wohle der Texte, teils aber auch bis zur Erschlaffung der Aufmerksamkeit.

Ich bin mir natürlich klar darüber, dass ich mit meiner Kritik an den modischen Kapriolen der neuen Typographie nicht nur in der Werbebranche, sondern auch in Zeitschriften, längst auch in Büchern, schnell zu den veralteten, verknöcherten, in altertümlichen Seh-Gewohnheiten verstrickten Konservativen gerechnet werde. Aber was heisst das schon: So wie ich nicht auf den Einfall kommen werde, mir eine Regalschlange von Ron Arad an die Wand zu nageln, in die man Bücher nicht stellt, um sie einigermassen griffbereit aufzubewahren, sondern um das geringelte Regalbrett zu dekorieren, so bevorzuge ich eine Typographie oder ein graphisches Design, das Texte nicht als Dekorationsgegenstand benutzt, sondern bei der Übermittlung ihres Inhaltes auf möglichst intelligente, nicht zuletzt auf schöne Weise behilflich ist. Design ist, wenn ich nicht irre, eine dienende Disziplin, so wie die Architektur eine Gebrauchskunst ist.

Nun gäbe es, was die Vergröberung der Mittel angeht, noch mancherlei zu erwähnen, zum Beispiel die Beobachtung, dass das Vokabular der Vulgärsprache längst in die Schriftsprache eingedrungen ist. Ich erinnere mich noch an die Empfehlung meines ersten Chefredakteurs bei der *Zeit*, das Wort «schwitzen» nicht in der Überschrift zu gebrauchen, sondern nur im Artikel. Sie hatte «Schwitzen für die Mode» heissen sollen und meinte die Berliner Zunft der Zuschneider. Denn, sagte er, Schwitzen löse in manchen Lesern unästhetische Empfindungen aus, und da es doch um Mode gehe ... lieber nicht so hinausposaunen. Heute indessen lesen Sie alle Vier-Buchstaben-Wörter in den feinsten Zeitungen, lesen die vulgärsten Vokabeln. Da hat jemand auch nicht mehr Glück, sondern «grosses Schwein gehabt», da wird nicht viel getrunken, sondern gesoffen, man stiehlt nicht, sondern klaut, wirft nicht, sondern schmeisst.

Die Behörden wiederum haben in ihrem absonderlichen Trieb zu juristischer Unanfechtbarkeit aus vielen alten Wörtern lauter sperrige gemacht, sie sind von enormer Hässlichkeit. Ich nenne nur ein paar: aus der Fahrkarte wurde der Fahrausweis, aus dem Führerschein die Fahrerlaubnis, aus Lehrlingen wurden Auszubildende, und Studenten nennt man, um sich vor der jedes Mal folgenden weiblichen Version des Wortes zu drücken, geschlechtslose Studierende. Das sind alles Gestaltungs-Sachen: ist Sprach-Design.

Eigentlich ist kein Ende, es betrifft unsere gesamte Lebenswelt, selbst die Bräuche, in denen man ja doch auch einen Gestaltungsvorsatz erkennen kann, meinetwegen eine Art von Daseins-Design. Ich mei[ne] beispielsweise die Art, wie wir miteinander umgehen, die Höflichke[it] oder, um ein altmodisches Wort dafür zu gebrauchen, die guten Mani[e]ren. Früher wurden sie jedermann spätestens in der Tanzstunde a[n]gewöhnt, heute kommen die meisten jungen Leute ohne Tanzstunde a[us] und erhalten infolgedessen auch keinen Hinweis mehr auf gut[es] Benehmen und die förderliche Wirkung, die es für die Gesellschaft h[at]. Alles vergessen, von jungen Menschen nicht mehr gewusst, weswegen auch schwer fällt, sie zu kritisieren: Es hat sie niemand gelehrt, nic[ht] einmal darauf hingewiesen, dass es sich gehört, alten Menschen Platz [zu] machen, Mitfahrende zu fragen, ob das Fenster geöffnet werden da[rf], von selber die Füsse vom Sitz zu nehmen, einer Frau den Vortritt [zu] lassen, vor ihr die Treppe hinaufzugehen, beim Essen den Ellenbog[en] vom Tisch zu nehmen ... kein Ende mit den scheinbar überflüssige[n,] indes das Leben ungemein erleichternden Geboten.

Dabei meinen es alle doch nur gut, möchten es warm und nett habe[n,] angenehm und möglichst schön. Nur haben viele verlernt oder es ni[e]mals gelernt, was das voraussetzt. Noch einmal: sie haben nicht gelern[t] genau hinzusehen, hinzuhorchen, Regungen der anderen zu empfa[n]gen, bei allem Tun und Gestalten die Wirkung zu bedenken. Schw[er] haben es dabei alle kleinen Nebensachen, die Details, die das Gan[ze] zusammenhalten, Details der Architektur, der Gebrauchsgegenständ[e,] der Schriftkunst, der Höflichkeit. Alles das gehört in die Rubrik G[e]staltung.

Was ich hier in meinen rhapsodischen Erörterungen habe zu bedenk[en] geben wollen, ist: dass alles Gestaltete letztlich nur auf denjenige[n] wirkt, der imstande ist, es überhaupt wahrzunehmen, zu erkennen, [zu] würdigen. Am Ende sind es immer die Details, die den Blick auf d[as] Ganze eröffnen, welche auch immer: die noppenartig aus der Fassa[de] des Chilehauses in Hamburg ragenden Backsteine, die sich im Vorübe[r]gehen zu bewegen scheinen und aus dem Bauwerk ein kinetisch[es] Ereignis machen; der Zipfel auf der Baskenmütze, der ihr erst ihre[n] exotischen Herkunftscharakter gibt; die Onyxwand in Mies van d[er] Rohes Haus Tugendhat in Brünn; die höfliche Geste, jemandem in d[en] Mantel zu helfen oder einfach «guten Tag» zu wünschen statt bloss «H[i]» oder «Hallo» über den Flur zu schmettern; das schöne klare Satzbild [in] einem Buch, das die Sorgfalt im Umgang mit dem Text zeigt; auch ei[ne] Ehrfurcht; die elegante Tülle, die der Kanne Rasse gibt – und so weite[r]

Guter Geschmack also. Es geht um den Geschmack. Und für den Fall, dass mir jemand entgegnet, über Geschmack lasse sich nicht streiten, erinnere ich an den Schweizer Architekten Peter Meyer, der das 1928 in seinem wunderbaren Buch über «Moderne Architektur und Tradition» geklärt hat. Über Geschmacksrichtungen, schrieb er, «lässt sich wirklich nicht streiten, das ist ganz richtig. Zwischen Geschmack und Ungeschmack aber gibt es eine unversöhnliche Scheidung. Banale Beispiele sind immer am deutlichsten: Ob man lieber Äpfel isst oder Birnen, *das* bleibt Geschmacksache; ob aber ein Apfel faul ist oder geniessbar, das sollte der unterscheiden können, der für seinen Geschmack eine Birne vorzieht.»

Gottfried Böhm, Rathaus, Bensberg D (1969)

Das Theater, das Architektur aufführt
Oder: Wie unsere gebaute Umwelt in Szene gesetzt ist (1999)

Macht bloss nicht so'n Theater! Vermutlich hat jeder von uns diesen Imperativ einmal gebraucht, weiss jedenfalls, was damit verhindert werden soll: zu viel Aufwand, outriertes Betragen, öffentliche Aufgeregtheit – oder eben auch, anderen eine Szene machen, mit theatralischem Benehmen auf sich aufmerksam machen.

Manchmal freilich geschieht es einer Stadt, «Theater» zu machen, ohne dass es beabsichtigt ist. Neulich in Hamburg traf ich zwei freundliche Menschen im Hotel. Belustigt erzählten sie, Hamburg habe sie, als sie den Hauptbahnhof verliessen, genau so empfangen wie es zur Szenerie der Stadt gehöre: mit leichtem Regen. Als ich sie in der späteren Dämmerung verliess und an der inneren, der Binnenalster entlang spazierte, tat sich vor mir ein bewegendes Bild auf: Dicht über den Dächern des Jungfernstiegs, von tiefdunklen Wolken wild und drückend gefasst, leuchtete grell das apfelsinenfarbene Abendrot. Ein packendes Naturschauspiel. Der Rathausturm links, der auf diesem Bild jetzt viel schmaler, viel spitzer, viel getürmter als sonst aussah, wirkte ganz unwirklich. Das lag an dem hauchdünnen Schleier, den der Nebel in die Stadt gehängt hatte. Es war ein überwältigend malerischer Anblick. Die Wirkung wurde durch die ziemlich genau aufs Rathaus führende Strasse noch verstärkt.

Welch imposantere Szenerie hätte sich der an diesem Samstagabend, da die Geschäfte längst geschlossen hatten, fast allein vor sich hin schlendernde Stadtmensch noch wünschen können: Die Stadt – ein Bild, dessen Stimmung sich unmerklich veränderte und allmählich verdüstert wurde. Die Sonne sank, es begann obendrein wieder zu regnen, ich machte, dass ich ins Theater um die Ecke kam: von der Bühne, die die Stadt soeben für mich war, vor die Theaterbühne. Beide Male jedenfalls: Theater – nur dass das eine die Wirklichkeit bildete, die andere eine Fiktion daraus vorspielte. Schade, dass es sich an diesem Abend draussen erregender zeigte als drinnen.

Das Stück, das Hamburg hier draussen aufführte, hatte erstens die Natur zum Beleuchter, zweitens die Stadtplaner und Architekten zu Bühnen- oder Szenenbildnern, und das Personal, das darin auftrat, waren in diesem Moment und an dieser Stelle ich und ganz wenige andere, die es, wie mir schien, ebenso wenig eilig hatten wie ich, ich wurde von niemandem überholt. Bild und Bewegungstempo gehörten hier zusammen – andere Tageszeiten hätten mir wahrscheinlich andere Arten der Bewegung nahe gelegt. Jedenfalls spiegelt sich nicht zuletzt in der Art, wie wir uns bewegen, die Dramaturgie der Stadt und ihrer Häuser.

Nun lassen sich ja schon Grundrisse und Stadtpläne wie Dramenentwürfe lesen, unter ihnen am eindrucksvollsten diejenigen, die das 18. Jahrhundert mit einer sonst nie wieder zu beobachtenden kontrastreichen Klarheit zu Papier gebracht hat. Ich erinnere mich da vor allem an den berühmten Plan, den Giovanni-Battista Nolli 1748 von Rom gezeichnet hat, als ein unregelmässiges, von den Zeitläufen nach und nach geknüpftes Netz von Strassen, Gassen, Durchschlüpfen und von Plätzen. Die gewöhnlichen, blockbildenden Häuser dunkelgrau getönt, die der Öffentlichkeit dienenden Bauwerke aber mit ihren Grundrissen dargestellt. Die Plätze sind niemals ganz rund und nie ganz rechteckig, sondern scheinbar irrational geschnitten, gebogen und sonst wie verformt, ebenerdige Figuren, eine jede von vollständig eigener, oft absonderlicher, von der Situation inspirierter Form, die sich geometrisch überhaupt nicht definieren liesse.

Wie man weiss, gab es immer mal wieder, besonders in der Renaissance und im Klassizismus, die merkwürdige Lust, Städte auf dem Reissbrett zu entwerfen, quadratisch, kreisförmig, ringsum die Zacken der Befestigungen, das Strassennetz darin regelmässig geknüpft. Teils liess sich darin der Ordnungswille eines Herrschers erkennen, teils bemühte man sich damit um ein Abbild des Kosmos'. Es sind nicht viele solche Idealstädte errichtet worden; es war immer ein utopisches Bemühen. Denn die Stadt, nicht wahr, stellt ja niemals einen ein für alle Mal gültigen, tauglichen Zustand dar, sondern ist ein Geschehnis, ein ewig von Politikern und Planern zu steuernder Prozess steter Veränderungen, tiefer Eingriffe, oft furchterregender Erweiterungen. Unter de wenigen Idealstädten vom Reissbrett, die tatsächlich gebaut worde sind und ihre Gestaltungsidee noch erkennen lassen, finden sich Freu denstadt und Mannheim, und natürlich Karlsruhe mit seiner absolutistischen, vom Schloss ausgehenden Gebärde zweier sich spreizender Strassenzüge. Die Geschichte als Baumeister aber war auch dort stärker und folgte eher Bedürfnissen und Notwendigkeiten als ästhetischen Vorsätzen – und so entstand das, was uns hier beglückt, das aber mächtig zu schaffen macht. Die Regie führen von jeher: Geld und Eigentum, Grundstücks- und Immobilienhandel, Baugesetze, öffentliche Auflagen, nicht zuletzt Gier und Stolz und Lebenstraum, aber auch ein meist unbewusst empfundenes Stadt-Raum-Gefühl. Und stets hatten die uralten, lange miteinander konkurrierenden Mächte, die weltlichen und die geistlichen, ganz bestimmte Ansprüche und Selbstdarstellungswünsche, infolgedessen ganz bestimmte Raumvorstellungen.

Gottlob liess die Lebensphilosophie immer auch den Zufall zu. So erklären sich die reizvollen dichten, verwinkelten alten Stadtgrundrisse mit ihren unvorhersehbaren Brechungen, die wir alle ihrer Überraschungen wegen so lieben, und dies heute mehr als je, vor allem, wenn es jemanden aus einer unserer hilflos von öffentlichem Grün durchschlurften, weitläufigen Grosssiedlungen, sagen wir, nach Ravensburg, Bern oder Cortona verschlägt und er bemerkt, welche dramatische Kraft von dieser eigenartig konzertierenden Räumlichkeit ausgeht. Ganz anders als jede konsequent entworfene, womöglich auf einen Sitz geplante Stadt, die sich auf den ersten Blick und nach wenigen Schritten enthüllt, vermuten wir in den verwinkelten anderen lauter Geheimnisse.

Hinter jeder Strassenkrümmung, jeder Hausecke erwartet uns etwas Unerwartetes. Lauter vom Dasein höchst eigenwillig gebildete räumliche Kompositionen, in denen nicht zufällig den Strassen und Plätzen eine grosse Bedeutung zukommt. Jede Strasse: ein szenisches Ereignis. Manche sind erregend, manche langweilig, einige schweigsam, andere geschwätzig, die einen glänzen, die anderen bleiben stumpf.

Und erst die Plätze. Plätze sind, wie jedermann weiss, vieles: Versammlungsstätten, Verkehrsverteiler und Märkte, Oasen mit Hecken, Bäumen, Wasserspielen. Sie bilden die Pausen in der aggressiven Stadtmusik und helfen zugleich als Merkzeichen bei der Orientierung: grosse Pointen, verlockende Bühnen. Sie sind bisweilen Bauten von besonderer Bedeutung zugeordnet und mitunter selber Schauplatz der Geschichte. Es gibt offene und von Fassaden dicht umschlossene Plätze; manche sind

Idyllen, andere Labyrinthe, nicht wenige degenerieren zu Verkehrskreuzungen und lösten sich infolgedessen auf. Plätze sind oft Denkmale der Baugeschichte, immer Merkmale der Stadtphysiognomie. Auf ihnen und mit ihnen aber spielt die Stadt am liebsten Theater.

Nun hat es mit den Begriffen «Theater» oder «theatralisch» und «Theatralität», mit «Szene», «Szenerie» und «szenisch» gewisse Schwierigkeiten, vor allem, wenn wir sie wie hier metaphorisch verwenden. Zum Beispiel haben wir manchmal den Eindruck, eine Stadt spiele mit ihren Häusern, Strassen, Plätzen, Flüssen, Seen Theater, und oft so stark, dass es uns in seinen Bann zieht.

Aber eigentlich sind natürlich wir es, sind es die Bürger, die Bewohner, Besucher, Passanten und Flaneure, die darin das Theater spielende Personal bilden. Die Stadt und ihre Gehäuse sind die Bühnen, in denen sich unsere reizenden und die unerquicklichen Alltagsdramen abspielen, Liebesaffären, Mord und Totschlag, Raub und Diebstahl, politische Demonstrationen, religiöse Proklamationen, Feuerwerke, Feiern und Feste, Auf- und Vorbeimärsche und was sonst noch alles, das uns ans Herz geht oder auf die Nerven fällt, am Portemonnaie rüttelt oder an der Seele reisst. Die Stadt also ist: Herberge und Schauplatz unserer Handlungen ebenso wie unserer Gefühle, unserer Leiden und Genüsse. Nicht zu vergessen, dass wir darin doch auch zur Arbeit gehen und Geld verdienen.

Die Stadt also – eine Bühne unseres Daseins. Und es scheint, als spiele sie selber darin mit List und Freuden Theater – dessen Verfasser einerseits wir selber, andererseits unsere Baumeister sind, die Stadtplaner und die Architekten, nicht zuletzt die Bauherren, unter denen wir nicht selten heftig zu leiden haben, an ihrer Gier, ihrer Schaulust, ihrer Rücksichtslosigkeit, nicht zuletzt an ihrer Unbildung.

Nehmen wir das Haus und uns als szenisches Ereignis. Es beginnt schon mit dem Weg, der zu ihm führt, sei er gerade oder krumm, sei er von Bäumen überwuchert, schmal oder breit, mit Hecken oder Zäunen abgeschlossen, oder offen: das Haus auf einen Blick zu erfassen. Und dann der Eingang: Lädt er uns ein? Weist er uns brüsk ab? Fühlen wir uns empfangen oder nur geduldet? Glauben wir uns umarmt oder machtbewusst von kalter Pracht übergossen? Seltsame Beobachtungen die alten, kurioserweise meist als neu bezeichneten grossen Rathäuser die um die Jahrhundertwende entstanden sind, präsentieren ungehemmt den Bürgerstolz, der sie gewollt hat: prächtige Portale, wei läufige Eingangshallen, selbstbewusste Inszenierungen. Wie merkwürdig demgegenüber das in den siebziger Jahren errichtete Rathaus zu Mainz, das die Bürger nicht hinauf-, sondern hinabsteigen lässt und den Eingang eng wie ein Fuchsloch offeriert: schwer zu ergründen, was den Architekten Arne Jacobsen das hat einfallen lassen – vielleicht, um allen Besuchern klar zu machen, dass sie in einem Gebäude voller Behörden sind, die sie verwalten und kontrollieren und wo bürgerliches Selbstbewusstsein keinen Ort hat?

Denken Sie an die gewöhnlich kahlen, oft bedrückenden Eingänge von Mietwohnblöcken und -hochhäusern, gleichsam Dramolette ohne Vorspiel, der Anfang rüde: Man tritt ein, verschwindet im Fahrstuhl, damit einem das öde Treppenhaus erspart bleibt, verlässt ihn ungerührt und taucht, oft ohne sich umzuschauen, in seiner Wohnung unter. Der allen gehörende öffentliche Raum des Eingangs – keine Bühne, nichts als blanke Erschliessung.

Wie anders die stattlichen alten Wohnhäuser. Denken wir an die Villen, wie sie Hermann Muthesius Anfang unseres Jahrhunderts gebaut hat: architektonisch inszeniertes Wohnen. Zuerst der Weg durch den Vorgarten, eine kleine Treppe hinauf ins Hochparterre, die Haustür. Manchmal ist sie nichts als dies, manchmal spielt sie sich zum Portal auf, von Säulen flankiert, mit einem Ziergiebel bekrönt, links und rechts davon mitunter in Stein gehauene Amphoren oder Löwen: Ornamentale Architektur, die mit uns spricht. Man klingelt, wird empfangen; selbst wer hier zu Hause ist, empfindet vermutlich jedes Mal den eigenartigen Reiz, bei sich zu Hause angelangt zu sein. Also:
Man betritt den Windfang, der nichts anderes ist als eben dies, um den kalten Wind im Winter und die heisse Luft im Hochsommer aufzufangen. Dahinter tut sich sodann die Diele auf, das meist wohlweislich geräumige Entree, der eigentliche Empfangssaal des gutbürgerlichen Bewohners, wichtigstes Kennzeichen darin die sichtbar hinaufführende Treppe mit ihrer Galerie. Die Diele ist der Raum, in dem man sich vorstellt und sich gemessen in Szene setzt. Vielleicht ist es nicht nur komisch, dass das Wort Diele im Schwedischen auch Bühne bedeutet: einen Spielort.

Mich haben Dielen immer fasziniert, und der Blick ringsum auf das gewöhnlich sorgfältig hergestellte Interieur, die geschickt angeordneten Fenster, die Treppe und ihr Geländer, Zahl und Platzierung der Türen, die Beleuchtung, die Farben, die Gebärdensprache des Raumes. Mir hat

Peter Kulka, Sächsischer Landtag, Blick auf Kreuzkirche, Schloss, Semperoper, Dresden (1994)

sich auch eine andere Empfangsgebärde eingeprägt, die die meisten anderen an Eindringlichkeit und Plausibilität übertrifft. Man begegnet ihr über dem Eingang zum Sächsischen Landtag in Dresden, einem der schönsten Gegenwartsbauwerke, deren wir uns rühmen können. Eine Freitreppe führt in den langen, den Bürgern zugedachten lang gestreckten Empfangssaal im Hochparterre; das offene zweite Stockwerk darüber schiebt sich bis über die halbe Treppe in den Strassenraum vor, das flache Dach darauf aber greift noch weiter aus. Unübersehbar die Einladung, die sich darin draussen zu erkennen gibt: Hereinspaziert! Schaut und hört zu, was eure Abgeordneten hier bereden! Informiert euch! Es gehört dazu, dass das Café auf dem Dach einen zauberhaften Blick auf die Vedoute eröffnet, deretwegen Dresden gerühmt wird, auf Hofkirche, Schloss, Semper-Oper, den Zwinger; und ganz hinten leuchtet des Abends die gläserne Zitronenkuppel der Kunstakademie über der Brühl'schen Terrasse. «Grosses Theater», entfährt es einem.

Es geschieht nicht oft, dass man den szenischen Wink eines Bauwerkes so aufmerksam zur Kenntnis nimmt und versteht. Theatralisch? Ja, schon, ein wenig – nur dass der Lockruf des weit hervorragenden Eingangsdachs nicht gekünstelt, kein bisschen übertrieben wirkt, nur selbstverständlich vielleicht auch deswegen, weil das Dach einen Gebrauchswert hat: es schützt.

Bisweilen scheint es, als seien es viel mehr die offenen, die städtischen Räume als die geschlossenen, die für theatralische Gebärden genutzt werden. Das beginnt mit den Strassen und steigert sich mit den Plätzen und setzt sich fort in mitunter sehr dramatischen Avenuen, die öffentlichen Inszenierungen zugänglich sind, wenn sie nicht extra dafür angelegt wurden, denken Sie an die Paraden auf den Champs-Élysées, die Faschings- und Karnevalsumzüge in München, Köln oder Mainz. Es folgen die lebensprühenden Boulevards, die eher der privaten Schau- und Darstellungslust nützlich sind, und all die schrecklich aufgemöbelten Kauflustalleen, die sich schon in ihren modischen Abkürzungen zu erkennen geben, als «Kö» und «Mö» oder «Kudamm»; ich bin gespannt, mit welchem Kürzel demnächst die Berliner Friedrichstrasse für sich werben wird. Womöglich wirbt eines Tages der Potsdamer Platz mit dem Slogan: «Jeder einmal in der Woche auf den Po!»

Natürlich haftet all diesen Erscheinungen etwas Theatralisches an; schon reden Wissenschaftler von der Theatralität öffentlicher Orte. Doch was so klingt, als sei es gerade entdeckt worden, ist so alt wie die

307

Gottfried Böhm, Schloss, im neuen Mittelrisaliten, Saarbrücken (1990)
Gottfried Böhm, Wallfahrtskirche, Neviges D (1968)

Stadt, und sein wichtigstes Elixier ist: die Bewegung, ob durch die Stadt und ihre Gebäude – oder nur in unserer Einbildung erzeugt, und der Raum, in dem sie sich ereignet. Es gibt städtische Szenerien, die uns zu ganz verschiedenen Verhaltensweisen und Bewegungen anstiften. Und die Extreme erschöpfen sich beileibe nicht im gemessenen Betragen auf dem Friedhof da und im quirligen Treiben von Märkten hier, die Nuancen sind unerschöpflich.
Das wissen die planenden Theoretiker und die Architekten seit je. Sie wissen aber auch, wie wichtig es zum Beispiel ist, Gebäude in ihrer Umgebung in Szene zu setzen, um sie zu unübersehbaren, einprägsamen Bildern zu machen. Leon Battista Alberti etwa hatte schon im 15. Jahrhundert empfohlen, Strassen nicht schnurgerade zu führen, sondern sie zu winden, weil sie auf diese Weise die Blicke der Passanten unaufhörlich auf die Gebäude, die sie säumen, richten. Denn, nicht wahr, wie viel Mühe pflegt man allein auf ihre Schauseiten zu verwenden. Nirgendwo sonst lassen sich deshalb Baustile ebenso wie der Ehrgeiz der Bauherren so detailliert beobachten wie hier.
Selbst bei einem eher bescheidenen Bautyp wie dem sogenannten Bremer Haus, einem ausdrücklich städtisch konzipierten Reihenhaus, verhält es sich so: Vorn zur Strasse hatte es gewisse, von der Stadtregierung formulierte Bedingungen zu erfüllen, also spielt es eine Rolle und zeigt es sich dort gewissermassen in Schlips und Kragen oder mit grossem Dekolleté und hängt, je nachdem, den Balkon hübsch heraus. Hinten aber, wo es privat zugeht, gebärdet sich das Bremer Haus wie im offenen Hemd, dort sind dann auch Anbauten geduldet, Schuppen und Ställe, es darf etwas herumliegen, dort dehnen sich auch die Gärten, die ganz und gar individuellen Lüsten zur Verfügung stehen.
Ob man nun auch noch den Renaissance-Architekten Peruzzi nennt, der in Rom gleich die Strasse mitgeplant hatte, die mitten auf seinen Palazzo Massimo (alle Colonne) führt, oder Michelangelo, der sich in der Achse des Palazzo Farnese eine Brücke über den Tiber wünschte: immer sind es ja architektonische Szenenbilder, die Eindruck auf uns machen.
Das Theater, das Städte damit in unseren Augen aufführen, beruht tatsächlich vor allem auf Bewegung – und auf Licht. Was ich meine, kann jedermann schon beim Umwandern des Chilehauses in Hamburg erfahren. Ich nehme an, dass das vermeintliche Schiff aus Backstein viele wenigstens von Abbildungen kennen. Dieser scharfe Bug! Diese schnur-

Karl Friedrich Schinkel, Friedrichswerdersche Kirche, jetzt Museum klassizistischer Skulpturen, Berlin (1828)

gerade Front auf der Nordseite, und dann erst diese unglaublich elegant mit der sanft kurvenden Strasse schwingende südliche Fassade mit ihrem lebhaften Relief. Meist wird dieses sehr expressive Gebäude als Schiffsmetapher gedeutet – ein Irrtum, denn seine Gestalt verdankt es allein dem wunderbar verrückten Grundstück mitsamt der Strasse, die quer hindurch führt. Süsser Zwang. Das Haus hat etwas sehr Musikalisches an sich, es ist sogar Ballett. Man braucht nur die Südfassade auf der anderen Strassenseite entlang zu gehen und wird bemerken, dass eigentlich nicht man selber, sondern die Fassade sich zu bewegen scheint; bei jedem Schritt vollführt sie ein durch Licht und Schatten pointiertes kinetisches Spektakel.

Ähnliche Beispiele sind das Olympiadach in München, und mit ihren atemberaubenden Innenräumen doch auch die Berliner Philharmonie und die Staatsbibliothek gegenüber, oder Gottfried Böhms Wallfahrtskirche in Neviges sowie etliche Bauten des Berliner Architekten-Duos Fehling und Gogel. Diese vielgestaltigen Foyers! Diese raffinierten Decken! Dieses ganze bewegte, hochdramatische Raumspektakel! Natürlich geschieht das auf gewisse Weise theatralisch, nur dass niemand sich dabei aufgeputscht oder belästigt fühlen muss, man fühlt sich von diesen unerhört vielfältigen Räumen eher enthusiasmiert. Und natürlich spielen das eigentliche Theater wir darin, wenn wir hier sitzen, gehen, lustwandeln, uns unterhalten lassen, lesen, arbeiten, lernen. Das meinte ich, als ich anfangs vom theatralischen Doppelspiel sprach, das der Gebäude, das der Stadt mit ihren Bauwerken und Plätzen, und das, welches wir darin spielen. Und schon wird man Daniel Libeskinds Jüdisches Museum nennen, das auf mich zuallererst als ein inszenierter, in Szene gesetzter Raum wirkt, der zunächst nichts anderem dient als sich selbst, als der Raumidee, und zielbewusst Assoziationen in all denen weckt, die diesen gezackten Raum voller Räume durchwandern, dabei stutzen, leuchtende Augen kriegen, verblüfft um Ecken schauen, die zuckenden Fensterblitze verfolgen und, nicht zuletzt dies, die die eigenartige Atmosphäre in sich aufnehmen, die die vorläufig hier existierende wunderbare Leere in ihnen hervorruft.

Inszenierte Bau- und Raumwunder. In vielen Kirchen geschehen sie und beileibe nicht nur in gotischen oder barocken, auch in vielen öffentlichen Gebäuden, welche immer einem auffallen. Da ist Schinkels Altes Museum am Berliner Lustgarten mit dem hoffentlich bald wieder entglasten offenen Treppenaufgang und der Emporenhalle, die den Aussenraum in den Innenraum komplimentiert. Ganz anders, I. M. Pei Ostflügel der Washingtoner Nationalgalerie mit der riesengrossen Halle, wo unter dem gläsernen Zickzackdach ständig ein überraschend leiser, quirliger, mit Kunstwerken versetzter Betrieb herrscht, Inbegriff eines modernen theatralisierten Raumes. Da war nicht zuletzt der Palast der Republik, dessen unübertroffenes Ereignis die Idee eines Volkshauses war, am plakativsten symbolisiert in dem ausladenden, unter unzähligen Leuchten glitzernden Foyer, das nichts anderes als eben dies war, ein öffentlicher, der Witterung wegen klugerweise verglaster Stadtplatz, prinzipiell nicht anders als all die Loggien, die wir in den italienischen Städten zu bewundern pflegen, als die Säulen- oder Pfeilerhallen, informellen Treffpunkte, durchgehend offen. Eigentlich waren ja alle Bahnhofshallen Verwandte davon, bis man aus den Empfangshallen für Ankommende und Abreisende andere, die hier nichts anderes wollten, als einander zu begegnen, Verkaufspassagen zu machen begann und sie dem Kommerz auslieferte. Immerhin dienen sie nach wie vor – und nicht anders als die anderen verlockend szenischen Erfindungen der Stadtarchitektur, der Galerien und Passagen, der Laubengänge, Arkaden, Kolonnaden – dieser gewissen anonymen Geselligkeit, zu der es uns treibt, wenn uns, wie man so sagt, «die Decke auf den Kopf fällt». Es sind städtische Orte, die dafür prädestiniert sind, als Bühnen zu fungieren.

Eine Allerweltserfahrung. Natürlich wusste man auch das schon früh, und anfangs geschah es im Dienste einer religiösen oder politischen Idee, das Unterhaltende kam später ganz von alleine hinzu. Macht und Pracht also, Brot und Spiele, die alten Geschichten.

Jeder, der zum ersten Mal die Akropolis oder Paestum erkundet hat, ahnte sogleich, worum es geht und warum die Tempel so theatralisch präsentiert wurden. Wer sich dem Petersplatz nähert und sich alsbald von Berninis Kolonnaden wie von Greifarmen gepackt fühlt und, sobald er die theatralische Gebärde und die kolossalen Dimensionen begriffen hat, glaubt, das päpstliche Oster-Theater nachempfinden zu können. Und im Zentrum die Petersdom-Fassade: welch eine Verkündigungsbühne!

Nicht weniger spannend freilich geht es doch auch in Schwäbisch Hall auf dem unvergleichlichen ansteigenden Marktplatz zu, der mit seiner stattlichen Gebäuden ringsum nicht nur Theater spielt, sondern auf dem sich im Sommer tatsächlich Theater ereignet: Auf den 53 breiten vom Rathaus zu der über allem thronenden Stadtkirche bis zu den ansteigenden Stufen wird von Juni bis August gespielt, das Publikum malerisch ringsum postiert. Leider sind nicht zuletzt solche alten Plätze in vielen, namentlich osteuropäischen Grossstädten zerstört worden, um Platz zu schaffen für Massenaufmärsche und Massendemonstrationen; ihre kolossalen Kulissen gehorchen meist einem bei Diktatoren von jeher beliebten Monumentalklassizismus: grosses, pompöses Staatstheater. Deshalb ist ja auch die Stalinallee so geworden, wie sie ist, deswegen wurde der Schlossplatz in Berlin leer gefegt; deswegen hatten die DDR-Architekten gleich nach der Gründung ihres Staates 1949 ein mächtiges Regierungs- und Parteihochhaus vorgehabt, das sich genau in der Achse der Allee «Unter den Linden» in die Höhe gereckt hätte. Als Vorbild hatte Moskau gedient, wo dergleichen mit dem geplanten, nie gebauten «Palast der Sowjetunion» hatte entstehen sollen. Doch selbst diese unterbliebenen Blickachsenpläne hätten sich gegen ein Projekt der Nationalsozialisten bescheiden ausgenommen, gegen die von Albert Speer sen. entworfene Nord-Süd-Achse durch den östlichen Tiergartenrand von Berlin. Sie hätte mit einem gewaltigen Bahnhof im Süden angesetzt, hätte ihren Lauf mit einem unverschämt langen, sehr breiten Empfangsplatz begonnen, wäre dann in eine kilometerlange Prachtstrasse übergegangen, dabei einen Triumphbogen passierend, hätte schliesslich im Spreebogen mit der «Grossen Halle» geendet, der grössten jemals projektierten Halle für annähernd 180 000 Menschen: die Kuppel mit einem Durchmesser von 250 Metern; und die Laterne obenauf hätte allein die Masse des Pantheons in Rom gehabt. Dies hatte nun nichts mehr mit der Stadt oder mit städtischem Leben zu tun gehabt, das wäre nichts als die Inszenierung der Macht zur Überwältigung der Massen gewesen. Staatstheater, zu dem sich nur noch einmal der rumänische Diktator Ceausescu in Bukarest erdreistet hatte. Worauf wir rasch einen Abstecher nach London machen, nein, nicht zur Mall, nicht zum Buckingham-Palast, auch nicht nach Westminster, sondern vor die Haustür der Downingstreet Nummer 10 - um zu begreifen, was das ist, was auf englisch *understatement* heisst und vom Wörterbuch mit Unterbewertung übersetzt wird.

Downingstreet Nr. 10 ist genau das, was die alten Preussen mit «mehr sein als scheinen» umschrieben haben. Auch das ist, natürlich, ein inzenatorisches Ereignis, und es ist Theater, selbst wenn es sich in den wig gleichen Bildern von Ankommenden und Wegfahrenden und dem

Hausherrn in der offenen Tür und den beiden gelangweilten Bobbys mit den rückwärts verschränkten Armen erschöpft. Der Aufwand für diese Fassade ist prinzipiell nicht grösser als der für das Bremer Stadtreihenhaus, nur dass es ein wenig grösser, ein wenig edler ist und seine überraschende Geräumigkeit sich erst dem eröffnet, dem ins Innere einzudringen erlaubt wird.

Es gibt noch viele architektonische Erscheinungen, denen etwas Theatralisches innewohnt, Brücken zum Beispiel gehören dazu, und das gilt keineswegs erst dann, wenn mit einer etwas schief gegangen ist, wie mit der imponierend schönen Tacoma-Narrows-Brücke im Staate Washington, die 1940 durch die Wirbel eines Windes so in Schwingungen versetzt wurde, dass sie riss und ins Wasser stürzte. Doch die Theatralik der Brückenbaukunst ereignet sich schon auf dem Reissbrett, wenn die Brückenentwerfer, vom Ehrgeiz gepackt, es diesmal noch dünner, noch feiner, noch materialsparsamer und raffinierter, noch eleganter, also noch kühner versuchen. Warum sonst sprechen wir von einem «Florett», das den Rhein bei Köln überspannt, oder von all den Schrägseil- und Hängebrücken als von den Harfen, warum sonst verharren wir atemlos vor gewaltigen Brückenschlägen? Man denkt ferner an die bebauten und bewohnten Brücken in Venedig und Florenz und demnächst wohl auch in London. Oder an die Fördebrücke beim Kieler Hauptbahnhof, wo es die Weltpremiere einer ungemein ereignisreichen Faltklappbrücke zu bestaunen gibt, die, sobald sich ein Schiff nähert, hoch gezogen und dabei zusammengeklappt wird wie eine Ziehharmonika: ein reizender Sketch jedes Mal. Nun wäre es verlockend, auch noch die theatralischen Effekte von Treppen zu erwähnen, zum Beispiel die, die zur Laterankirche hinaufführt, aber das dauerte zu lange. Eine Treppe allerdings ist mehr als jede andere Bühne und Theaterspiel zugleich, die Spanische Treppe in Rom. Auf Wunsch von Franziskanermönchen gebaut, um die zwanzig Meter Höhenunterschied zwischen der Stadt unten und ihrem Kloster oben zu überwinden, ist es viel mehr als ein 80 Meter langer Verkehrsweg geworden. Kaum wer gebraucht sie nur, um schnell ein Ziel zu erreichen; die meisten lieben sie als einen stufenförmigen Platz von höchst abwechslungsreicher Figur. Man schlägt auf dem Weg hinauf oder hinab Bögen, verharrt, hört Musikern zu, kauft von fliegenden Händlern dies oder das; man verabredet sich, knüpft Kontakte, verschnauft öfter, als es notwendig wäre, liest in Zeitungen und Büchern, schleckt Eise, trinkt, schwatzt, schmust – un sieht, riecht, hört, ertastet nebenbei diese Treppe und merkt wahrscheinlich nicht, dass man zur anonymen Besetzung eines ungemein sinnlichen Stegreif-Theaterstücks gehört (dessen erste Replik auf der Expo 2000 in Hannover aufgeführt wurde: als eine breite Brücke, auf die eine ebenso breite Freitreppe führt). Und so ist die Spanische Treppe auch nicht axial angelegt wie die ebenso berühmte Treppe in der Würzburger Residenz, folgt nicht der Ordnung eines strengen geometrischen Systems, man wird nicht wie dort von erhabenen Gefühlen beschlichen und zu andächtigem Schreiten animiert, und hat statt eines ungemein ereignisreichen Deckengemäldes nichts als den ewig wechselnden Himmel über sich. Und deshalb spricht der Kunsthistoriker Roland Günter von der Spanischen Treppe, über die er ein ganzes Buch geschrieben hat, als einem antiautoritären Bauwerk.

Suchte man für unser Thema nach einem alles in sich versammelnden szenischen Stadtbauwerk, fände man es hier in Rom an der Piazza di Spagna. Es erspart mir, nun auch noch von Türmen, Höfen, lauschigen Pergolen, von Nischen und Durchhäusern, Erkern und Altanen zu sprechen, mit denen sich Häuser und Städte interessant machen, von Flussufern, Brunnen, Balustraden, Emporen und von der Choreographie der Stadt. So könnte man auf die Frage, was uns vom Theater der Stadt, von theatralischen Räumen, die sie bildet, von der Theatralik von Strassen und Plätzen und Gebäuden, von Inszenierungen sprechen lässt, von Schauspielen und Spektakeln – so könnte man darauf antworten: es sei das, was uns in seinen Bann schlägt, was uns fasziniert, kurzum: was unsere Phantasie bewegt. Zauber und Verführung sind da ganz dicht beieinander. Das eine entsteht in jedem von uns; der anderen, der Inszenierung, müssen wir uns bisweilen erwehren.

Nur zwei Sätze möchte ich noch anfügen, die mir bei meinen Überlegungen begegnet sind und einen Tipp geben. Der von Le Corbusier lautet so: «Sagen, was man sieht, und vor allem – was weitaus schwieriger ist – sehen was man sieht.» Und der andere Satz sagt: «Wer geht, sieht weniger, aber mehr; wer fährt, sieht mehr, aber weniger.»

Friedrich Kaselowsky, Ravensberger Spinnerei, Bielefeld (1862)

Adaptierte Industriebauwerke
Oder: Wie und wofür sich nicht mehr gebrauchte Bauwerke gebrauchen lassen (2000)

Wahrscheinlich denken Sie, die Sie hier studieren, dass das mit dem Bemühen, ausgediente alte Industriegebäude nicht abzureissen, sondern neu und meist ganz anders zu nutzen, ein alter Hut sei. Für Sie wäre diese Vermutung auch ganz verständlich – für mich hingegen ist der Hut noch verhältnismässig neu. Ich erinnere mich an eine Reportage, die ich in den sechziger Jahren dem *Stern* vorgeschlagen hatte. So geschah es, dass ich zusammen mit dem schon sehr berühmten Photographen Reinhart Wolf zusammen aufbrach, etwas Neues zu entdecken: nämlich Industriebauwerke, die es wert wären, erhalten zu werden, freilich nicht nur als Baudenkmale, als brav restaurierte Zeugnisse der Industriegeschichte. Man begann sich zu wünschen, sie durch neuen, oft gänzlich anderen Gebrauch in die Zukunft zu komplimentieren. Unter unseren Beispielen war eine Sayn-Wittgensteinsche Stahlhütte, eine hessische Müllzerkleinerungsanlage, die Zeche Zollern 2/4 in Dortmund, auch ein, zwei Wassertürme bei Dortmund und bei Duisburg.
Den meisten klangen derlei Überlegungen befremdlich. Für sie hatte das Verschwinden der Produktion und der Arbeit, auch das Verschwinden dieser Industrieanlagen ganz selbstverständlich zu folgen – schon deswegen, weil diese niemals mit besonderer Neugier betrachteten Bauten als hässlich galten, ästhetische Entstellungen der sichtbaren Daseinswelt. Nur zögernd brachte man Verständnis für derlei Anstrengungen auf, zum Beispiel für die prächtigen Spinnerei-Gebäude, besonders in Westfalen, die ihrer Architektur wegen nicht zufällig zu «Fabrik-Schlössern» verklärt waren. Diese Fabriken erinnerten in Anlage und Architektur tatsächlich an Schlösser, denn ihre Eigentümer hatten einen grossen Bauherren-Ehrgeiz. Der gab sich am plakativsten in ihren Briefköpfen zu erkennen. Dort nämlich druckten sie neben den Firmennamen das Bild ihrer Fabrik ab – ein Brauch, der später in Vergessenheit geriet und erst gegen Ende des 20. Jahrhunderts unter dem Slogan der *Corporate Identity* wieder entdeckt wurde. Die Fabrikherren

Friedrich Kaselowsky, Ravensberger Spinnerei, Bielefeld (1862)

jedenfalls warben mit ihrer Architektur, indem sie sichtbar ihren Stolz darauf bekannten. Eine der ersten Fabriken, die diesen Stolz verkörperten, war die Ravensberger Spinnerei in Bielefeld. Sie wurde in den siebziger Jahren kulturellen Zwecken dienstbar gemacht, zum Beispiel für die Volkshochschule.

Eine Anstrengung wie diese erschien jedoch nicht bloss deshalb als tunlich, weil ein imponierender Gebäudekomplex als Wertobjekt weiter genutzt, sondern als ein jedermann sichtbares Zeugnis der Industriegeschichte restauriert, umgebaut, also bewahrt worden war. Anschaulich erhaltene Arbeits-, Wirtschafts-, Produktions- und Sozialgeschichte: das nämlich ist es, was das Thema so wichtig macht.

Doch wie viele Kontroversen haben solche Bemühungen ausgelöst. Wie viele Kämpfe waren dafür durchzustehen, wie viele Niederlagen mussten überwunden, wie viele Demütigungen ertragen, wieviel Überzeugungsarbeit musste geleistet werden! Noch 1970 hatte der letzte Eigentümer der Zeche Zollern 2/4 in Dortmund-Bövinghausen vorgehabt, die alten Gebäude abzureissen, selbst die bewunderte Jugendstil-Maschinenhalle des Berliner Architekten Bruno Möhring (1863–1929). Nur einem ebenso wütenden wie temperamentvollen Arbeitskreis von Künstlern, Journalisten und Professoren, vor allem dem Werkkunstschuldirektor Hans-Peter Koellmann war es danach geglückt, den nordrhein-westfälischen Ministerpräsidenten Heinz Kühn auf diesen bauhistorischen Schatz hinzuweisen und nach Jahren schliesslich die 800 000 Mark locker zu machen, die die Gelsenberg AG als Eigentümerin kaltblütig dafür verlangt hatte: So viel Geld nämlich hatte sie vom Verkauf des Schrotts erwartet.

Und auch erst dann begannen ganz allmählich die Denkmalpfleger aufzuwachen und zu merken, dass in ihr Metier nicht bloss Burgen, Dome oder exemplarische Fachwerkhäuser gehören, sondern auch Bauten der Industriegeschichte – denn nicht zuletzt an denen kann man doch Gefühle des Stolzes und der Würde ablesen, anders als in den deprimierenden «Gewerbeparks» von heute. Denn die Bauherren und ihre Architekten spielten ihre Rolle ja oft mit grossem Ernst und Ehrgeiz, auch weil sie wollten, dass mit ihren Bauten nicht zuletzt das gewürdigt werde, was in ihnen vonstatten geht: die Arbeit.

Doch welche Arbeiter hatten in ihrer Jugend schon gelernt, ästhetische Aufmerksamkeit für ihre Arbeitsorte zu empfinden. Niemand hatte ihnen je die Augen dafür geöffnet. Wie auch, da die Arbeit oft genug

Jürg Steiner, Gasometer, Industriedenkmal, jetzt Ausstellungsort, Oberhausen (1994)

unter teils erbärmlichen, teils nervenaufreibenden Bedingungen vonstatten ging. Und so entspricht das Ansehen solcher Gebäude oft dem Ansehen der Arbeit, die darin oder tief in der Erde darunter zu verrichten war. Zwar bekamen die Bergarbeiter im Ruhrgebiet immer etwas vom Nimbus ab, den die Gefährlichkeit ihrer Arbeit unter Tage hatte. Und das Ansehen der Stahlarbeiter zehrte auch von der Dramatik, die der rauchend, zischend, rot- und weissglühend aus dem Hochofen schiessende Stahl hervorrief. Die Gebäude aber, die Giess-, Maschinen- und Gebläsehallen, die Förder-, Kühl-, Gas- und Wassertürme, die Werkstatthäuser und die Bunker hatten meistens nichts davon – es sei denn, ein Unglück hätte sie zu Kathedralen des Schicksals empor gewirbelt.

Gebrauchsbauwerke besonders dieser Art sind, wenn sie auf einmal für viele nur noch traurige Existenzen sind, behaftet mehr mit Erinnerungen an Schweiss, Blut und Tränen, an infernalischem Lärm, an Staub und Gestank als mit Gefühlen des Stolzes. Aus den Augen also damit, so schnell wie möglich, weg mit dem elenden Zeug! Nicht zuletzt die Denkmalpfleger liess das noch lange kalt. «Ein barockes Kapellchen», sagte einer von ihnen, «klar, das braucht man bloss anzurühren, und alles schreit Aus! Ein Förderturm hingegen gilt als profaner Mist, der kann weg.»

Das hatte nicht zuletzt die IBA, hatte vor allem der Geschäftsführer der Internationalen Bau-Ausstellung Emscher-Park, Karl Ganser, erfahren, als er sich anheischig machte, den Oberhausener Gasometer, den höchsten Europas, nicht verschrotten zu lassen, sondern zu erhalten, mehr: ein Ausstellungshaus daraus zu machen – und als kilometerweit sichtbares Zeichen dem Blick zu erhalten. Jedoch, was sagten die Leute ringsum? Weg mit der hässlichen Tonne, weg mit dem «blöden Ding». Es war ein langer, furchtbar anstrengender Kampf um diesen monströsen Hohlkörper – an den heute kaum noch jemand denkt, wenn er im Innern, staunend über die Erhabenheit des religiösen Raumes, seinen Blick wandern lässt, oder wenn er im gläsernen Fahrstuhl die ganze gewaltige hohe Röhre durchmisst und oben diese traumhafte Aussicht auf das hat, was man Ruhrgebiet nennt, und das nur hier auf einen Blick begreiflich macht, was das eigentlich ist, dieses heterogene, ineinander verlaufende «Ruhrgebiet». Inzwischen hat es im Gasometer schon viele hoch gerühmte Ausstellungen gegeben, inzwischen sind viele andere Zechen- und Hütten-Bauwerke bewahrt, restauriert, um-

gebaut worden, sie werden neu genutzt, wurden mit zeitgenössischer Architektur ergänzt oder erweitert. Nirgendwo geschah das so intensiv und so phantasievoll, architektonisch so bemerkenswert qualitätsvoll wie im Emschergebiet.
Vor allem das Letzte ist das wohl Wichtigste: die architektonische Adaption solcher Relikte. Sie verlangt eine beherzte Phantasie, zugleich die Courage zum Kontrast, nicht zuletzt ein grosses Feingefühl, damit dem Alten keinen Tort durch das Neue anzutun, sondern eine Symbiose zwischen Altem und neuer Nutzung, zwischen der alten und der neuen Architektur. Nichts wäre dabei so verkehrt, als zu versuchen, die überkommene Architektur nachahmend fortzusetzen; damit erwiese man ihr keine Ehrerbietung, sondern eher eine Art von Verachtung, weil man ihr damit die Originalität und die Unwiederholbarkeit ihres Entstehens abspräche. Einmal ganz abgesehen davon, dass neue Nutzungen meistens auch eine ganz neue Art von Interieur, also eine vollständig eigene, dem neuen Zweck angemessene Architektur verlangt. Nur sollte von vornherein klar dabei sein, dass gerade dies einen grossen Respekt vor der Leistung der Architekten-Ahnen voraussetzt.
Für mich gehören derlei Aufgaben, alte Gebäude auf zeitgenössische Weise in die Gegenwart zu komplimentieren, zu den reizvollsten und pikantesten Aufgaben der Architektur überhaupt: weil sie zum Seiltanz zwingen, sagen wir, zur Balance, um weder in die historistische noch in die neumodische Tiefe abzustürzen. Musterbeispiele gibt es wunderbarerweise namentlich im Ruhrgebiet zu Hauf – ob man den Zollverein XII von Schupp und Kremmer in Essen, gewissermassen die Schönheitskönigin des Industriebaus nennt oder die alte Badeanstalt im Duisburger Stadtteil Ruhrort, die jetzt das Binnenschifffahrtsmuseum beherbergt, ob das Schiffs-Hebewerk Henrichenburg Waltrop, das Umspannwerk in Recklinghausen-Süd, ob die Zeche Minister Stein in Dortmund, die jetzt zur neuen Mitte des Stadtteils Eving geworden ist oder das Strassenbahndepot derselben Stadt, in dem jetzt vierzig Künstler, Kunsthandwerker, Siebdrucker, Theaterleute, Musiker untergekommen sind, oder das Verwaltungsgebäude der Essener Zeche Helene, das jetzt Sportlern dient, die Maschinenhalle der Zeche Teutonia, in der ein Geräusch- und Klangkünstler sich austoben darf. Und also wird man unter den Musterbeispielen auch drei Gebäude der Zeche Waltrop finden, in denen sich das Versandhaus *manufactum* eingerichtet hat, worüber der Architekt Klaus-Dieter Luckmann viel erzählen kann.

Dabei kann nun leider nur am Rande erwähnt werden, dass, wie alle anderen IBA-Projekte auch, diese niemals nur ein Thema abgaben, sondern deren mehrere. Grundsätzlich gehörte die bildende Kunst dazu und die Landschaftsgestaltung ringsum. Es ging ja grundsätzlich darum, so viele Gestaltungsideen wie möglich darauf zu versammeln. So könnte man die Aufgabe als «komplexes Denken und Entwerfen» umschreiben. Was Wunder also, dass das Oberthema dieses zehnjährigen Prozesses, den diese Bauausstellung in den neunziger Jahren darstellte, «Arbeiten im Park» hiess und dies auch wortwörtlich so meinte. Denn letztlich geht es nicht darum, das Alte zu konservieren und die Zeitläufe anzuhalten, sondern ganz im Gegenteil darum, überkommene Bauwerke in die Gegenwarte herüber und die nächste Zukunft hinüberzuziehen, sie in das einzubeziehen, was einigermassen abstrakt «Strukturwandel» heisst und hier nichts anderes bedeutet, als die neuen Strukturen in den Gehäusen der alten zu entfalten. Die Architektur ist dabei nicht notwendiges Übel – dann könnte sie sich gleich aufgeben – , sondern Gestalt gebender Bestandteil unseres Daseins. Und ein kleines bisschen möchte man ja doch auch dabei hoffen, dass eine gute – oder eine bessere – Architektur nebenbei auch eine geschmacksbildende, also eine erzieherische Wirkung entfalte. Das, jedenfalls, sollten Architekten sich immer erträumen. Jedenfalls sollte allen klar sein, dass wir ohne Geschichte nichts sind, dass wir die Erinnerung nicht zuletzt die visuelle Erinnerung, brauchen, um mit der Welt, in der wir leben, zurechtzukommen – zumal heute, im beginnenden Zeitalter rasender Entwicklungen und immer flüchtigerer Erscheinungen.

Peter Zumthor in seinem Atelier (1996)

Der Architekt Peter Zumthor
Oder: Jedes Haus eine spielerische Entdeckung (2001)

Noch vor vier Jahren wünschte ihm ein Bewunderer, dass er niemals unter die «Stars» gerechnet werden möge, um deren Glanz sich die Zahlungskräftigen bald in der ganzen Welt raufen würden. Unterdessen dichten manche ihm schon die Steigerung zur «Kultfigur» an – vielleicht deswegen, weil sie sich die Diskrepanz zwischen dem gebauten Werk und dem Ruhm nicht anders erklären können. Tatsächlich ist der 1943 in Basel geborene Peter Zumthor längst mit den erlesensten Ehrungen versehen. Erlauchte Hochschulen laden ihn, der als Professor an der Tessiner Universität in Mendrisio lehrt, als Gastdozent ein, er wurde in Akademien und Ehrenmitgliedschaften berufen und mit über einem Dutzend Preisen ausgezeichnet, darunter – man hält den Atem an – der mit etwa 400 000 Mark doppelt so hoch, denn der als eine Art von Nobelpreis apostrophierte amerikanische Pritzker-Preis dotierte dänische Carlsberg-Architekturpreis. Vor drei Jahren nahm er ihn aus der Hand der dänischen Königin entgegen.

Doch wer sein kompaktes Werk betrachtet – alles in allem nicht mehr als ein Dutzend Gebäude in der Schweiz, in Österreich und Deutschland –, wer sein Atelier im Dorf Haldenstein unweit der Graubündner Kantonshauptstadt Chur besucht und sich seinen sympathischen, aber unspektakulären Lebensweg vor Augen führt, wird fürs erste Mühe haben, Zumthors weltweiten Ruf zu begreifen.

Also doch eine «Kultfigur»? Sagen wir: Peter Zumthor ist ein Architekt, der gleichermassen mit Intellekt und Gefühl, mit konzentrierter Phantasie, infolgedessen vernünftig und manchmal verwegen ans Werk geht und auch nur durch dumpfe Zeitgenossen ins Gerede gebracht wird – so wie das seit Jahren schon in Berlin vonstatten geht. Dort war er aus dem internationalen Wettbewerb um den Bau des Dokumentationszentrums für die «Topographie des Terrors» 1996 als Sieger hervorgegangen. Als man zu bauen anfing, unterstellte man ihm, sein Entwurf sei viel zu kompliziert, viel zu teuer, in der Konstruktion unsicher, eine Zumu-

Peter Zumthor, Kunsthaus, Bregenz (1997)

tung. Jetzt, nach sieben Jahren, hat sich herausgestellt, dass es die Schuld der Baufirma, die die Kosten falsch berechnete, sodann die der Senats-Bauverwaltung und der Politiker war, die sich wider besseres Wissen an den viel zu niedrigen Preis hielten, auch die von Gutachtern, die sich schwer taten, das Raffinement der ausgeklügelten Einfachheit des Bauwerks zu begreifen, die Kosten von Anfang an ehrlich zu berechnen, vor allem: dem erfahrenen Architekten und seinen Ingenieuren zu trauen.

Zumthor hat für Berlin einen langgestreckten Quader aus einem Stahlbeton-Stabwerk «in gebrochenem Weiss» konstruiert, das Glas in den Schlitzen und im Innern nichts als Wetterschutz und Lichtquelle. Sein Ansinnen war ein unprätentiöser Bau. Nicht die Architektur, sondern der an jedermanns Gewissen zerrende Inhalt soll die Aufmerksamkeit auf sich ziehen, hier, wo SS und Gestapo den millionenfachen Mord an den Verdammten des Naziregimes geplant und organisiert haben.

Peter Zumthor war schon Mitte dreissig gewesen, als er sich als Architekt niederliess. Er hatte in der Möbelschreinerei des Vaters dieses Handwerk erlernt. Danach trieb die Neugier ihn erst an die Basler Hochschule für Gestaltung, wo er Innenarchitektur studierte, dann ein Jahr nach New York ans Pratt-Institut, wo er mit der Architektur Bekanntschaft machte. Zurück in der Schweiz, arbeitete er ein Jahrzehnt lang als Denkmalpfleger in Graubünden, bis er 1979 dem Gefühl nachgab, selber (bessere) Architektur machen zu müssen. Es glückte ihm fast auf Anhieb, beim zweiten Wettbewerb, an dem er teilgenommen hat und die Schule in Churwalden nahezu neu zu bauen bekam: drei gemauerte Gebäude, hintereinander an einen Hang platziert und mit einer Pfeilerkolonnade untereinander verbunden. Zusammen mit den Altbauten bilden sie einen räumlich gefassten Komplex: Architektur als Städtebau.

Damit war die Richtung klar, genauer: gab sich die Haltung dieses Architekten zu erkennen. Ihm ist weder daran gelegen, sich dem Traditionalismus anzubiedern noch mit dem Allerneuesten und seinen Moden zu kokettieren. Er versucht stattdessen, jedes Mal den richtigen Ton zu treffen, das heisst, mit jedem neuen Gebäude einen Ort in einer geprägten Umgebung zu formulieren, selbstbewusst. Seine Architektur wendet sich an die Sinne; sie soll so gut sein, dass sie keiner künstlerischen oder dekorativen Zutat bedarf. Sie will nicht Emotionen hervorrufen, sondern zulassen.

Peter Zumthor, Kunsthaus, Bregenz (1997)

Alles dies zeigte sich schon in den Schutzbauten, die er über den römischen Funden der Stadt Chur errichtete und die nichts weiter als eben dies sein sollten: licht- und luftdurchlässige Gehäuse, von einem Eisengerüst getragen, mit Holzleisten beplankt, auf den Dächern kleine Oberlichtgebäude. Oder in seinem Atelier in Haldenstein (sowie dem Nachbarbau), einem schlanken hölzernen Quader mit einem flachen Satteldach, die Eingangsfassade allein durch das Streifmuster der Holzlamellen, einem schmalen Fensterband oben und dem herausragenden Eingang gezeichnet, die Gartenfassade durch ihre Fensterwand. Oder in dem Bauernhaus an einem steilen Berghang über dem Dorf Versam, das den Namen «Gugalun» hat, was auf deutsch «den Mond angucken» heisst. Daraus hat er so unaufdringlich wie bestimmt ein Ferienhaus gemacht – so, dass der alte Teil (von 1709) und der neue (von 1994) verwandte, aber eigene Züge haben. Ihnen gibt sich die Gegenwart mit einer «frei hinzugestellten Raumwandskulptur» aus schwarzem, wie Speckstein glänzendem Beton für Küche und Nebengelasse (und die Hypokaustenheizung) bekannt.

Man glaubte Zumthor trotzdem aufs Wort, dass er kein Holzbauarchitekt sein will, sondern «ein normaler Architekt, ich wollte ja auch in der Stadt bauen», so wie er es in Chur und Bregenz getan hat und bald in Köln und Berlin tun wird. Doch die erste grosse Bewunderung war ihm für die winzige, dem heiligen Benedikt geweihte Kapelle Sogn Benedetg im abgelegenen rätoromanischen Dorf Sumvitg zugeflogen, seinem poetischsten Holz-Bauwerk. Ein Blitz hatte den steinernen Vorgänger zerschlagen. Doch wie nicht anders zu erwarten, hatten Gemeinde und klösterlicher Bauherr genau dieses alte Kirchlein wiederhaben wollen. Der Architekt hingegen überzeugte sie davon, dass die katholische Kirche, um lebendig zu bleiben, wie stets vorwärts schauen, also eine neue Architektur wagen müsse. Und so geschah es. Auf einem tropfen- (oder blatt-)förmigen Grundriss erhebt sich eine hohe, von 37 Holzpfeilern getragene, aussen ringsum geschindelte Röhre, unter dem flach gewölbten Dach ganz oben sitzt ein Licht bringender Fensterring. Man betritt einen schönen, unprätentiösen, kontemplativen Raum, jede Einzelheit ist mit empfindsamem Verstand gestaltet. Und längst wird dieses einzigartige Baukunstwerk von allen im Dorf geliebt. Sie wienern die Lärchenbänke regelmässig und ganz von alleine.

Immer sind für Zumthor die Umstände des Gebrauchs, der Ökonomie, ist die Raumstimmung wichtig – und der Geist des Ortes. Manchmal

Peter Zumthor, Wohnheim für Betagte, Chur-Masans (1993)

gehört ein alter Weg dazu, als eine Erinnerungsspur – so wie der Weg zum Wohnheim für Betagte, das er in Chur-Masans gebaut hat: aus Tuffsteinmauerwerk, Holz und hellgrauem, glattem Beton. Im Innern spürt man die Grosszügigkeit im Kleinen, vor allem in den pfiffig gegliederten, mit praktischen Einbauten versehenen Wohnungen, aber auch im «öffentlichen Raum» der temperamentvollen hellen, breiten Flure, in den sanften Farben, den Umgängen, im Licht, in der Stimmung.

Das sind Qualitäten, die auch die spektakulär gewordenen Gebäude dieses leisen Architekten auszeichnen, das Thermalbad im Graubündner Bergdorf Vals und das Kunsthaus in der Vorarlberger Landeshauptstadt Bregenz – das eine aus grünlich schimmerndem Stein, das andere aus Beton, der hier aber ganz und gar von Glas, das heisst von Licht umhüllt ist.

In Vals bemerkt man zuallererst und immer wieder die Materialien: den graugrünen Gneis, der, ganz nahe aus dem Fels gebrochen, millimetergenau geschnitten und ohne Mörtel aufeinandergeschichtet worden ist, das blaue Muranoglas der Türen, die Bronze der Beschläge, das rot gebeizte Holz der Umkleidekabinen. Dazu gehört nicht zuletzt der feine, manchmal glänzende Beton, aus dem die sieben Raumkörper gebildet sind, die wie Tische das ganze Gebäude tragen und das geheimnisvoll beleuchtete Innere gliedern. Und die Quelle? Sie ergiesst sich direkt aus dem Berg, an und in und den das Bad (mit einem Hotel) gebaut ist. Bauherr übrigens war das Dorf – so wie es ja auch die Bewohner des Dorfes Tschlin im äussersten Nordosten der Schweiz waren, die sich bei Zumthor einen Hotelentwurf bestellt haben.

In Bregenz war es nicht anders als in Vals: mit dem Kunsthaus, das seit vier Jahren im Weichbild des Bodenseeufers funkelt. Hier tragen drei senkrecht bis hinauf ans Dach reichende, gegeneinander versetzte Stahlbetonscheiben den hohen quadratischen Bau mit den vier grossen offenen Sälen übereinander, allesamt Oberlichtsäle.

Den «Trick» dafür findet man in knapp einen Meter hohen «Lichträumen» über jedem der Stockwerksäle – und in der aus siebenhundert grossen rechteckigen Glasschindeln gebildeten Fassade, die das Tageslicht und seine Stimmungen ins Innere leiten. Tags schimmert der kantige Baukörper in den Farben der Umgebung und des Himmels, nachts leuchtet er verhalten von innen heraus. Doch in Wirklichkeit wendet

Peter Zumthor, Schweizer Pavillon, EXPO 2000, Hannover (2000)

sich das Kunsthaus gar nicht zum Bodensee und dem Park, sondern der Stadt entgegen. Denn zusammen mit dem dunklen Verwaltungsgebäude schräg davor bildet es einen Platz dorthin.

Was Wunder, dass man dergleichen Gedanken auch beim Diözesanmuseum in Köln begegnet, das Zumthor nach einem gewonnenen Wettbewerb dort errichtet. Da ist zum einen der geschichtliche Ort, das Ruinengrundstück der spätgotischen Kolumbakirche, an die seit fünfzig Jahren eine von dem Kölner Architekten Gottfried Böhm unnachahmlich intim und freundlich entworfene Kapelle erinnert; sie wird dem Neubau (freilich zum Entsetzen mancher) rigoros einverleibt. Und da ist zum andern das Licht, das durch «zwei gegeneinander versetzte, gelochte, gewebeartige Backsteinschalen» ins Innere strahlen wird.

Und irgendwann, wenn auch der letzte Stimmbürger zugestimmt haben wird, wird es in und um das westfälische Bad Salzuflen eine sanft gehügelte «Poetische Landschaft» geben, für die Peter Zumthor eine kleine Bibliothek, ein intimes Auditorium sowie neun geometrisch strenge kleine Häuser von verschiedener Gestalt für neun Gedichte entworfen hat. Auch sie sind licht- und luftdurchlässig, ein jedes zeigt sich in einer anderen Farbe.

«Ich glaube», sagt der Baumeister, den die Wendigkeit mancher modebewusster Architekturschneider und der Verschleiss an Formen und Bedeutungen abstösst, «ich glaube, jedes gut geschaffene Ding hat ein ihm angemessenes Ordnungsgefüge, das seine Form bestimmt und zu seinem Wesen gehört. Dieses Wesentliche will ich entdecken, ich bleibe beim Entwerfen hart an der Sache selbst.» Sein Wunsch? Dass man ein Haus von ihm als schön empfinde und glaube, dass es eine Seele habe – und dass es seine Benutzer nicht beschwatze. Wer in Peter Zumthor einen Architekten von priesterlicher Unerbittlichkeit vermutet, irrt. Das Entwerfen, sagt er, sei für ihn jedes Mal «ein Prozess des spielerischen Entdeckens». Er liest gern, er hört mit Leidenschaft Musik, er spielt den Kontrabass (und macht Jazz), er raucht dicke Zigarren und zeigt mit jeder Gesichtsbewegung, dass er Humor hat. Und er wird niemals mehr Gebäude entwerfen, als er mit seiner jungen zwölfköpfigen Mannschaft schafft.

Peter Zumthor, Projekt zu einem Hotel in Tschlin CH (1996)

Aus einem Gespräch mit Peter Zumthor

Haben Sie architektonische Lieblingsthemen? Bauten, die Sie gern entwerfen würden?

Ich arbeite gerade an einem. Es ist ein Neubau für die Architekturfakultät der Cornell-Universität im Staat New York. So etwas wollte ich gern mal machen. In dem Wettbewerb war ich unter den letzten vier.

Bemühen Sie sich um einen persönlichen Stil, eine schnell erkennbare Handschrift?

Wenn Sie meine zwölf Bauten anschauen, werden Sie bemerken, dass ein jeder davon neu gedacht ist, nach der ihnen jeweils eigenen Funktion. Vielleicht lässt sich daran eine Haltung ausmachen, aber kein «Stil». Aber das Typologische darin – da könnte ich mir schon vorstellen, dass man damit einen Stil abliefert, das hat's in der Architekturgeschichte ja immer gegeben.

Es fällt auf, dass Sie Materialien sehr sorgfältig auswählen und ebenso sorgfältig damit umgehen. Haben Sie eine Vorliebe für dies oder das? Oder reagieren Sie immer erst auf den Ort und die Aufgabe?

Ganz klar: Ich liebe das Bauen, ich liebe Räume, ich liebe Häuser, und ich liebe die physische Präsenz. Aber ich überlege jedes Mal neu, wie und woraus, das Eigene und das Fremde.

Wie geht das Entwerfen in Ihrem Kopf vonstatten? Haben Sie rasch eine präzise Vorstellung? Probieren Sie viel aus? Gehen Sie analytisch vor? Verlassen Sie sich auf das Gefühl?

Ich warte auf eine Eingebung, die eine Grundstimmung, eine Grundspur vermittelt. Das ist jedes Mal ein bisschen anders. Jedenfalls ist der erste Gedanke der wichtigste. Ein Entwurf kann sich viele Male ändern, aber irgendwann in den ersten Wochen muss ich dann etwas festhalten. Bauprogramm? Lese ich schon, aber ungern, und nicht jedes Detail. In meinem Kopf muss ein Bild entstehen, das mich elektrisiert.

Reizt es Sie sehr, jedes Mal etwas Neues, etwas ganz Besonderes auszuprobieren?

Das Gebäude ist immer eine Erfindung für den besonderen Ort und den besonderen Zweck. Aber das Axiom der klassischen Moderne, dass alles immer unbedingt innovativ sein müsse, sonst wäre es nix, hat sich mit der Zeit verloren. Neuartig gleich gut – das ist zu einfach. Neuartig gleich qualitätsvoll, das stellt sich eigentlich automatisch immer wieder deswegen ein, weil jede Aufgabe stets etwas anderes verlangt. In Bregenz wollte ich aus städtebaulichen Gründen etwas Vertikales entwerfen, das hat mich dann zu dem Versuch mit dem Tages-(Ober-)licht animiert. Und Vals? Da war klar, dass es kein Spiel-, Spass- oder Sportbad werden, sondern an den alten Ursprung des Reinigens durch Wasser erinnern sollte. Und natürlich muss ich das Gefühl haben: So, jetzt stimmt's. Das beruht auf Lebenserfahrung, aber es ist ein Gefühl, kein intellektueller Vorgang.

Sie haben eine Menge geschrieben. Was treibt Sie dazu? Ein Bedürfnis nach Selbstvergewisserung?

Nachzudenken über das, was man macht, gehört bei mir zur Entwurfsmethode. Ich bin ja oft an Architekturschulen geladen. Dann höre ich Diskussionen und verstehe kein Wort, weil es nur selbstreferentiell ist und mit dem Objekt nichts zu tun hat. Aber ich lese ja auch gerne und erfahre dabei, dass diejenigen, die etwas zu sagen haben, den allereinfachsten Ausdruck beherrschen. Das pflegen wir auch hier im Büro, das könnte jeder Achtzehnjährige verstehen. Das braucht man, das Sprechen, das Schreiben, das Überprüfen von Emotionen, von Bildern.

Gab es für Sie als einen in der Denkmalpflege trainierten Architekten jemals die Versuchung, ein versunkenes Bauwerk von Grund auf und detailgetreu zu rekonstruieren, also zu wiederholen?

Nein, nein, das ist mir völlig fremd!

Auf der EXPO *in Hannover ist Ihr Schweizer Pavillon von allen bejubelt worden. Was hatten Sie beim Entwurf im Sinn?*

Die Schweiz, die Holzlobby der Schweiz, wollte Holz haben. So kam mir die Spassidee: Machen wir also ein Holzlager, schichten Holz zum Trocknen auf und verkaufen es dann. So haben wir's gemacht; nun ist das Holz verkauft – und es stimmt mit der ökologischen Devise der Weltausstellung überein.

Hoffen Sie mit jedem Bau zugleich einen Beitrag zur Stadtfigur, zu ihrer räumlichen Gestalt zu leisten?

Unbedingt! Denn das sind ja die steten Pole. Das Gebäude und der Ort das ist die Dialektik. Das Haus ist das Schöne, es formuliert durch sich einen Raum, und es ist Teil einer grösseren «Landschaft». Mal ist es ein Solitär, mal eher ein Baustein eines grösseren Ensembles.

Ich las, dass Sie bei jedem Auftrag alles zu gestalten wünschen, da Gebäude wie sein Inneres und seine unmittelbare Umgebung. Ist das so

Ich bestehe darauf. Das muss sein! So wie beim Schweizer EXPO Pavillon, wo ich der künstlerische Gesamtleiter war, zuständig für Bau Interieur, Programm, Musik, die Speisen und Getränke, den Betrieb

Nachgefragt bei Peter Zumthor:

Ihr Lieblingsgebäude?
Die Bibliothek der Phillips Exeter Academy in Exeter, New Hampshire, die 1978 in der schönen neuenglischen Landschaft errichtet worden ist. Louis Kahn hat einen an den Ecken abgekannteten würfelförmigen Bau errichtet, in dem ein äusserer, aus Backsteinen gemauerter «Ring» mit Lesenischen einen inneren «Ring» aus Beton für die Bücher umgibt, der sich wiederum an allen vier Seiten mit gewaltigen, über drei Stockwerke reichenden Bullaugen in eine haushohe lichte Halle öffnet.
Ein besonders geschätzter Kollege der Gegenwart?
Peter Märkli
... und der Vergangenheit?
Le Corbusier. Und Palladio!
Welches Bauwerk wäre eine Herausforderung für Sie?
Ein Wolkenkratzer.
Ihre Lieblingsstadt?
Kann ich keine nennen.
Ihr Lieblingsessen?
Das hängt von der Tagesform ab.
Viel zu viel vernachlässigt wird ...
... die Akustik der Räume.
Masslos überschätzt werden ...
... die elektronischen Medien, sagen wir: virtuelle Welten. Ich selber kann zum Beispiel mit Computern nicht umgehen, das erledigen meine Mitarbeiter im Büro.
Was ist Ihr grösster Wunsch?
Das zu tun, was man glaubt, tun zu müssen.
Welchen lebenden Architekten würden Sie gerne kennen lernen?
Rafael Moneo.
Ihr Lieblingskünstler?
Mark Rothko.
Ihre erste Tat als Bauminister?
Mich orientieren, mich darüber informieren, was läuft – und die Bauvorschriften ausmisten.

Quellenverzeichnis
Personenregister
Biografie, Bibliografie, Auszeichnungen, Dank

Quellenverzeichnis

Über Monumentalität
In: Der Architekt 4/1981

Der Architekt und die menschliche Phantasie
Dankrede zur Verleihung der «Wolfgang-Hirsch-Auszeichnung» der Architektenkammer Rheinland-Pfalz in Mainz am 13. November 1981.
In: Deutsches Architektenblatt Nr. 1. 1982.

Plätze in der Stadt
Vortrag beim Bund Deutscher Architekten zur Eröffnung der Ausstellung «Plätze» in Frankfurt am Main am 7. Oktober 1985.
In: Garten + Landschaft Nr. 4. 1986.

Das rätselhafte Talent
Der Architekt, Urbanist und Lehrer Hannes Meyer.
In: Die Zeit Nr. 42. 13. Oktober 1989. S. 71.

Schöner Alter Traum
Vortrag in der Reihe «Von der Zusammengehörigkeit der Künste», veranstaltet von der Freien Akademie der Künste im Hotel Atlantik, Hamburg, am 10. Januar 1990.

Zukunft bauen
Vortrag auf einer Jubiläumsveranstaltung der Architektenkammer Hessen am 28. April 1994 in Wiesbaden.
In: Deutsches Architektenblatt Nr. 7. 1994.

Architektur und bildende Kunst
Vortrag an der Fakultät für Architektur der Technischen Universität Liberec in der Nationalgalerie zu Prag am 9. November 1996.

Neu entdeckt: Die Baukultur
Vortrag im Regensburger Architekturkreis, im Salzstadel, November 1996.

Das Alte neu – das Neue alt?
In: VfA Profil Nr. 4. 1996.
(Zeitschrift der Vereinigung freischaffender Architekten Deutschlands)

Graubündens strenge Schönheiten
In: Passagen Nr. 20. Frühling 1996.

Der Park, der Platz, die Kunst und die Architektur
Vortrag beim Bund Deutscher Landschaftsarchitekten zur Eröffnung
der BDLA - Bundesgeschäftsstelle in Berlin am 25. Oktober 1996.
In: Landschaftsarchitekten Nr. 2. 1997.

Gerahmte Bilder
Vortrag beim BDA (Kreisgruppe Franken) und der Architektenkammer in Heilbronn
am 27. Januar 1997.

Schreiben über Architektur
Dankrede zur Verleihung des «Literaturpreises für Baukultur» durch
den Verband Deutscher Architekten- und Ingenieurvereine e.V. am
30. Mai 1997 in Aschersleben.

Es gibt keine Idee, ausser in den Dingen
Katalog-Beitrag zur Ausstellung des Architekten Peter Zumthor in der Architekturgalerie Luzern, September 1997.

Innen - aussen, aussen - innen
Vortrag beim Bund Deutscher Innenarchitekten BDIA am 12. Oktober 1997.

Intellekt und Intuition
Festvortrag zum hundertjährigen Bestehen der Fachbereiche Architektur und
Bauingenieurwesen an der Fachhochschule Münster am 5. Juni 1998.

Das Grosse im Kleinen, das Kleine im Grossen
Vortrag beim Architektur Forum Bern am 3. November 1998.

Das Theater, das Architektur aufführt
Vortrag auf einer Jubiläumsveranstaltung der Architektenkammer Hessen im
Hessischen Staatstheater zu Wiesbaden am 31. Oktober 1999.

Adaptierte Industriebauwerke
Vortrag in der Fachhochschule Nordostniedersachsen zu Buxtehude am 14. Juni 2000.

Der Architekt Peter Zumthor
In: Häuser Nr. 4. 2001.

Personenregister

Ackermann, Kurt: S. 261
Alberti, Leon Battista: S. 73, 75, 77, 309
Alder, Michael: S. 159
Althammer, Margrit: S. 159
Ammann, Jean-Christoph: S. 115
Anhalt-Dessau, Franz von: S. 175
Arup, Ove: S. 163
Augustinus: S. 75
Aalto, Alvar: S. 243

Bach, Johann Sebastian: S. 72, 77, 234, 290
Bahr, Egon: S. 216
Bartning, Otto: S. 70, 72, 76
Baum, Caspar: S. 73
Bearth, Valentin: S. 156, 169, 170
Behne, Adolf: S. 25
Behnisch, Günter: S. 10, 11, 12, 118, 222, 264
Behrens, Peter: S. 220, 243
Benjamin, Walter: S. 113
Berger, John: S. 228
Bergs, Alban: S. 78, 79
Berkel, Ben van: S. 263, 264
Bernini, Gian Lorenzo: S. 46, 312
Beuys, Joseph: S. 229
Bill, Max: S. 208, 254
Blom, Piet: S. 27, 28, 30
Böhm, Dominikus: S. 11
Böhm, Gottfried: S. 16, 118, 119, 145, 146, 148, 201, 222, 247, 255, 265, 300, 308, 311, 333
Böll, Heinrich: S. 282
Bonatz, Paul: S. 257, 259
Botta, Mario: S. 159
Brahm, Johannes: S. 216
Brandt, Willy: S. 216
Breton, André: S. 31
Brosi, Richard: S. 163
Bucerius, Gerd: S. 125

Budde, Elmar: S. 75
Burgee; John: S. 80
Burkhalter, Marianne: S. 159
Burckhardt, Lucius: S. 177
Burkhardt, François: S. 127
Busmann, Peter: S. 269, 270

Cage, John: S. 229, 254
Caillot, Roger: S. 22
Calatrava, Santiago: S. 276
Calvino, Italo: S. 228
Ceausescu, Nicolae: S. 313
Chillida, Eduardo: S. 112
Christ, Wolfgang: S. 190
Christo, eigtl. Christo Javacheff: S. 193, 199
Chruschtschow, Nikita: S. 107
Clavuot, Conradin: S. 166, 172
Clay, Lucius: S. 216
Coltrane, John: S. 228
Conrads, Ulrich: S. 179, 201

Dahinden, Justus: S. 199
Damaschke, Adolf: S. 65
Davis, Miles: S. 228
De Gabrieli, Gabriel: S. 151
De Meuron, Pierre: S. 118, 159, 172, 222
De St. Phalle, Niki: S. 109
Deplazes, Andrea: S. 156, 169, 170
Di Cambio, Arnolfo: S. 74
Diener, Roger: S. 159, 172
Dietrich, Joachim: S. 259
Dohnanyi, Klaus von: S. 123
Dufay, Guillaume: S. 74, 75

Eiermann, Egon: S. 243
Endell, August: S. 213
Eppinger, Gundolf: S. 187
Erdmannsdorff, Friedrich Wilhelm: S. 176, 180, 184, 186

Fehlbaum, Rolf: S. 220
Fehling, Hermann: S. 269, 272, 274, 311
Filarete, Antonio: S. 77
Finsterwalder, Ulrich: S. 259
Fischer, Jürgen: S. 190
Fischer, Theodor: S. 72, 73, 77, 225, 276
Förderer, Walter: S. 118, 173
Foster, Norman: S. 222, 267, 282
Fra, Giordano da Pisa: S. 39
Frecot, Janos: S. 19
Frei, Otto: S. 261, 264, 267, 268, 269
Froelich, Albert: S. 63
Frommes, Bob: S. 213

Galfetti, Aurelio: S. 159
Ganser, Karl: S. 321
Gaudí, Antonio: S. 141, 265, 267
Gehry, Frank O.: S. 153, 157, 222, 267, 275, 276
Gigon, Annette: S. 158, 159, 160/161
Gisel, Ernst: S. 159
Glaus, Otto: S. 173
Goethe, Johann Wolfgang von: S. 20, 71, 72, 149, 218
Gogel, Daniel: S. 269, 272, 274, 311
Graffunder, Heinz: S. 12
Gregotti, Vittorio: S. 16
Gropius, Walter: S. 63, 65, 243
Grzimek, Günter: S. 264
Gumpp, Rainer: S. 151
Günter, Roland: S. 47, 315
Gutbrod, Rolf: S. 269
Guyer, Mike: S. 158, 159, 160/161

Haas, Richard: S. 111
Haberer, Godfrid: S. 269, 270
Hadid, Zaha: S. 276
Hagmann, Andreas: S. 162, 164/165, 171
Hajek, Otto Herbert: S. 45
Hämer, Hardt-Waltherr: S. 92, 210

Handke, Peter: S. 228
Happold, Ted: S. 273
Hauser, Fritz: S. 228
Haus-Rucker-Co: S. 47
Hecker, Zvi: S. 118
Heidegger, Martin: S. 228
Heisenberg, Werner: S. 182
Hertzberger, Herman: S. 97
Herzog, Jacques: S. 118, 159, 172, 222
Herzog, Thomas: S. 222
Hirsch, Wolfgang: S. 29
Hochuli, René: S. 159
Hofmann, Josef: S. 239
Hollein, Hans: S. 97, 121, 151
Hotz, Theo: S. 159
Huizinga, Johan: S. 21
Humboldt, Wilhelm von: S. 277
Hundertwasser, Friedensreich: S. 85

Jacobsen, Arne: S. 172, 243, 305
Johnson, Philip: S. 80, 86
Jüngling, Dieter: S. 162, 164/165, 171

Kahn, Louis: S. 337
Kant, Immanuel: S. 20, 276
Kaselowsky, Friedrich: S. 316, 318
Kiesow, Gottfried: S. 152
Kleihues, Josef Paul: S. 210
Klenze, Leo von: S. 135
Klingeren, Frank van: S. 203
Klotz, Heinrich: S. 107
Kluges, Alexander: S. 216
Koellmann, Hans-Peter: S. 319
Köhnemann, Wilfried: S. 238
Kolbe, Georg: S. 105
Kollhoff, Hans: S. 222
Kornbrusts, Leo: S. 193
Krabel, Hans: S. 282
Krause, Ernst: S. 78
Kremmer, Martin: S. 276, 282, 283, 322

Krier, Leon: S. 26
Krischanitz, Adolf: S. 222
Kühn, Heinz: S. 319
Kulenkampff, Eberhard: S. 99
Kulka, Peter: S. 306

Langner, Joachim: S. 268, 269
Le Corbusier, eigtl. Charles Édouard Jeanneret-Gris: S. 153, 244, 315, 337
Le Roy, Louis: S. 183
Leonhardt, Fritz: S. 257, 259, 260, 261, 262, 264, 268, 274
Leopardi, Giacomo: S. 228
Libeskind, Daniel: S. 276, 311
Liesch, Andres: S. 173
Lloyd Wright, Frank: S. 243
Lohmer, Gerd: S. 257, 258, 259
Loos, Adolf: S. 29
Lübbe, Hermann: S. 137
Luckmann, Klaus-Dieter: S. 322

Mackintosh, Charles Rennie: S. 243
Magnus, Dieter: S. 18, 47
Mahler, Klaus S.: S. 151
Maillart, Robert: S. 259
Manrique, César: S. 285, 286, 287
Manske, Hans Joachim: S. 114
Marg, Volkwin: S. 187, 256, 269
Marinetti, Filippo Tommaso: S. 296
Märkli, Peter: S. 337
Mattheson, Johann: S. 77, 78
Matz, Reinhard: S. 200, 246
Mausbach, Hans: S. 96
Meier, Richard: S. 103, 139, 152, 157, 220, 222, 251
Mendelsohn, Erich: S. 72
Metzendorf, Georg: S. 63
Meyer, Hannes: S. 60, 61, 62, 63, 64, 66, 67, 68, 69
Meyer, Peter: S. 299
Michelangelo, eigtl. Michelangelo Buonarroti: S. 57, 309
Mies van der Rohe, Ludwig: S. 34, 50, 104, 105, 118, 172, 236, 238, 240/241, 242, 244, 246, 252, 298

Mitscherlich, Alexander: S. 99
Möhring, Bruno: S. 319
Moneo, Rafael: S. 337
Moore, Charles: S. 16, 40, 41, 206
Mozart, Wolfgang Amadeus: S. 228, 296
Muthesius, Hermann: S. 243, 259, 305
Mutschler, Carlfried: S. 268, 269

Naegeli, Harald: S. 113
Napoleon, eigtl. Napoleone Buonaparte: S. 145
Nerdinger, Winfried: S. 61, 67, 73
Niebuhr, Berthold Georg: S. 277
Nolli, Giovanni-Battista: S. 179, 204, 302
Nouvel, Jean: S. 128, 287

Obrist und Partner: S. 163

Palladio, Andrea: S. 65, 77, 225, 337
Panofsky, Erwin: S. 140
Pedetti, Maurizio: S. 151
Pehnt, Wolfgang: S. 25, 218
Pei, Ieoh Ming: S. 157, 312
Peichl, Gustav: S. 222
Peruzzi, Baldassare: S. 309
Pestalozzi, Johann Heinrich: S. 68
Peymann, Claus: S. 63
Piano, Renzo: S. 222
Planck, Max: S. 87
Poelzig, Hans: S. 19, 20, 243
Pogorelich, Igor: S. 216
Pollack, Ernst: S. 72
Polónyi, Stefan: S. 269, 270
Ponten, Josef: S. 31
Probst, Raimund: S. 260
Pythagoras: S. 73, 77, 225

Rainaldi, Carlo: S. 56
Ranke, Leopold von: S. 140
Rathenau, Walther: S. 220
Reiche, Gottfried: S. 290
Riemerschmied, Richard: S. 243
Rieveschl, Gary: S. 108
Rosselini, Bernardo: S. 48/49
Rossi, Aldo: S. 152

Rothko, Mark: S. 337
Rückriem, Ulrich: S. 285
Russel, John: S. 216

Saarinen, Eero: S. 243
Savigny, Friedrich Carl von: S. 269
Sax, Ursula: S. 116
Schaal, Hans Dieter: S. 14, 15, 16, 26, 47
Schächterle, Karl: S. 258
Scharoun, Hans: S. 118, 269
Schattner, Karljosef: S. 138, 139, 149, 150, 151, 283
Schaudt, Emil: S. 63
Scheerbart, Paul: S. 25
Schelling, Friedrich: S. 71
Schiller, Friedrich: S. 21, 137
Schinkel, Karl Friedrich: S. 122, 123, 135, 310, 311
Schlaich, Jörg: S. 256, 259, 269
Schlüter, Andreas: S. 135
Schmidt, Hans: S. 37
Schmidt, Helmut: S. 122
Schmidtke, Wieland: S. 187
Schnaidt, Claude: S. 61
Schnebli, Dolf: S. 159
Schön, Friedrich: S. 84
Schönberg, Arnold: S. 77
Schopenhauer, Arthur: S. 71
Schumacher, Fritz: S. 71, 211, 217, 269, 294
Schupp, Fritz: S. 276, 280, 282, 283, 284, 322
Schuster, Rolf: S. 151
Schütte-Lihotzky, Margarete: S. 132
Schwarz, Rudolf: S. 218
Schweger, Peter: S. 152
Scolari, Massimo: S. 26
Scott, Geoffrey: S. 179, 201
Sebald, Winfried Georg: S. 228
Seesselberg, Friedrich: S. 275, 276, 277
Serlio, Sebastiano: S. 77
Serra, Richard: S. 104, 208
Sharon, Arieh: S. 69
Sitte, Camillo: S. 45, 59, 179, 208
Smithson, Peter und Alison: S. 16
Snozzi, Luigi: S. 159

Speer, Albert: S. 12, 313
Steib, Katharina und Wilfrid: S. 118
Steinman, David: S. 259
Stella, Frank: S. 102, 103
Stevens, Wallace: S. 228
Stirling, James: S. 152
Stürm, Isa: S. 168, 172
Sullivan, Louis: S. 100
Sumi, Christian: S. 159
Szent-Györgyi, Albert: S. 182

Taut, Bruno: S. 19, 23, 24, 25, 265, 266
Taut, Max: S. 23
Thacker, Christoph: S. 182
Throll, Manfred: S. 100
Tinguely, Jean: S. 110
Treitschke, Heinrich von: S. 277
Tschumi, Alain: S. 275

Ungers, Oswald Mathias: S. 16, 77, 78, 225

Van Gerkan, Marg und Partner: S. 187
Viollet-le-Duc, Eugène Emmanuel: S. 65
Vitruv, eigtl. Vitruvius Pollio: S. 19, 75, 88, 225
Voggenhuber, Johannes: S. 125, 127
Voth, Hansjörg: S. 193

Wagner, Otto: S. 45, 259, 266, 267
Wenzel, Fritz: S. 273,275
Werner, Frank: S. 31
Wehberg, Hinnerk: S. 187
Willberg, Hans Peter: S. 222
Williams, William Carlos: S. 228
Wirsing, Werner: S. 155
Wittwer, Hans: S. 61, 62, 64, 67, 68, 69
Wolf, Reinhart: S. 317
Wolf, Urs: S. 168, 172
Wolff, Jakob d. Ä.: S. 94
Woolworth, Frank: S. 220

Zumthor, Peter: S. 120, 126, 130, 163, 169, 172, 173, 202, 222, 224–238, 251, 324–337

Manfred Sack

Biografie
1928   Geboren in Coswig (Anhalt), Deutschland
1947   Abitur an der Goetheschule in Dessau
1948–1954   Studium der Musikwissenschaft und Kunstgeschichte
            an der Freien Universität Berlin
1954   Promotion zum Doktor der Philosophie mit einer
            Dissertation über den fränkischen Frühbarock-Komponisten
            Heinrich Pfendner
1955   Redaktionsvolontär beim Burgdorfer Kreisblatt
1956–1957   Bezirksredakteur der Norddeutschen Zeitung in Nienburg
            an der Weser
1957–1959   Mitglied der Sonderheft-Redaktion des Constanze-Verlags
            in Hamburg
1959–1997   Redakteur und Architekturkritiker der Wochenzeitung
            Die Zeit in Hamburg

Bibliografie (Buchveröffentlichungen)
1978   Bornholmer Bilder. Bremen: J. H. Schmalfeldt
1979   Architektur in der Zeit. Luzern: C. J. Bucher
1980   Gesichter von Gebäuden. Bremen: J. H. Schmalfeldt
            Das deutsche Wohnzimmer. München: C. J. Bucher
1982   Lebensraum: Strasse. Bonn: Deutsches Nationalkomitee
            für Denkmalschutz
1985   Einfache Paradiese – Holzhäuser von heute. Stuttgart: DVA
1986   Kunstsammlung Nordrhein-Westfalen. Stuttgart: Gerd Hatje
            Hans-Georg Rauch: Architektur. München: Prestel
            Betonbau im Wandel der Zeit. Ratingen: Readymix
1987   César Manrique – Maler, Bildhauer, Architekt.
            Heidelberg: Braus
1988   Gustav Peichl: Gebaute Ideen. Salzburg: Residenz Verlag
            Bilder aus Stade. Stadt Stade
1989   Bremer Giebel. Bremen: Brebau
1990   Die Hamburger Speicherstadt. Berlin: Ernst & Sohn
1991   Auftritte – Valente, Belafonte & Co., Komplimente
            und Verrisse. Frankfurt am Main: Campus

1992	Die Hamburger Elbchaussee. Berlin: Ernst & Sohn
	Richard Neutra; Studio-Paperback. Zürich: Artemis
	Quodlibet. Leck: Clausen & Bosse
1993	Peter Wels – Architekturzeichnungen. Hamburg: Junius
	Unterwelten – Orte im Verborgenen. Tübingen: Wasmuth
1994	Richard Meier: Stadthaus Ulm. Stuttgart: Axel Menges
	Berlin 1919–1994: 75 Jahre GEWOBAG. Berlin
1995	Lluis Domènech i Montaner: Dalau de la Musica Catalana in Barcelona. Stuttgart: Axel Menges
	Von der Utopie, dem guten Geschmack und der Kultur des Bauherrn oder: Wie entsteht gute Architektur? Solothurn: Architekturforum im Touringhaus
1996	Otto Steidle: Universität Ulm-West. Stuttgart: Axel Menges
	Passagen. Dortmund: Harenberg
1997	SAGA – 75 Jahre Siedlungs-Aktiengesellschaft Hamburg 1922–1997.
	Bäume – Weggefährten. Hamburg: Christians
1999	Riga. Stuttgart: Axel Menges
	Siebzig Kilometer Hoffnung. Die IBA Emscher-Park. Stuttgart: DVA
	Architektur und Moral. Tübingen: Kunstgeschichtliche Gesellschaft e.V.
2000	Götter und Schafe. Über Häuser, Städte, Architekten. Basel: Birkhäuser
2001	Lob/Dank – Laudatio auf Frei Otto. Leonberg: Ulrich Keicher

Zahlreiche Beiträge in Büchern und Zeitschriften.
Autor vieler Musiksendungen

Auszeichnungen

1970–1971	Theodor Wolff – Preis für hervorragende journalistische Leistungen
1975	Journalistenpreis des Deutschen Nationalkomitees für Denkmalschutz
1976	Kritikerpreis des Bundes Deutscher Architekten
1977	Pro Musica – Preis des Ungarischen Rundfunks
1980	Deutscher Preis für Denkmalschutz
1981	Wolfgang Hirsch – Auszeichnung der Architektenkammer Rheinland-Pfalz
1987–1988	Internationaler Journalistenpreis der Bundesarchitektenkammer. 1987: 4. Preis. 1988: 1. Preis
1994	Baukulturpreis des Bundes Deutscher Architekten Hamburg
1997	Literaturpreis für Baukultur des Verbandes Deutscher Architekten- und Ingenieurvereine
1998	Promotion zum Doktor-Ingenieur Ehren halber der Technischen Universität Darmstadt

Dank

Herzlichen Dank den folgenden Institutionen und Personen, die mit ihrer spontanen Unterstützung dieses Buch ermöglicht haben:

Ben-Witter-Stiftung, Hamburg

Prof. Walter Belz, Stuttgart

Prof. Thomas Herzog, München

Prof. Peter Kulka, Köln

Prof. Gustav Peichl, Wien

Quart Verlag Luzern

Über Architektur reden heisst über etwas sprechen, das im Grunde für sich selber spricht. Es bleibt aber der Wunsch des Menschen, sein Tun zu reflektieren, über Gedanken und Worte dem Geheimnis der Dinge sich anzunähern.
Der Quart Verlag veröffentlicht Gedanken, Texte und Schriften, die beschreiben, die analysieren und die Fragen stellen und er bringt mit Lust Gebäude, Landschaftsarchitektur und Kunst mit Hilfsmitteln wie Fotografien, Pläne und Skizzen zur Darstellung. Damit stellt sich der Quart Verlag in den Dienst einer «Wissenschaft der Architektur und der Kunst».

Bibliotheca
Die Reihe Bibliotheca versammelt Schriften zu Architektur und Kunst.
Francesco Collotti, Mailand: Architekturtheoretische Notizen (dt und i)
Markus Breitschmid, Charlotte (USA): Der bauende Geist. Friedrich Nietzsche und die Architektur (dt)
Miroslav Šik, Zürich: Altneue Gedanken (dt)
Manfred Sack, Hamburg: Verlockungen der Architektur. Kritische Beobachtungen und Bemerkungen über Häuser und Städte, Plätze und Gärten (dt)
In Vorbereitung:
Vittorio M. Lampugnani, Mailand: Neuere Texte

De aedibus
Die Reihe De aedibus stellt zeitgenössische Architekten und ihre Bauten vor.
Räumlinge – Valentin Bearth & Andrea Deplazes, Chur (dt, e und i)
Altneu – Miroslav Šik, Zürich (dt, e und i)
Abdruck Ausdruck – Max Bosshard & Christoph Luchsinger, Luzern (dt)
Fünf Arbeiten – Beat Consoni, Rorschach (dt)
Bauwerke – Dieter Jüngling und Andreas Hagmann, Chur (dt und e)
In Vorbereitung:
Andrea Bassi, Genf; Quintus Miller & Paola Maranta, Basel;
Meinrad Morger & Heinrich Degelo, Basel; Axel Fickert u. Katharina Knapkiewicz, Zürich

Arcadia
Arcadia ist die Reihe zu Landschaftsarchitektur. Sie versammelt Beiträge zu Landschaft, Garten, Park und Natur.
Wasser, Schichten, Horizonte – Agence Ter, Paris (dt und f)
In Vorbereitung:
Zulauf Seippel Schweingruber, Baden; Christophe Girot, Versailles/Zürich

Panta rhei
Diese theoretische Reihe vermittelt in Essays von Architekten zwischen Architekturtheorie, zeitgenössischer Stadt und gebauter Architektur.
Nicola Di Battista, Rom: Perspektiven zu einer Architektur von heute (dt, e und i)
José Luis Mateo, Barcelona: Bauen und Denken (dt)

Notatio
Kürzere Texte zu Architektur und Kunst.
Ignasi de Solà-Morales, Barcelona: Mediationen – Vermittlungen in Architektur und urbaner Landschaft (dt und e)
Bart Verschaffel, Gent (B): Architektur als Geste (dt und e)
Stadtlicht. Ein Farb-Licht-Projekt für Basel (dt)
Kornel Ringli, Zürich: Über Gleiches und Ungleiches im Denken von Adolf Loos und Friedrich Nietzsche (dt)

Einzelausgaben
14 Studentenprojekte bei Valerio Olgiati 1998–2000 (dreisprachig: dt/e/i)
Anna Maria Kupper, Luzern – Tafelbilder und Zeichnungen 1999–2001 (dt)
Giorgio Grassi, Mailand: Ausgewählte Schriften 1970–1999 (dt)
Silvia Buol – Raum Zeit Tanz (dt)
Otti Gmür: Spaziergänge durch Raum und Zeit. Architekturführer Luzern (dt/e)
In Vorbereitung:
Valentin Bearth & Andrea Deplazes: Gesamtmonografie;
Adrian Schiess, Mouans-Sartoux

Quart Verlag GmbH, Heinz Wirz
Verlag für Architektur und Kunst
Rosenberghöhe 4, CH-6004 Luzern
Telefon +41 41 420 20 82, Telefax +41 41 420 20 92
E-Mail books@quart.ch, www.quart.ch